L'ART
DE
LA GUERRE

D1513289

SUN TZU

L'ART
DE
LA GUERRE

Préface et introduction par
SAMUEL B. GRIFFITH

Avant-propos de
B. H. LIDDELL HART

Traduit de l'anglais par
Francis Wang

FLAMMARION

Titre de l'édition anglaise :

THE ART FO WAR

Texte anglais de SAMUEL B. GRIFFITH
(UNESCO COLLECTION OF
REPRESENTATIVE WORKS
CHINESE SERIES)
Editeur : Oxford at th Clarendon Press

La traduction française de Sun Tzu : The Art of War
(1ʳᵉ édition 1963) est publiée en accord
avec The Clarendon Press, Oxford

© OXFORD UNIVERSITY PRESS 1963

Pour la traduction française :

© FLAMMARION, 1972

Printed in France

ISBN 2-08-081-058-8

Avant-propos

Les essais de Sun Tzu sur *L'Art de la Guerre* constituent le plus ancien des traités connus sur ce sujet, mais il n'ont jamais été surpassés quant à l'étendue et à la profondeur du jugement. Ils pourraient à juste titre être désignés comme la quintessence de la sagesse sur la conduite de la guerre. Parmi tous les théoriciens militaires du passé Clausewitz est le seul qui lui soit comparable. Encore a-t-il vieilli davantage et est-il en partie périmé, bien qu'il ait écrit plus de 2000 ans après lui. Sun Tzu possède une vision plus claire, une pénétration plus grande et une fraîcheur éternelle.

Bon nombre des dommages infligés à la civilisation lors des guerres mondiales de ce siècle auraient pu lui être épargnés si, à l'influence des tomes monumentaux de Clausewitz intitulés *De la Guerre*, lesquels ont modelé la pensée militaire de l'Europe pendant l'ère précédant la Première Guerre mondiale, s'était mêlée, en la tempérant, la connaissance de l'essai de Sun Tzu intitulé *L'Art de la Guerre*. Le réalisme et la modération de Sun Tzu contrastent avec la tendance de Clausewitz à mettre en relief l'idéal rationnel et « l'absolu », sur lesquels ses disciples ont achoppé en développant la théorie et la pratique de la « guerre totale » au delà de toutes les limites du bon sens. Ce développement fatal a été favorisé par l'affirmation qu' « Introduire dans la philosophie de la guerre un principe de modération serait une absurdité, la guerre étant un acte de violence poussé jusqu'à ses limites

5

extrêmes. » Cependant, Clausewitz a ensuite atténué cette assertion en admettant que « l'objectif politique, en tant que motif premier de la guerre, devrait être le critère permettant de déterminer à la fois le but de la force militaire et l'ampleur des efforts à déployer ». En outre, il a conclu subséquemment que pousser jusqu'à l'extrême la poursuite du rationnel aboutissait à ce que « les moyens perdent toute relation avec la fin ».

Les funestes conséquences de l'enseignement de Clausewitz découlent dans une large mesure de son interprétation trop superficielle et trop absolue par ses disciples, qui en ont négligé les clauses modératrices, mais Clausewitz s'est lui-même prêté à cette interprétation erronée en donnant de sa théorie un exposé trop abstrait et trop compliqué pour que des soldats à l'esprit concret puissent suivre son raisonnement, qui souvent repartait dans une direction opposée à celle qu'il avait semblé prendre. Impressionnés mais déroutés, ils se raccrochaient aux brillantes formules maîtresses, tandis que leur échappait le fil directeur sous-jacent de sa pensée, lequel différait moins des conclusions de Sun Tzu qu'il n'y paraissait.

La clarté de la pensée de Sun Tzu aurait pu corriger l'obscurité de celle de Clausewitz. Malheureusement Sun Tzu ne fut introduit en Occident — ce par la traduction succincte d'un missionnaire français — que peu avant la Révolution française et, malgré son attrait sur le courant rationaliste de la pensée au XVIIIe siècle en matière de guerre, l'influence à laquelle il était promis fut étouffée par la lame de fond du souffle révolutionnaire, puis par la griserie née des victoires remportées par Napoléon sur ses adversaires traditionnels et sur leurs tactiques trop stéréotypées. Clausewitz commença à penser sous l'empire de cette griserie et il mourut avant d'avoir pu achever la révision de son œuvre, en sorte que celle-ci demeure exposée aux « erreurs d'interprétation sans fin » prévues par lui dans la note qu'il a laissée en testament. Lorsque des traductions ultérieures de Sun Tzu parurent en Occident, le monde militaire était sous l'influence des extrémistes « clausewitziens » et la voix du sage chinois avait peu d'écho. Aucun soldat ni homme d'Etat ne prit garde à son avertissement : « Jamais guerre prolongée ne profita à aucun pays. »

Depuis longtemps se faisait sentir le besoin d'un traduction neuve et plus complète de Sun Tzu, interprétation plus juste de sa pensée. Ce besoin s'est accru par suite du développement des armements nucléaires, moyens de suicide et de génocide en puissance. Il devient d'autant plus important que la Chine, sous Mao Tse Tung, reparaît en grande puissance militaire sur la scène internationale. Il est donc bon que cette tâche ait été entreprise, et ce besoin satisfait, par un homme qui a étudié la guerre, d'une part et, de l'autre, la langue et la pensée chinoises, avec toute la compétence du général Sam Griffith.

En ce qui concerne l'intérêt que je porte à Sun Tzu, il a été éveillé par une lettre que j'ai reçue au printemps de 1927 de sir John Duncan, commandant des forces militaires envoyées à Shanghai par le ministère de la Guerre pour parer à la situation critique créée par les armées cantonaises qui, sous le commandement de Tchang Kaï Chek, avançaient contre les Seigneurs de la guerre du Nord.

La lettre de Duncan commençait en ces termes :

« Je viens de lire un livre passionnant : *L'Art de la Guerre*, écrit en Chine en l'an 500 avant Jésus-Christ. L'une des idées qu'il renferme me rappelle votre théorie du torrent en crue : " Une armée peut être comparée à l'eau ; l'eau épargne les lieux élevés et gagne les creux ; une armée contourne la force et attaque l'inconsistance. Le flot se règle sur la forme du terrain, la victoire se remporte en se conformant à la situation de l'ennemi ". Un autre principe exprimé dans ce livre est mis en application par les généraux chinois d'aujourd'hui ; il s'énonce comme suit : " L'art suprême de la guerre c'est soumettre l'ennemi sans combat ". » *

En lisant ce livre j'y ai trouvé de nombreux autres points qui concordent avec mes propres idées, en particulier l'accent sans cesse mis sur l'effet de surprise et sur la poursuite des travaux d'approche par voies détournées. Il m'a aidé à prendre conscience de la pérennité des principes militaires les plus fondamentaux, même lorsqu'ils sont d'ordre tactique.

Quelque quinze ans plus tard, en pleine Seconde Guerre mondiale, je reçus plusieurs fois la visite de l'Attaché militaire chinois, élève de Tchang Kaï Chek. Il me dit que mes livres et ceux du général Fuller étaient les principaux manuels utilisés dans les écoles militaires chinoises. Je lui demandai alors : « Et Sun Tzu ? » Il répondit que, si Sun Tzu était vénéré comme un classique, la plupart des jeunes officiers le considéraient comme périmé et par conséquent ne valant guère la peine d'être étudié en ce qui concernait les armes modernes, sur quoi je lui fis remarquer qu'il était temps pour eux de revenir à Sun Tzu, car ce petit livre en contenait à lui seul presque autant sur les principes fondamentaux de la stratégie et de la tactique que je n'en aurais pu dire dans plus de 20 livres. Bref, Sun Tzu était la meilleure introduction rapide à l'étude de la guerre, et il n'était pas moins précieux comme ouvrage de référence permanente, au fur et à mesure qu'on avançait dans le sujet.

B. H. LIDDELL HART.

Préface

D'après Ssu Ma Ch'ien, dont le monumental *Shih Chi* (Dossiers de l'Histoire ou Annales de l'historien) a été achevé peu après l'an 100 avant Jésus-Christ, Sun Wu était un Chinois de l'Etat de Ch'i qui avait offert en présent son *Art de la Guerre* à Ho Lu, roi de l'Etat semi-barbare de Wu, dans les dernières années du VI' siècle avant Jésus-Christ. Mais depuis des centaines d'années les érudits chinois mettent en doute la fidélité de cette biographie ; la plupart d'entre eux sont d'accord pour déclarer qu'il est matériellement impossible que ce livre ait été écrit à l'époque indiquée par Ssu Ma Ch'ien. Mes travaux viennent à l'appui de ce point de vue et donnent à penser que le texte fut rédigé au cours du IV' siècle avant Jésus-Christ.

Ce n'est pas seulement en tant que curiosité antique que la série des essais de Sun Tzu mérite de notre part un intérêt attentif. *L'Art de la Guerre* est beaucoup plus que cela. C'est un ouvrage empreint de sagesse et exhaustif, se distinguant par des qualités de lucidité et d'imagination qui lui assurent depuis des siècles une place de premier plan dans l'ensemble des ouvrages de référence de la littérature militaire chinoise.

Plusieurs centaines de soldats et d'érudits chinois et japonais ont consacré toute leur attention à ce premier des « classiques de l'Art de la Guerre ». Parmi les plus distingués, citons Ts'ao Ts'ao (155-220 après J.-C.), le grand général de la période des Trois Royaumes qui fonda la dynastie des Wei. Au cours du XIᵉ siècle, ses commentaires du texte, ainsi que les remarques de dix commentateurs respectés des dynasties T'ang et Sung, ont été réunis pour former une édition « officielle ». Pendant le dernier quart du XVIIIᵉ siècle, celle-ci a été révisée et annotée par Sun Hsing Yen, érudit aux connaissances multiples et critique littéraire célèbre, dont l'édition fait depuis autorité en Chine. C'est sur cette édition que se fonde ma traduction.

Sun Tzu fut pour la première fois porté à l'attention du monde occidental par le Père J.J. M. Amiot, missionnaire jésuite à Pékin, dont l'adaptation de *L'Art de la Guerre* fut publiée à Paris en 1772, vers la fin d'une période durant laquelle l'imagination des artistes, intellectuels et artisans français avait été fortement influencée par le monde passionnant, récemment découvert, des Lettres et des Arts chinois. Les journaux de ce temps publièrent des comptes rendus favorables et l'ouvrage d'Amiot fut largement diffusé. Il fut réédité en 1782 dans une anthologie qui fut peut-être lue par Napoléon, comme un éditeur chinois l'a affirmé récemment. Jeune officier, le futur Empereur lisait avec avidité. Il est peu probable que ces essais d'une qualité unique aient échappé à son attention.

En plus de la version d'Amiot, il y eut quatre traductions en russe et au moins une en allemand. Aucune des cinq traductions en anglais n'est satisfaisante ; même celle de Lionel Giles (1910) laisse beaucoup à désirer.

Sun Tzu s'était rendu compte que la guerre, « question d'importance vitale pour l'Etat », exigeait étude et analyse. Sa tentative est la première connue en vue d'établir un fondement rationnel pour la planification et la conduite des opérations militaires. Contrairement à la plupart des écrivains grecs et romains, Sun Tzu ne s'intéressait pas avant tout à l'élaboration de stratagèmes compliqués ou à des techniques superficielles et transitoires. Il s'était donné pour but de rédiger un traité méthodique à l'usage des meneurs d'hommes et des généraux lancés dans la poursuite intelligente d'une guerre victorieuse. Il croyait que le stratège habile doit être capable de soumettre l'armée ennemie sans engagement militaire, de prendre les villes sans les assiéger et de renverser un Etat sans ensanglanter les épées.

Sun Tzu savait fort bien que le combat implique beaucoup plus que le choc des armées. « Le nombre à lui seul », dit-il, « ne donne nullement l'avantage ». Il considère le facteur moral et intellectuel ainsi que les circonstances de la guerre comme plus importants que l'élément matériel et il recommande bien aux rois et aux chefs d'armée de ne pas se fier à la seule puissance militaire. La guerre n'était pas pour lui synonyme de massacre et de destruction ; prendre tout intact, le plus intact possible, était l'objectif véritable de la stratégie.

Sun Tzu était convaincu qu'une planification minutieuse fondée sur une information exacte concernant l'ennemi contribuerait à une solution militaire rapide. Il était conscient des incidences de la guerre sur l'économie et il fut sans aucun doute le premier à remarquer que la hausse des prix accompagnait inévitablement les opérations militaires. Il écrivait : « Jamais guerre prolongée ne profita à aucun pays. »

Il évaluait l'influence décisive des approvisionnements sur la conduite des opérations et, entre autres facteurs, il souligne l'importance des rapports entre le souverain et le chef d'armée désigné par lui, des qualités de moralité, de sensibilité et d'intelligence du bon général, de l'organisation des manœuvres, de l'autorité, du terrain et des conditions atmosphériques.

Dans l'optique de Sun Tzu, l'armée était l'instrument qui donnait le *coup de grâce* [1] à un ennemi rendu préalablement vulnérable. Avant les hostilités, des agents secrets détachaient de l'ennemi ses alliés et menaient un certain nombre d'activités clandestines de subversion. Il leur incombait notamment de répandre de fausses rumeurs et des informations trompeuses, de corrompre et de subvertir les fonctionnaires, de créer des conflits internes et de les exacerber, et d'entretenir une Vᵉ colonne. Pendant ce temps, des espions dont l'action s'exerçait à tous les échelons appréciaient la situation de l'ennemi. Leurs rapports ser-

---

1. En français dans le texte.

vaient de base à des plans « victorieux ». Le maréchal Chapochnikov ne fut pas le premier à comprendre que la condition préalable à la victoire est de « mener dans le camp de l'ennemi des préparatifs adéquats de façon que le résultat soit décidé d'avance ». Ainsi, l'ex-chef de l'Etat-Major général de l'Armée rouge poursuit, paraphrasant excellemment Sun Tzu : « L'armée victorieuse attaque un ennemi démoralisé et battu d'avance. »

L'Art de la Guerre a exercé une profonde influence tout au long de l'histoire de Chine et sur la pensée militaire japonaise ; c'est la source des théories stratégiques de Mao Tse Tung et de la doctrine tactique des armées chinoises. Par l'intermédiaire des Mongolo-Tartares, les idées de Sun Tzu se sont transmises à la Russie et sont devenues une part substantielle de l'héritage oriental. *L'Art de la Guerre* est donc une lecture indispensable à ceux qui espèrent acquérir une compréhension plus approfondie de la stratégie générale de ces deux pays aujourd'hui.

S. B. G.

Remerciements

Ce livre est une version fortement remaniée d'une thèse qui a été présentée à l'Université d'Oxford en octobre 1960 en vue de l'obtention d'un diplôme de Docteur en philosophie.

Tandis que je travaillais à l'élaboration du texte à publier, encouragements et conseils m'ont été prodigués par plusieurs amis qui, étudiant de façon approfondie mon premier jet, m'ont fourni d'abondants commentaires. Parmi ces amis, il faut citer le capitaine B. H. Liddell Hart, à qui je me dois d'exprimer en même temps ma profonde gratitude pour son avant-propos. Je désire remercier le colonel Saville T. Clark et le colonel Robert D. Heinl, du corps des Marines américaines, ainsi que le capitaine Robert D. Asprey, de leurs précieuses suggestions critiques.

Je suis reconnaissant au colonel Susuma Nishiura, directeur de la section d'histoire militaire de l'Agence impériale de défense de Tokyo, de m'avoir aidé à me procurer des exemplaires de diverses éditions japonaises de Sun Tzu et à la direction de la revue *The Japan Quarterly* de m'avoir autorisé à reproduire le tableau intitulé « Sun Tzu et les concubines ».

L'exemplaire dactylographié du texte définitif a été relu par le professeur Norman Gibbs et par le docteur Wu Shih Ch'ang, mon « directeur d'études » à Oxford, dont les commentaires m'ont toujours été utiles. Grâce à sa connaissance encyclopédique du chinois classique, ainsi

13

que de l'histoire et de la littérature de son pays d'origine, le docteur Wu m'a fait comprendre de nombreuses tournures et allusions qui, sans lui, me seraient demeurées obscures.

Je tiens à remercier le professeur Dirk Bodde et les Princeton University Press de m'avoir autorisé à citer la traduction donnée par le professeur Bodde de l'*Histoire de la Philosophie chinoise* de Fung Yu Lan, le professeur Robert Hightower et les Harvard University Press, qui m'ont permis de citer la traduction écrite par le professeur Hightower de Han Shih Wai Chuan, le docteur Lionello Lanciotti, de l'Université de Rome et le journal *Est et Ouest*, grâce à la bienveillance desquels j'ai pu utiliser un paragraphe du savant mémoire écrit par le docteur Lanciotti intitulé *Moulage des épées et légendes chinoises s'y rapportant*, et le professeur C. P. Fitzgerald, ainsi que les Cresset Press, qui m'ont autorisé à citer *La Chine : Aperçu culturel historique*.

MM. Kegan Paul, Trench, Trubner & Cie m'ont permis de citer *La Pensée politique chinoise* de Liang Ch'i Ch'ao, le docteur Homer Dubs, professeur honoraire de chinois à l'Université d'Oxford, m'a donné son accord pour l'utilisation de plusieurs paragraphes de son *Hsün Tze modeleur du confucianisme ancien* et de ses *Œuvres de Hsün Tzu,* ouvrages parus tous deux chez Arthur Probsthain, à Londres. De leur côté, le docteur Arthur Waley et MM. George Allen & Unwin, Ltd., ont autorisé la reproduction d'un paragraphe de la traduction, d'une belle venue, fournie par le Rd. Waley, des *Analectes* de Confucius. En outre, j'exprime ici ma reconnaissance à la direction de l'Imprimerie nationale de Paris qui a bien voulu sanctionner les citations tirées de la dernière édition de *La Chine antique,* œuvre classique de Maspéro.

A plusieurs reprises, le docteur Joseph Needham, de Cambridge, a pris du temps sur ses propres travaux, fort absorbants, pour me donner des éclaircissements d'ordre technique sur la fabrication des armes et le travail des métaux dans l'antiquité chinoise. Il m'a mis en relation avec le docteur Kua Mo Jou et le docteur Ku Chieh Kang de l'Academia Sinica de Pékin. Ces érudits ont bien voulu répondre à plusieurs questions relatives à la date de composition de *L'Art de la Guerre*.

Le professeur Homer Dubs et A. L. Sadler ont émis de nombreuses suggestions concernant la conduite des affaires militaires dans l'antiquité chinoise et au Moyen Age japonais, et je leur exprime mes vifs remerciements pour leur contribution au présent ouvrage.

Les erreurs d'interprétation et de traduction ne sont imputables qu'à moi-même.

S. B. GRIFFITH.

Norcross Lodge
Mt. Vernon
Maine (Etats-Unis).

LISTE DES ABRÉVIATIONS
CORRESPONDANT AUX OUVRAGES
MENTIONNÉS
PLUSIEURS FOIS DANS LES NOTES

Introduction

I

L'AUTEUR

Au cours des siècles, d'innombrables critiques chinois ont consacré une attention considérable aux ouvrages littéraires attribués à la période « classique », époque généralement définie comme s'étendant de l'an 551 avant J.-C., date probable de la naissance de Confucius, à 249 avant J.-C., année de la « liquidation » de la dynastie des Chou par le roi Chao de Ch'in.

L'un des principaux résultats auxquels ont abouti les efforts de ces érudits a été, suivant les cas, la confirmation ou — plus souvent — la réfutation des assertions traditionnelles relatives à l'authenticité des ouvrages en question. *L'Art de la Guerre* n'a pas échappé aux recherches minutieuses entreprises par des douzaines de ces savants exégètes, lesquels s'accordent habituellement pour déclarer que *Les Treize Chapitres* n'ont pu être composés vers 500 avant J.-C., comme l'avait prétendu le grand historiographe Ssu Ma Ch'ien, mais appartiennent à une époque plus ancienne.

Le premier critique à contester la biographie de Sun Wu par Ssu Ma Ch'ien fut un érudit de la période Sung du XI siècle, Yeh Cheng Tse. Il arriva à la conclusion que Sun Wu n'avait jamais existé et que *L'Art de la Guerre,* à lui attribué, était « probablement une invention de sophistes chicaniers » de l'époque des Royaumes Combattants[1]

---

1. Les érudits chinois modernes font commencer la période dite des « Royaumes Combattants » en 453 av. J.-C., date de la

(453-221 avant J.-C.). A l'appui de cette thèse, il fit observer que Sun Wu (lequel, selon Ssu Ma Ch'ien, était un général de l'Etat de Wu sous le règne du roi Ho Lu) n'était pas mentionné dans le commentaire de Tso Ch'iu Ming sur les Annales de l'époque « Printemps et Automne » de l'Etat de Lu et qu'en outre, à ladite époque (771-481 avant J.-C.), les armées étaient, sans aucune exception, commandées par des souverains, par des membres de leur famille, par de puissants vassaux ou par des ministres de confiance, puisqu'il fallut attendre les Royaumes Combattants pour trouver des généraux en titre à la tête des troupes[2]. En conséquence, poursuit-il, la « difficulté » due à l'exercice de l'autorité opérationnelle à partir de la capitale « n'existait pas à l'époque Printemps et Automne ; elle date seulement des Royaumes Combattants ». Un contemporain de Ssu Ma Ch'ien, Mei Yao Ch'en (l'un des commentateurs de *L'Art de la Guerre*) ne mâcha pas ses mots. Pour lui « ce livre est un recueil de théories remontant à l'époque des Royaumes Combattants, durant laquelle chacun s'évertuait à montrer plus d'esprit que le voisin ». Ce point de vue fut mis en doute par Sung Lien, autre érudit de la période Sung, qui admettait la biographie traditionnelle, mais n'apportait guère de preuve convaincante en faveur de celle-ci.

Dans *Etude sur les livres apocryphes anciens et modernes*, Yao Ch'i Heng, critique né en 1647 (sous la dynastie des Ch'ing), exprima deux doutes quant à l'authenticité de Sun Tzu. Tout d'abord il fit ressortir (comme Yeh

dissolution du Royaume de Chin, alors que la tradition en faisait remonter le début à 403 av. J.-C., année où Wei Lieh, roi de l'Etat Chou, entérina la mesure prise cinquante ans auparavant par les clans Wei, Chao et Han.

2. Lorsque les armées Chin furent réorganisées par le duc Wen en 636 av. J.-C., celui-ci confia le commandement de chaque colonne à un puissant vassal. Dans l'Etat de Ch'i, les trois colonnes étaient commandées respectivement par le souverain, par son héritier présomptif et par son second fils. Lorsque l'armée du roi Ho Lu envahit l'Etat de Ch'u en 506 av. J.-C., elle était commandée par le Premier ministre, Wu Tzu Hsu. Il n'existait pas de généraux de carrière avant les Royaumes Combattants. Ce commentaire est cité dans le Wstk, p. 939.

Cheng Tse avant lui) que ni l'auteur ni l'œuvre qui lui était attribuée n'étaient mentionnés dans le commentaire de Tso. S'il est vrai que Sun Wu « vainquit l'Etat de Ch'u, pénétra dans le Ying (traduction littérale, *N.D.T.*) et accomplit de grandes réalisations », comment se fait-il, demandait-il, que Tso Ch'iu Ming ait « ignoré » l'auteur d'exploits aussi ébahissants, alors qu'il était « extrêmement documenté sur les affaires de Wu [3] » ? Pour lui, comme pour Yeh, l'épisode mettant aux prises Sun Tzu et les concubines du roi Ho Lu relevait du « fantastique » et c'était là un récit indigne de foi [4]. Il citait, en l'approuvant, le jugement de Yeh relatif à l'exercice du commandement militaire, fruit, ajoutait-il, d'une réflexion « pertinente ». Et il concluait :

« Mais alors, ce Sun Wu a-t-il existé, oui ou non ? A-t-il existé, sans être nécessairement tel que l'a décrit Ssu Ma Ch'ien ? Le livre qui lui est attribué a-t-il été écrit par lui ? Ou bien, ultérieurement par l'un de ses disciples ? Aucune de ces questions ne peut être tranchée [5]. »

Ch'uan Tsu Wang, autre critique de l'époque de Ch'ing, mit en doute l'existence historique de Sun Wu. Abondant dans le sens de Yeh, il estima que livre et auteur avaient été inventés de toutes pièces et crut ainsi « élucider définitivement une question qui restait en suspens depuis des milliers de générations ». Après coup il ajouta : « Naturellement *Les Treize Chapitres* n'ont pu être rédigés que par un homme bien au fait des affaires militaires [6]. »

Yao Nai (1732-1815) admit que Sun Wu avait pu habiter dans l'Etat de Wu ou tout au moins y venir. « Cependant », selon lui, « *Les Treize Chapitres* n'étaient pas son œuvre ». Ils avaient été rédigés plus tard, au temps des Royaumes Combattants, « par ceux qui discutaient des questions militaires et ils lui avaient été attribués. Voilà

---

3. WSTK, p. 940.
4. Ce récit n'est pas fantastique au point d'être incroyable. L'histoire de Chine abonde en récits qui sont, d'un bout à l'autre, tout aussi fantastiques. Ce type de critique n'est pas objectif et on ne peut lui accorder aucune valeur.
5. *Ibid.*, p. 941.
6. *Ibid.*

tout [7] ». Liang Ch'i Ch'ao, critique moderne respecté, se rallie à l'opinion que *L'Art de la Guerre* date des Royaumes Combattants : « Les termes dans lesquels le livre parle du schéma d'ensemble de la guerre, de la tactique et de la planification de l'affrontement ne sauraient s'appliquer à l'époque Printemps et Automne [8]. »

Dans son *Histoire de la philosophie chinoise*, Fung Yu Lan fait mainte allusion au problème de la paternité des ouvrages littéraires primitifs. Dans une critique sur Mo Tzu (479-381 avant J.-C.) il écrit :

« Autant que nous le sachions aujourd'hui, le premier ouvrage jamais rédigé — à titre privé plutôt qu'officiel — est le *Lun Yu*, recueil du type le plus simple et le plus abrégé des aphorismes de Confucius. Par rapport aux propos décousus de cette sorte, les dialogues d'une certaine longueur, qui apparaissent ensuite, nettement présentés sous forme de récit, constituent un progrès marqué, auquel correspond la première floraison littéraire, celle des philosophes des Royaumes Combattants. Plus tard encore, des essais dignes de ce nom devaient succéder à ces dialogues simplement couchés sur le papier [9]... »

La forme est donc d'une importance considérable lorsqu'il s'agit de dater les ouvrages chinois qui passent pour être anciens. Le type de dissertation sur un sujet donné qui se trouve dans Sun Tzu se voit pour la première fois dans la littérature chinoise des Royaumes Combattants.

Selon Fung Yu Lan, il n'y avait personne à l'époque Printemps et Automne qui « écrivît des livres sous son propre nom et pour exprimer des opinions personnelles, contrairement à ce qui se produisait pour les ouvrages historiques ou autres écrits liés directement à un poste officiel [10] ». Avant lui d'autres érudits étaient arrivés à la même conclusion, tels l'éminent historien du XVIIIe siècle Chang Hsueh Ch'eng, que Fung cite à l'appui de son point de vue :

7. *Ibid.*
8. *Ibid.*
9. HCP I, pp. 80-81.
10. *Ibid.*, p. 7.

« Les premiers âges ne fournissent pas d'exemple de livre rédigé à titre personnel. Les dignitaires et les professeurs tenaient à jour la chronique littéraire, et les historiens notaient le déroulement des événements... C'est seulement lorsque tout allait de travers que les professeurs et les érudits formulaient leurs théories personnelles [11]... »

Ceux qui s'accordent avec Sung Lien pour juger digne de foi la biographie de Sun Tzu selon le Shih Chi s'appuient essentiellement sur les allusions que fait le texte à l'inimitié entre les Etats de Wu et de Yueh et ils en concluent que Sun Tzu a dû exister avant que le Yueh n'écrasât le Wu en 474 avant J.-C. Dans le chapitre VI, Sun Tzu fait remarquer que les troupes du Yueh, bien que « nombreuses », ne seraient « nullement assurées du dénouement » par cette supériorité. De nouveau, au chapitre XI, lorsqu'il parle de coopération réciproque entre les éléments de l'armée, il déclare que les peuples du Wu et du Yueh, s'ils se trouvaient ensemble à bord du même navire ballotté par les flots, coopéreraient, bien qu'ennemis, « exactement comme la main droite collabore avec la gauche ».

Cependant, ces allusions ne confirment pas nécessairement la date traditionnelle. Elles ont pu être insérées délibérément pour amener le lecteur à attribuer au livre plus d'ancienneté qu'il n'en avait réellement. Les allusions historiques de ce genre sont un procédé de falsification littéraire qui était particulièrement en l'honneur à l'époque des Royaumes Combattants, où des auteurs anonymes cherchaient souvent à conférer à leurs ouvrages l'autorité de l'ancienneté.

Le premier paragraphe du chapitre XIII déclare qu'en temps de guerre « les affaires de sept cent mille familles se trouvent désorganisées ». Ceci donne à penser au sinologue soviétique N. Konrad que l'auteur a dû exister à une époque où régnait le système agricole dit « Ching T'ien » (井田), que Konrad identifie avec une économie « d'esclaves ». Konrad cite également les allusions

11. *Ibid.*

aux Rois Dominateurs, faites au chapitre XI, à l'appui de sa thèse, selon laquelle ce classique doit être attribué à la période des Wu Pa, ou des « Cinq Dominateurs », c'est-à-dire au VIIe ou, au plus tard, au VIe siècle avant J.-C. Ces arguments sont, en gros, les plus convaincants qui viennent à l'appui de la date traditionnelle ou même, en acceptant les hypothèses de Konrad, d'une date antérieure.

Les érudits sont en désaccord sur l'existence même du système agraire connu sous le nom de Ching T'ien. Certains pensent que celui-ci subsista, dans des régions isolées, depuis le début de la période Chou (c'est-à-dire la fin du XIIe siècle avant J.-C.) jusqu'à son abolition par Shang Yang peu après 340 avant J.-C. Hu Shih affirme qu'il s'agissait là d'une répartition utopique des terres rêvée par un chroniqueur à l'esprit idyllique. Maspéro, tout en admettant la réalité historique du Ching T'ien, déclare que celui-ci fut aboli dans le Chin avant la dislocation de cet Etat. Il écrit :

... « aussi le Tsin fut-il le premier pays où le vieux système compliqué du Ching (井) disparut, remplacé par un système plus simple d'allocations de terres par famille, et non par groupe de huit familles, système qui, s'il n'apportait pas encore aux paysans la propriété de la terre, était du moins un pas en avant très net [12]. »

Mencius (398-314 avant J.-C.) décrit un tel système

---

12. CA, p. 267. Duyvendak pense que ce système exista réellement. Voir BLS. pp. 41-42 et note 1. Dans HFHD (III. pp. 519-521), le professeur Dubs le décrit et il déclare : « Selon la tradition confucianiste, ce système était universellement répandu au temps des Chou dans toutes les régions de plaines et de plateaux et les autres types de terrain avaient été découpés de façon proportionnelle. » Il ajoute que le Ching T'ien paraît excellent « sur le papier », mais d'une viabilité douteuse dans son application pratique. Il est possible que l'auteur de *L'Art de la Guerre* ait tiré ses informations sur ce système de l'œuvre de Mencius. Hu Han Min et Liao Ch'ung K'ai ont affirmé tous deux que le Ching T'ien avait existé. Une polémique déclenchée par Hu Shih a été menée pendant plusieurs années dans les journaux d'érudition mais la question demeure entière.

mais certains critiques le considèrent comme un produit de son imagination fertile et un érudit a écrit : « Il est possible qu'il s'agisse d'un système idéal inventé par Mencius lui-même. Il est peu probable qu'il ait pu exister un système de découpage aussi parfaitement mathématique. » Cependant, Sun Tzu fait allusion indirectement à ce type d'exploitation agricole. Il doit donc l'avoir vu fonctionner, ou sinon en avoir eu connaissance par des lectures.

Dans le système Ching T'ien, huit familles de paysans se voyaient allouer du terrain entourant une parcelle centrale (voir le caractère Ching) qu'elles cultivaient pour le seigneur du domaine [13]. Le produit des huit autres lopins, cultivés aussi en commun, était la propriété des paysans. Si un jeune homme valide était pris dans l'une des familles intéressées, sa relève, quant au travail des champs, devait naturellement être assurée par les sept familles qui n'avaient pas fourni de recrue. Ainsi, lorsque cent mille hommes étaient mobilisés, les affaires de sept cent mille familles se trouvaient « désorganisées ». Mais, en supposant que, vers l'an 350 avant J.-C., ce système existât réellement depuis plusieurs siècles, il est évident que des allusions d'ordre général s'y rapportant ne peuvent guère

---

13. Les paysans n'étaient pas des esclaves. C'étaient des serfs, et ils étaient rigoureusement gouvernés et régentés :

« Sa vie entière, publique et privée, était régie, non pour lui, mais pour toute la communauté à la fois, par le souverain et individuellement par ses fonctionnaires. Des agents spéciaux lui commandaient chaque année les cultures qu'il devait faire, et les temps des semailles et de la moisson ; d'autres lui ordonnaient de quitter sa maison l'hiver pour aller travailler aux champs, et de quitter les champs pour se renfermer dans sa maison ; d'autres encore s'occupaient de son mariage ; d'autres lotissaient les terrains et distribuaient les parts supplémentaires suivant le nombre des enfants » (CA, p. 95).

Pour réfuter plus amplement l'hypothèse de « l'économie d'esclaves » formulée par Konrad, on peut ajouter que la sollicitude de Sun Tzu pour le bien-être du peuple et la conscience qu'il avait de la nécessité de soutenir le moral de ce dernier, ainsi que celui de l'armée, pour la poursuite de la guerre vers une issue favorable, sont incompatibles avec une société dans laquelle le mode de production était basé sur l'institution de l'esclavage.

présenter de valeur, lorsqu'il s'agit de dater des documents avec précision.

L'emploi de l'expression « Roi Dominateur » n'indique pas non plus nécessairement que *L'Art de la Guerre* ait été composé durant la période historique des « Dominateurs » (Wu Pa). Vers l'an 250 avant J.-C. nous trouvons Han Fei Tzu. Celui-ci déclare que l'entreprise « du Souverain Dominateur est l'objectif le plus élevé du seigneur des hommes [14] » (traduction littérale, *N.D.T.*). Dans *L'Art de la Guerre* le terme « Roi Dominateur » est pris dans le même sens que l'expression « Souverain Dominateur » dans Han Fei Tzu.

Dans l'antique Chine, la guerre était considérée comme un combat de chevalerie. En tant que telle, elle était régie par un code généralement accepté par les deux parties en présence. On en trouve de nombreuses illustrations dans le *Tso Chuan*. Ainsi, en 632 avant J.-C., le commandant de l'Etat Chin, après avoir vaincu l'Etat de Ch'u à Ch'eng P'u, donna à son ennemi défait trois jours de vivres. Ce geste de courtoisie fut payé de retour par une armée de l'Etat Ch'u victorieuse à Pi. A l'époque où *L'Art de la Guerre* fut rédigé ce code était depuis longtemps tombé en désuétude.

Durant la période Printemps et Automne les armées étaient peu nombreuses, mal organisées, dirigées en général d'une façon absurde, médiocrement équipées, insuffisamment entraînées et approvisionnées au petit bonheur. Un grand nombre de campagnes tournèrent au désastre simplement parce que les troupes ne trouvaient rien à manger.

L'invasion du Ch'u par le Wu en 506 avant J.-C., qui aboutit à la prise et à la destruction de Ying, capitale de l'Etat de Ch'u, est l'un des rares exemples d'une campagne prolongée victorieuse, pour ne pas dire le seul de toute la période Printemps et Automne, durant laquelle les conflits se réglaient généralement en une journée [15]. Naturelle-

14. HFT II, p. 240.
15. Il est impossible d'émettre un jugement dogmatique au sujet de l'histoire militaire de la Chine primitive. Les campagnes

ment, il arrivait que des villes fussent assiégées et que des armées restassent en campagne pendant un laps de temps prolongé. Mais les opérations de ce genre n'étaient pas habituelles, d'abord parce qu'elles étaient quasi impraticables, et ensuite parce que maintenir l'armée en campagne hors de propos tombait sous le coup d'une interdiction morale.

L'auteur de *L'Art de la Guerre* écrivait à une époque où les armées, nombreuses, étaient bien organisées, entraînées efficacement et commandées par des généraux de carrière. Dans le verset d'introduction du chapitre II l'expression « cent mille hommes portant armure » est utilisée dans un exposé sur les questions relatives au financement de la guerre, au ravitaillement et aux réapprovisionnements militaires. Des armées de cette envergure étaient inconnues en Chine avant l'an 500 avant J.-C.

Les armées dont parle Sun Tzu étaient composées d'éléments tactiques capables de manœuvrer de façon indépendante et coordonnée, ainsi que d'exécuter sur-le-champ les ordres transmis par sonneries, gongs, tambours, pavillons et bannières. Les troupes sans entraînement levées parmi les paysans pendant la période Printemps et Automne étaient absolument incapables de telles manœuvres.

La définition donnée par Sun Tzu des qualités à rechercher chez un bon général indique que, s'écartant de la tradition, il ne considérait plus l'exercice des hautes fonctions militaires comme un privilège réservé à une aristocratie héréditaire. Le fait qu'il se soucie des relations entre un chef d'armée et le souverain reflète l'importance qu'il attache à l'affermissement de l'autorité du général de carrière. Au chapitre III, il énumère les différentes façons dont un gouvernement peut provoquer un désastre militaire en s'immisçant dans la gestion et dans les opérations de l'armée. Et au chapitre VIII, il affirme que le général, étant mandaté pour commander l'armée, n'est pas tenu d'obéir aveuglément au souverain, mais doit agir selon les

étaient fréquemment interrompues par une rébellion à l'intérieur, par une tentative de coup d'État ou par une attaque soudaine lancée en l'absence de l'armée.

exigences des circonstances. Cette façon de voir s'éloigne radicalement de la conception traditionnelle.

Au chapitre XIII, Sun Tzu décrit l'organisation, le financement et la direction des opérations secrètes. A ce propos, il note que ce qui permet au gouvernement éclairé et au général avisé de parvenir à des résultats hors de portée du commun c'est la connaissance précoce. Celle-ci, affirme-t-il, ne peut être ni fournie par des esprits désincarnés ou par des êtres surnaturels, ni tirée d'analogie avec des événements passés. Seuls des hommes renseignés sur la situation de l'ennemi en détiennent la clef. Le rejet de la divination et de l'interprétation des présages (qui, selon Sun Tzu, doivent être rigoureusement interdites) serait inconcevable à l'époque Printemps et Automne, où la croyance aux esprits était universellement répandue et la divination par la carapace de tortue et par les tiges de génépi un essentiel préliminaire à toute entreprise mettant en jeu la fortune d'une famille dirigeante [16].

Naturellement, la théorie de Sun Tzu sur la guerre et sur la stratégie, ainsi que sa doctrine concernant la tactique, ne sont pas sans lien avec le problème des dates.

A cause de l'importance vitale qu'elle revêt pour l'Etat et parce qu'elle signifie la survie ou l'anéantissement, la guerre doit faire l'objet de recherches approfondies. Aussi les versets d'introduction du classique chinois indiquent-ils une méthode d'analyse des éléments constitutifs de la puissance militaire. Cette méthode, définie actuellement comme une « évaluation (ou appréciation) de la situation » est rationnelle et difficilement compatible avec la mentalité caractéristique de la période Printemps et Automne, où les gouvernants se laissaient entraîner dans des aventures militaires pour satisfaire un caprice, pour venger un affront ou une insulte, ou pour ramasser un butin.

A l'époque où Sun Tzu écrivit, la guerre est devenue une entreprise dangereuse, le dernier recours là où tout

---

16. Déjà auparavant Confucius avait exprimé son scepticisme alors qu'on le questionnait au sujet du monde des esprits. Apparemment il fut l'un des premiers à avoir cette réaction.

autre moyen avait échoué. La meilleure politique, c'est de s'attaquer aux plans de l'ennemi ; à défaut, de disloquer ses alliances, car « soumettre l'armée ennemie sans combat, c'est le fin du fin », dit-il, se montrant ainsi conscient du fait que la guerre n'était plus un passe-temps soumis à des règles, mais l'instrument suprême de la politique.

Les doctrines stratégiques et tactiques exposées dans *L'Art de la Guerre* sont basées sur la ruse, sur la création d'apparences trompeuses pour mystifier et abuser l'ennemi, sur l'avance par voies détournées, sur la faculté d'adaptation instantanée à la situation de l'adversaire, sur la manœuvre souple et coordonnée d'éléments de combat distincts et sur la rapide concentration vers les points faibles. Une application fructueuse de cette tactique demande des troupes de choc et d'élite, d'une grande mobilité et efficacement entraînées. Des forces combattantes répondant à ces normes n'étaient pas chose courante avant l'époque des Royaumes Combattants.

Il est fait directement allusion à l'arbalète, d'abord au chapitre II : « En ce qui concerne les dépenses du gouvernement, celles nécessitées par la détérioration des chars, par l'épuisement des chevaux, par l'équipement en armures et en casques, en flèches et en arbalètes... », puis au chapitre V : « Son potentiel est celui d'une arbalète bandée au maximum, son temps d'action celui du déclenchement du mécanisme. » La date de l'introduction de l'usage de l'arbalète, qui révolutionna la conduite de la guerre en Chine, n'a pu être déterminée avec précision ; la plupart des érudits la situent vers 400 avant J.-C. Il y est fait allusion pour la première fois dans la description par Ssu Ma Ch'ien de la bataille de Ma Ling, qui eut lieu en 341 avant J.-C. et à laquelle Sun P'in, premier stratège du royaume de Ch'i, vainquit une armée Wei commandée par P'ang Chuan, son ami d'autrefois. Les dix mille arbalétriers que Sun P'in avait embusqués anéantirent pratiquement l'ennemi. De nouveau, au chapitre XI, Sun Tzu emploie l'expression « déclenchement du mécanisme » pour désigner l'action de déchaîner soudainement l'énergie en puissance d'une armée.

L'usage du caractère « Chin », en tant que terme générique pour désigner « l'argent » ou « la monnaie en métal » remonte aux Royaumes Combattants [17]. Bien que la monnaie fût coulée sous diverses formes à la fin de la période Printemps et Automne, son adoption en tant que moyen d'échange ne s'opéra, comme il est naturel, que progressivement. Il est certain qu'un terme désignant spécifiquement la monnaie métallique n'aurait pas été utilisé cinq fois dans le texte si la monnaie n'avait pas été d'un usage communément répandu.

L'expression signifiant « troupes revêtues d'armures » ou « portant armure » se rencontre au premier paragraphe du chapitre II [18]. Il n'existait pas de « troupes revêtues d'armures » à l'époque Printemps et Automne, durant laquelle seuls les Shih [19] — nobles montés sur char — et leur suite immédiate portaient des boucliers primitifs en cuir laqué ou en peau de rhinocéros vernie. Les fantassins étaient revêtus de vestes rembourrées ; ce n'est que beaucoup plus tard qu'ils devaient être pourvus de vêtements protecteurs en peau de requin ou d'autre animal, spécialement traitée.

Onze fois Sun Tzu emploie le caractère Chu dans le sens de « souverain [20] ». A l'époque Printemps et Automne, ce caractère signifiait « Seigneur » ou « Maître » et il était utilisé pour s'adresser à un ministre. C'est par la suite qu'il prit, par extension, le sens de « souverain ». Cet anachronisme a été remarqué par Yao Nai, érudit de la période Ch'ing.

Au chapitre VII nous lisons : « Lors d'une marche forcée de 50 li, le commandant de l'armée Shang (supérieure, ou de première ligne) sera pris. » Les termes Shang Chiang, Chung Chiang et Hsia Chiang n'étaient pas couramment employés pour désigner les généraux placés à

17. CKS, p. 9. Le caractère est CHIN (金).

18. Tai Chia (帶 甲).

19. Seuls les Shih (士) étaient autorisés à se rendre au combat montés sur des chars, privilège dont ils jouissaient également en temps de paix.

20. Chu (主).

30

la tête des « Trois Armées » traditionnelles avant les Royaumes Combattants [21]. C'est seulement au temps des Royaumes Combattants que deux expressions utilisées pour désigner les « opérations secrètes » prirent le sens précis qu'elles ont dans le contexte. Il s'agit des expressions « Yeh Che » signifiant « Chambellan », « Maître d'audience » ou « Huissier » et « She Jen » signifiant « membre de la suite » ou « garde du corps [22] ».

Sun Tzu pense que la seule constante dans la guerre est le changement constant et, pour illustrer cette opinion, il utilise plusieurs figures, dont celle-ci : « des cinq éléments, aucun n'est toujours prédominant ». La théorie de la constante mutation des cinq « forces » ou « éléments » : la Terre, le Bois, le Feu, le Métal et l'Eau, ne prit corps, en tant que conception philosophique, qu'à l'époque des Royaumes Combattants. Il semble qu'auparavant lesdits éléments aient été considérés comme les cinq substances élémentaires.

Il est significatif que Sun Tzu ne mentionne pas la cavalerie. Celle-ci ne fit partie intégrante d'aucune armée chinoise avant l'année 320 avant J.-C., date à laquelle remonte son usage, qui fut introduit — en même temps que celui des pantalons — par Wu Ling, roi de l'Etat Chao. Il est logique de supposer que si la cavalerie avait été pour Sun Tzu une chose familière, il en aurait parlé. Voici une preuve intéressante indiquant que *L'Art de la Guerre* n'a pas été écrit au IIIe siècle avant J.-C., comme le croyait Maspéro [23].

Ainsi, en ce qui concerne la date de la composition, nous tirons du texte lui-même — c'est-à-dire de la meilleure source possible — un témoignage presque indubitable que cet ouvrage a été écrit au moins un siècle (et

21. CKS, p. 9.

22. Yeh Che (謁 者) ; She Jen (舍 人).

23. Maspéro soupçonne *L'Art de la Guerre* — qu'il désigne par les termes « un tout petit opuscule » (CA, p. 328) et « ce petit ouvrage » (*ibid.*, note 23) — d'avoir été fabriqué de toutes pièces au IIIe siècle av. J.-C. Pour lui, il serait inexact de l'attribuer soit à Sun Pin soit à son « ancêtre légendaire ».

plus probablement un siècle et demi) après la date retenue par Ssu Ma Ch'ien. Nous pouvons donc faire remonter ce premier de tous les classiques militaires aux environs de la période comprise entre 400 et 320 avant J.-C. environ.

Quelle est alors l'origine de la légende de Sun Tzu perpétuée par le grand historiographe ? Comment s'explique le lien existant entre ce Sun Tzu mythique et l'Etat de Wu ? Le professeur Ku Chieh Kang a proposé l'ingénieuse théorie qui suit :

On peut supposer que, lorsqu'en 341 avant J.-C., l'Etat de Ch'i lança une expédition punitive contre l'Etat de Wei, dans le but de voler au secours des HAN, T'ien Chi était le général et Sun Pin le stratège. Ensuite T'ien Chi s'enfuit dans l'Etat de Ch'u, qui fit de lui un seigneur féodal dans le Chiang Nan qui était situé en territoire Wu. Il est possible que Sun Pin ait suivi T'ien Chi dans la région du Chiang Nan et y ait écrit son Sun Tzu Ping Fa. Par la suite, une erreur de chronologie fut commise. Sun Pin passa pour avoir vécu à l'époque Printemps et Automne et, de plus, on inventa un nommé Sun Wu, qui avait aidé Ho Lu à envahir le Ch'u, et ce récit fut adopté par Ssu Ma Ch'ien [24].

Si Sun Pin est réellement l'auteur des « Treize Chapitres », il n'y aurait rien eu d'immoral, de son temps, à ce qu'il attribuât cet ouvrage à un personnage censé avoir vécu un siècle et demi plus tôt. Ou bien se produisit-il simplement une erreur de chronologie, comme le pense le professeur Ku Chieh Kang ? Le docteur Kuo Mo Jo écrit : « La biographie de Sun Wu est sujette à caution, c'est de la fiction. Le Sun Tzu Ping Fa a été écrit au temps des Royaumes Combattants. Par qui ? On l'ignore. Il est difficile de préciser si, oui ou non, Sun Pin en est l'auteur [25]. »

Cet ouvrage est peut-être un recueil des enseignements d'un stratège inconnu de l'époque des Royaumes Combattants. Les *Analectes* de Confucius ne sont pas autre chose qu'une compilation de ce genre. Comme Fung Yu Lan le fait ressortir, la paternité des œuvres littéraires anciennes pose des problèmes souvent insolubles.

24. Correspondance personnelle.
25. Correspondance personnelle.

De toute évidence on n'avait pas, dans la Chine ancienne, une claire conception de ce que pouvait être la paternité d'un ouvrage, en sorte que, lorsque nous nous trouvons en présence d'un livre désigné par le nom de tel homme de l'époque des Royaumes Combattants, ou d'une période antérieure, ceci ne signifie pas nécessairement que ce livre a été effectivement, à l'origine, rédigé par cet homme lui-même. Par rapport à ce qui, dans ce livre, est vraiment de l'auteur, les passages rajoutés par la suite par les disciples de celui-ci n'étaient pas alors considérés comme devant faire l'objet d'une distinction quelconque. Il n'est donc plus possible aujourd'hui, la plupart du temps, de démêler la partie originale des additions ultérieures [26].

Nous nous trouvons ainsi, pour finir, dans la même impasse que Yao Ch'i Heng il y a trois siècles. Nous ne savons pas si ce Sun Wu a existé ; nous ignorons si l'ouvrage à lui attribué est bien de sa main. C'est pourquoi nous sommes obligés, avec l'éminent érudit de la période Ch'ing, de ranger le Sun Tzu dans la catégorie des ouvrages « d'auteur incertain ». Toutefois, l'originalité, l'unité du style et la façon dont le sujet est traité donnent à penser que « Les Treize Chapitres » ne sont pas une compilation, mais qu'ils ont été rédigés par un individu doué d'une imagination exceptionnelle et extrêmement expérimenté dans l'art de la guerre.

26. HCP. p. 20. Mais Sun Hsing Yen, dont l'édition du classique chinois a fait autorité pendant près de deux siècles, était convaincu que ce livre était l'œuvre de Sun Tzu :
« Les enseignements des philosophes ont été consignés par écrit après leur mort par leurs disciples, qui les ont réunis pour former des livres. Seul ce livre a été écrit de la main même de Sun Tzu. En outre, il précède dans le temps Lieh Tzu, le Chuang Tzu, le Meng Tzu et le Hsün Tzu et c'est vraiment un livre ancien » (WSTK. p. 941).
Ces ouvrages passent pour avoir été composés respectivement : au IIIe siècle av. J.-C., entre 369 et 286 (?) av. J.-C., entre 372 et 289 (?) av. J.-C., et vers le milieu du IIIe siècle av. J.-C.

II

LE TEXTE

Le présent texte classique de Sun Tzu s'identifie-t-il avec « Les Treize Chapitres », qui étaient familiers à Ssu Ma Ch'ien ? A cette torturante question il n'est pas possible d'apporter une réponse concluante, car les premiers documents anciens faisant état de *L'Art de la Guerre* sont légèrement confus.

A la fin du Ier siècle avant J.-C., l'érudit Liu Hsiang reçut de l'empereur l'ordre de réunir des ouvrages littéraires pour la Bibliothèque impériale. A sa mort, son fils Liu Hsin poursuivit sa tâche [1]. Dans ses *Sept Syllabi*, Liu Hsiang avait noté l'existence d'un *Art de la Guerre*, d'un certain Sun Tzu, en « trois rouleaux », et, quelques années plus tard, Pan Ku [2], l'historien de la dynastie des Han antérieurs, fit figurer sur la liste des ouvrages existant à la Bibliothèque impériale « *L'Art de la Guerre* de Sun Tzu de Wu, en quatre-vingt-deux chapitres avec neuf rouleaux d'idéogrammes [3] ». Pan Ku attribuait cette compilation à Jen Hung qui, en qualité de collègue de Liu Hsiang, avait composé un catalogue d'ouvrages militaires. Mais, dans la préface de son édition, probablement composée vers l'an 200 de notre ère, Ts'ao Ts'ao fait allusion à treize chapitres. Soixante-neuf chapitres seraient donc apparus mystérieusement puis, non moins mystérieuse-

1. 53 av. J.-C.-23 ap. J.-C.
2. 32-92 ap. J.-C.
3. Voir HIWC.

34

ment, se seraient évanouis, entre l'époque où Ssu Ma Ch'ien écrivait le *Shih Chi* (100 avant J.-C. environ) et celle où Ts'ao Ts'ao rédigeait sa *Brève Explication* environ trois cents ans plus tard. Survint-il effectivement rien de semblable ? Ces soixante-neuf chapitres existèrent-ils jamais réellement ? Je soupçonne que non.

Cette divergence dans les chiffres peut s'expliquer de plusieurs façons. Il se peut que des commentaires et des passages considérés comme faisant partie du texte aient été associés à celui-ci dans l'intervalle compris entre la composition du Shih Chi et le recensement par Pan Ku des quatre-vingt-deux chapitres qu'il attribuait à Jen Hung. Il se peut aussi que Jen Hung ait réuni tous les matériaux relatifs à Sun Tzu sans chercher à distinguer le texte original des apports extérieurs.

Enfin, il est possible que les différences numériques soient dues au procédé de confection ou de « reliure » des livres en usage dans la Chine antique. En ce temps-là, le papier n'avait pas été encore inventé. On écrivait habituellement à l'encre de suie sur d'étroites plaquettes de bois, de bambou notamment. Chaque plaquette mesurait de 8 à 10 pouces de long et environ 3/4 de pouce de large. De 12 à 15 caractères (nombre qui variait naturellement selon les calligraphies individuelles) étaient tracés sur ces plaquettes, dont beaucoup ont été retrouvées et dont certaines portaient sur leurs bords des encoches ou des perforations en deux endroits, de façon à pouvoir être réunies à la suite les unes des autres par des lacets de cuir, de soie ou de chanvre[4]. Quelquefois, les plaquettes étaient percées à une extrémité et ficelées ensemble. Dans le premier cas, certains chapitres ou paragraphes des livres ont pu être enroulés pour être entreposés, exactement comme un parchemin aujourd'hui.

Comme le texte de Sun Tzu compte quelque treize mille caractères et plus, il aurait fallu approximativement

4. Ceci explique l'état de confusion dans lequel se trouvaient certains de ces ouvrages anciens lorsqu'ils ont été redécouverts. Les lacets ou cordelettes avaient pourri et les feuillets s'étaient détachés les uns des autres.

mille plaquettes de ce type pour leur servir de support. En les assemblant pour former un tout, on aurait constitué un « livre » qui aurait mesuré, une fois déployé, plus de 60 pieds de long et qui, roulé, aurait nécessité pour son transport une charrette à bœufs. Mais à cette époque, tout comme aujourd'hui, les livres étaient divisés en paragraphes et chapitres. Ces paragraphes étaient naturellement de longueur inégale ; les uns auraient nécessité une douzaine de plaquettes, les autres 20 ou davantage. Ceci permet de supposer que Jen Hung ou un copiste a pu, par négligence, faire état de 82 « rouleaux » au lieu de 82 « chapitres ». Les erreurs de transcription n'étaient pas rares. Mais comment pouvons-nous concilier les trois rouleaux mentionnés dans les *Sept Syllabi* avec le chiffre « quatre-vingt-deux » ? Seulement en présumant que le texte des *Sept Syllabi* était tracé sur de la soie et non sur des plaquettes de bois.

Tu Mu [5] tenta de résoudre ce problème en accusant Ts'ao Ts'ao d'avoir condensé le texte en « en supprimant, pour l'élaguer, les redondances ». En fait, Ts'ao Ts'ao s'est lui-même exposé à ce reproche, car, dans son introduction, il déclare que, les textes couramment répandus de son temps « passant à côté de la signification essentielle », il avait entrepris de rédiger une « brève explication ». Il semble donc possible que Ts'ao Ts'ao ait préparé une édition avant de la publier en coupant les passages qui lui paraissaient surajoutés. Il est probable qu'il a eu en main plusieurs versions différentes, d'où il a extrait, après étude comparative, ce qu'il estimait être le texte authentique. C'est ce texte, accompagné du commentaire de Ts'ao Ts'ao, qui a été préservé. Et, bien que nous ne puissions être sûrs qu'il coïncide avec le Sun Tzu familier à Ssu Ma Ch'ien, j'estime sensé de supposer que tel est le cas, du moins pour l'essentiel.

Comme cet ouvrage était bien connu à la fin du IVe siècle avant J.-C., il devait alors être déjà en circulation depuis un certain nombre d'années. Au chapitre III du *Livre du Seigneur Shang*, une douzaine au moins des

5. 803-52 ap. J.-C.

versets de Sun Tzu sont paraphrasés [6]. S'il est vrai que le livre attribué à Shang Yang (qui fut écartelé par des chars en 338 avant J.-C.), résulte probablement d'une compilation effectuée peu après sa mort par les membres de l'Ecole légaliste, certains érudits pensent cependant qu'il reflète ses paroles et ses opinions.

Han Fei Tzu, autre homme d'Etat et de lettres appartenant à ladite Ecole, qui mourut à la fin du IIIe siècle avant J.-C., connaissait le Sun Tzu ; dans le chapitre de son ouvrage intitulé *Cinq vermines*, il signale que « dans chaque famille il y a des hommes qui détiennent des exemplaires de livres de Sun Wu et de Wu Ch'i [7] ». Dans *Comment sauvegarder l'Etat* il fait remarquer que, dans une utopie légaliste, « la tactique de Sun Wu et de Wu Ch'i serait abandonnée », sans doute parce qu'en courbant sous le joug totalitaire qu'il prônait « tout ce qui existe sous le Ciel », on ferait disparaître tout motif de guerre.

Hsün Tzu (environ 320-235 avant J.-C.) fait, lui aussi, allusion à Sun Tzu et à Wu Ch'i. Dans *Un débat sur les questions militaires,* il est fait état d'une discussion entre le philosophe et le général Lin Wu en présence du roi Hsiao Ch'en de Chao [8]. Le général avait, de toute évidence, étudié « Les Treize Chapitres » à fond. Son raisonnement suit presque à la lettre Sun Tzu :

« Ce qui compte en matière militaire c'est d'avoir la force et l'avantage ; ce qu'on réalise, ce sont de brusques changements dans les mouvements de troupes et des stratagèmes trompeurs. Celui qui sait le mieux mener une armée, c'est celui qui est brusque dans ses mouvements ; ses plans sont minutieusement établis et nul ne sait d'où il risque d'attaquer. Lorsque Sun et Wu conduisaient des armées, ils n'avaient pas d'ennemis dans toute la contrée [9]. »

Hsün Tzu, confucianiste, se place au point de vue de la morale et, comme on pouvait s'y attendre, écrase son

6. BLS. pp. 244-252.
7. HFT II, p. 290.
8. Régna de 265-245 av. J.-C.
9. Dubs, I, p. 158.

adversaire : « Les armées de l'homme bon (Jen) ne peuvent employer la ruse [10]. » Mais Hsün Tzu ne manquait pas de sens pratique : il approuvait l'action des armées « dans le but d'arrêter la tyrannie et d'effacer les torts [11] ».

Peu après avoir unifié la Chine en 221 avant J.-C., le premier empereur de toute la Chine, Shig Huang Ti, ordonna le ramassage et la destruction des livres que ses conseillers « légalistes » considéraient comme pernicieux. Cet édit visait spécifiquement des ouvrages attribués à Confucius et à son école. Certains types de livres, tels ceux qui traitaient de sujets techniques, furent exemptés et, comme le Ch'in était un Etat totalement militarisé (et ce depuis un siècle), il est logique de supposer que les ouvrages ayant trait à l'art de la guerre furent épargnés. (Cet autofadé littéraire ne fut pas, en fait, l'holocauste total qu'ont décrit plus tard les érudits confucianistes, car, apparemment, cet édit ne fut pas appliqué trop strictement. Il fut révoqué en 196 avant J.-C. par l'empereur Hui de la dynastie des Han. Et, plus tard, l'empereur Wu devait offrir de généreuses récompenses à tous ceux qui présentèrent des exemplaires d'ouvrages anciens.)

En l'an 81 avant J.-C., un certain nombre d'érudits furent convoqués dans la capitale pour des débats. L'une des questions importantes figurant à l'ordre du jour était le moyen d'améliorer l'administration de l'empire. Les lettrés furent unanimes à déclarer que les monopoles exercés par le gouvernement sur le sel, le fer et les liqueurs fermentées devaient être abolis. Ceci ouvrit un grand débat présidé par l'empereur Chao [12]. Peu après, Huan K'uan rédigea un compte rendu en substance de la discussion. Il s'y trouve une citation directe de *L'Art de la Guerre* et des paraphrases de plusieurs versets. C'est un témoignage frappant de l'estime dans laquelle étaient alors tenus les « Treize Chapitres ».

Il n'est pas fait état de commentateurs de l'ouvrage de Sun Tzu ayant vécu sous la dynastie des Han, mais il

10. *Ibid.*, p. 159.
11. *Ibid.*, p. 161.
12. Trad. Esson M. Gale : *Débat sur le Sel et le Fer.*

devait y en avoir, car, dès l'époque de Liu Hsiang, il existait soixante-trois « Écoles » reconnues de théoriciens militaires. L'année 23 de notre ère, l'usurpateur Wang Mang « confia une charge aux " diverses " personnes versées dans les méthodes des soixante-trois Écoles d'art militaire, qu'il avait convoquées [13] ».

Vers la fin du IIe siècle de l'ère chrétienne et tout au début du IIIe siècle nous trouvons des commentateurs dignes de ce nom. En plus de Ts'ao Ts'ao, Wang Ling, connu sous le nom de « Maître Wang », Chia Yeh et Chang Tzu Shang ont écrit des ouvrages qui n'ont pas subsisté. Sous la dynastie des Liang (502-56) parurent au moins deux éditions de Sun Tzu. Les interprétations d'un certain « Monsieur » Meng ont été préservées dans la version des « Dix Écoles » ; celles de Shan Yu ont été perdues.

Parmi les critiques de l'époque T'ang (618-905), Tu Yu, son petit-fils le poète Tu Mu, Li Ch'uan, Ch'en Hao et Chia Lin furent les plus respectés. Des éditions séparées contenant des interprétations des quatre derniers ont été publiées. Les commentaires de Tu Yu figurent avec le texte des « Treize Chapitres » dans sa monumentale encyclopédie, le T'ung T'ien (chapitre 148-63). Des versets chinois de Sun Tzu ont été inclus dans d'autres anthologies élaborées à l'époque T'ang, notamment dans le *Pei T'ang Shu Ch'ao* (chapitres 115-16).

Les « Treize Chapitres » éveillèrent un intérêt accru sous la dynastie des Sung. Ils furent inclus dans le *T'ai P'ing Yu Lan* (chapitres 270-337). Parmi les nombreux commentaires qui ont été publiés, ceux de Mei Yao Ch'en, de Wang Hsi, de Ho Yen Shi et de Chang Yu ont été choisis par Chi T'ien Pao et par Cheng Yu Hsien pour figurer dans leurs éditions qui s'intitulent respectivement *Shih Chia Chu* (Dix Écoles) et *Shih I Chia Chu* (Onze Écoles) [14] et qui, toutes deux, comprennent également Ts'ao Ts'ao et « Monsieur » Meng, ainsi que les autres érudits

13. HFHD III, p. 442, n. 213.
14. 十家註,十一家註

de la période T'ang susmentionnés. Dans ces deux recueils, les commentaires sont présentés par ordre chronologique, à la suite des versets auxquels ils se rapportent. Comme les commentaires de Tu Yu avaient été inclus dans *T'ung T'ien* au lieu de faire l'objet d'une publication séparée, Chi T'ien Pao n'estima pas que celui-ci représentait une « école ». D'où la différence de titre existant entre ces deux compilations. L'édition de Chi T'ien Pao fut par la suite incorporée dans le canon taoïste. C'est elle que Sun Hsing Yen copia lorsqu'il la découvrit dans un monastère taoïste de la province du Shen Hsi.

Mais ce ne sont pas les ouvrages individuels de ces divers érudits — pour importants qu'ils fussent — qui imprimèrent l'élan le plus fort à l'étude de *L'Art de la Guerre* sous la dynastie des Sung. C'est un édit promulgué par l'empereur Sheng Tsung (1068-85), donnant la liste de sept « Classiques militaires » à inscrire obligatoirement au programme d'études des élèves officiers. L'édition de Ts'ao Ts'ao venait en tête de cette liste [15].

Cet édit précisait en outre que ces études militaires devaient s'accomplir sous l'égide directe d'un Po Shih, érudit d'un rang élevé. Le Po Shih nommé à ce poste important était Ho Chu Fei, qui, en qualité de premier directeur de l'Ecole militaire impériale, choisit comme texte de base pour ses jeunes étudiants une édition de Sun Tzu « annotée » par l'illustre critique Shih Tzu Mei. Ces « annotations », présentées sous la forme d'un commentaire des versets de Sun Tzu, ont heureusement subsisté.

Il n'est fait état que d'une nouvelle édition de Sun Tzu sous la dynastie (mongole) des Yuan (1206-1367) et celle-ci, due à P'an Yen Wang, a été perdue. Mais, après que les Mongols eurent été chassés de Pékin et que les Ming (1368-1628) furent solidement établis, les travaux sur les classiques, qui avaient été interrompus, furent repris très intensément ; pendant cette période de trois siècles, plus de cinquante commentaires, tentatives d'inter-

15. Depuis des siècles, Ts'ao Ts'ao est considéré comme l'un des maîtres les plus remarquables en matière d'art militaire.

prétation et essais de critique furent consacrés à *L'Art de la Guerre*. Parmi ceux-ci, le plus couronné de succès fut l'ouvrage de Chao Pen Hsueh, maintes fois réédité.

Sun Hsing Yen est le plus éminent des érudits ayant fait autorité sous la dynastie (mandchoue) des Ch'ing, c'est son édition (à laquelle son ami Wu Jen Chi collabora) qui sert d'ouvrage de référence depuis près de deux cents ans. C'est sur elle que se base la présente traduction.

III

LES ROYAUMES COMBATTANTS

Confucius, le premier et, en fin de compte, le plus influent des philosophes chinois, mourut en 479 avant J.-C. Un quart de siècle plus tard, presque jour pour jour, les chefs des clans Wei, Han et Chao attaquèrent le souverain des Chin, le vainquirent à Ching Yang en 453 avant J.-C. et se partagèrent son domaine[1]. Le comte Chih fut décapité sur-le-champ, sa famille exterminée et son crâne, convenablement orné, offert en présent à Wu Hsu de l'Etat de Chao, auquel il servit de hanap. C'est sous ces sombres auspices que s'ouvrit le temps des Royaumes Combattants.

Il était à cette époque un Fils du Ciel, membre de la Maison Chou dont l'autorité, au delà des frontières de la minuscule enclave qui lui avait été allouée par les souverains rapaces des grands Etats, était inexistante. En effet, depuis des siècles, les rois de la dynastie Chou jouaient un rôle purement symbolique, leur principale fonction étant de régler le calendrier et d'accomplir les sacrifices rituels périodiques dont dépendait l'harmonie des rapports entre le Ciel, la Terre et l'Homme.

Le déclin de la Maison royale avait débuté par le transfert, en 770 avant J.-C., de la capitale des Chou du Shen Hsi vers l'est. Un siècle et demi plus tard, la faiblesse de cette dynastie apparaît de façon frappante dans la for-

---

1. Ching Yang était situé à l'emplacement de la ville moderne de T'ai Yuan, ou dans le voisinage.

mule utilisée par le roi pour investir le duc Wen, de l'Etat Chin, du titre de « Dominateur » (Pa) :

« O, mon oncle ! Illustres furent les rois Wen et Wu ; ils savaient comment prendre soin de leur éclatante vertu qui s'élevait avec splendeur dans les hauteurs (vers le Ciel) et dont le renom s'étendait au loin sur la terre. C'est pourquoi le Souverain d'En Haut a couronné de succès le mandat confié aux rois Wen et Wu. Pitié pour moi ! Que je continue dans la voie tracée par mes ancêtres, Moi, l'Homme Unique, et maintenez-nous (moi et ma descendance), perpétuellement sur le trône [2] ! »

En 450 avant J.-C., il existait en Chine huit Etats importants, mais l'Etat de Yen au nord et celui de Yueh à l'est ne jouèrent aucun rôle décisif dans les guerres qui firent rage presque sans interruption pendant les deux siècles un quart qui suivirent. Les « Six Grands » étaient le Ch'i, le Ch'u, le Ch'in et « Les Trois Chin » : le Wei, le Han et le Chao. Il existait en outre une douzaine de petites principautés, toutes destinées à être absorbées par les Etats principaux, qui les dévorèrent aussi systématiquement « que les vers à soie mangent les feuilles de mûrier ». En 447 avant J.-C., le Ch'u anéantit le Ts'ai, petit Etat situé dans l'actuelle province du Ho Nan ; deux ans plus tard, il engloutit le Ch'i (il s'agit d'un autre Ch'i que celui mentionné ci-dessus) et en 431 le Chu. Ce processus s'accéléra après 414 avant J.-C. Au cours des 65 années qui suivirent, une demi-douzaine de petits Etats disparurent de la scène historique. De temps en temps, les souverains faisaient en sorte de ménager des pauses au sein des guerres endémiques issues de leurs insatiables ambitions. Ces temps de respiration étaient nécessaires, ne fût-ce que pour entraîner les armées de paysans, périodiquement taillées en pièces. Rares furent sans doute les généraux qui moururent dans leur lit pendant les 150 années qui s'étendent de 450 à 30 avant J.-C. Cette période fut l'une des plus chaotiques de la longue histoire de la Chine. Les collines boisées, les lacs bordés de roseaux, les nombreux marais et maré-

2. Granet, pp. 25 à 26.

cages offraient des repaires aux bandes de voleurs et d'égorgeurs qui razziaient les villages, enlevaient les voyageurs, et rançonnaient les marchands assez fortunés pour tomber entre leurs mains. Un grand nombre de ces hors-la-loi étaient des paysans qui, pour subsister, s'étaient vus forcés au brigandage. D'autres étaient des criminels évadés, des déserteurs et des dignitaires en disgrâce. Ensemble ils constituaient une redoutable menace pour les forces dites « de la loi et de l'ordre ». Les vendettas des grandes familles étaient exécutées par des bandes d'hommes d'épée professionnels recrutés dans les couches inférieures d'une aristocratie héréditaire en voie de décomposition.

Quelques individus s'élevèrent violemment contre le climat amoral de l'époque. Le plus important fut Mo Ti, ou Mo Tzu (vers 479-381 avant J.-C.), qui dénonça le caractère criminel et futile des guerres, auxquelles les souverains de son temps consacraient leurs énergies. « Supposez », dit-il, « qu'une multitude de soldats se dressent ».

« Si c'est l'hiver il fera trop froid, et si c'est l'été il fera trop chaud. Cela ne doit donc avoir lieu ni en hiver ni en été. Mais, si c'est au printemps, les gens seront arrachés aux semailles et aux plantations, et, si c'est à l'automne, à la récolte et à la moisson. Qu'ils soient enrôlés à l'une ou à l'autre de ces saisons, d'innombrables individus mourront de faim et de froid. Et lorsque l'armée se mettra en marche, les bambous, les flèches, les étendards ornés de plumes, les tentes, les armures, les boucliers et la garde des épées se casseront et se désagrégeront en quantités innombrables, et on ne les reverra jamais. De même pour les javelots, les lances, les épées, les poignards, les chars et les charrettes : ils se casseront et se désagrégeront en quantités innombrables, et on ne les reverra jamais. En quantités innombrables des chevaux et des bœufs partiront gras et reviendront maigres, ou bien ils mourront et ne reviendront pas du tout. Des foules innombrables mourront parce que leur nourriture sera réduite et impossible à livrer en raison de la longueur des trajets, tandis que d'autres multitudes tomberont malades et mourront d'être exposées constamment au danger, de manger et de boire irrégulièrement et d'être soumises aux extrémités de la famine et aux excès de la suralimentation (*sic, N.D.T.*). Alors l'armée sera perdue en grande partie ou en totalité ; dans les deux cas les pertes seront innombrables [3]. »

Mo Ti condamna sans équivoque la guerre offensive.

« Si un homme tue un innocent, lui dérobe ses vêtements, ainsi que sa lance et son épée, il commet un crime plus grave qu'en s'introduisant dans une étable ou dans une écurie pour y voler un bœuf ou un cheval. Le tort est plus considérable, le délit plus grave et le crime plus noir. N'importe quel homme sensé sait que c'est mal et que c'est inique. Mais, lorsqu'il s'agit du meurtre commis en attaquant un pays, on n'y voit aucun mal ; on applaudit et on parle de justice. Peut-on dire que cela s'appelle savoir ce qui est bien et ce qui est mal ? Lorsqu'un homme en tue un autre, il est coupable et il est puni de mort. Donc, selon le même critère, lorsqu'un homme en tue dix, il est dix fois plus coupable et il mérite dix fois la mort. De même, celui qui tue cent hommes devrait subir une peine cent fois plus lourde... Si un homme appelle noir ce qui est noir en se plaçant sur une petite échelle, mais appelle blanc ce qui est noir en se plaçant sur une grande échelle, alors c'est un homme qui n'est pas capable de distinguer le blanc du noir... De même, si un homicide simple est considéré comme un crime mais qu'un homicide multiple, comme celui qui consiste à attaquer un autre pays, soit loué comme une bonne action, cela peut-il s'appeler savoir distinguer le bien du mal [4] ? »

Cette philosophie n'était pas particulièrement goûtée des souverains régnant à l'époque des Royaumes Combattants, lesquels obéissaient aux impératifs du pouvoir plutôt qu'aux objurgations des moralistes. Cependant ces monarques n'étaient nullement des barbares. La plupart d'entre eux étaient des hommes évolués qui vivaient dans le luxe. L'ennui était banni de leurs cours par des harems bien agencés, des troupes de danseuses, des musiciens, des

3. HCP, pp. 94-95.
4. Cité par Liang Ch'i Ch'ao, p. 97.

acrobates et des « chefs » émérites préposés aux cuisines. Les sophistes itinérants qui, avec leurs disciples, erraient d'une capitale à l'autre, les plus fortunés en char, ceux qui l'étaient moins à pied, trouvaient à ces cours un accueil hospitalier.

Les marchés étaient florissants ; de même le commerce entre les divers Etats, malgré les désordres chroniques. Les trafiquants et les boutiquiers s'engraissaient. Lin Tzu, capitale du Ch'i, comprenait au début du IVᵉ siècle avant J.-C. soixante-dix mille foyers. En comptant dix « bouches » (moyenne vraisemblable) par foyer, le chiffre de la population devait avoisiner sept cent cinquante mille personnes. Cette ville qui était alors la plus grande et probablement la plus riche du Chin, tirait son opulence du commerce. Ceux qui y venaient pour acheter du sel, de la soie, du fer et du poisson séché trouvaient à se distraire dans les restaurants, dans les salles de musique et dans les lupanars ; ils pariaient sur les courses de chiens, sur les combats de coqs et sur les matchs de football. Mais les paysans, masse silencieuse qui représentait probablement 90 % de la population, ne bénéficiaient d'aucun de ces agréments ni de ces luxes. Le labeur et la guerre, les travaux des champs, l'obéissance aux supérieurs, avec le droit de se taire, tel était leur lot.

Cette société était régie par un code pénal d'une terrifiante sévérité. Plusieurs milliers de crimes étaient passibles de mort ou de mutilation. La castration, le marquage au fer chaud, l'ablation du nez, des pieds ou des orteils, le sectionnement des tendons des jambes ou la fracture des rotules étaient des peines couramment infligées. Et elles n'étaient pas réservées aux couches inférieures de la société ; de grands dignitaires les subissaient parfois. Ainsi, du moins en théorie, la loi était-elle appliquée équitablement. Mais ceux qui avaient eu les pieds coupés tiraient à coup sûr une piètre consolation de la méditation des aspects purement abstraits de ce code draconien.

Le climat politique offrait un vaste champ d'action aux talents de prétendus experts en tous genres, et en particulier des stratèges de profession. Entre 450 et 300 avant J.-C., des générations successives furent décimées avec une méthodique régularité et la guerre devint une « occupation fondamentale [5] ». L'effort pour se conformer — au moins en apparence — au code moral idyllique, dont le règne des Rois Vertueux avait, dit-on, donné l'exemple, avait été abandonné depuis longtemps. La diplomatie était basée sur la corruption, la fraude et la duperie. L'espionnage et l'intrigue prospéraient. Et la trahison n'était pas regardée comme une anomalie par d'ambitieux généraux qui changeaient de camp ou par des ministres d'Etat faciles à soudoyer.

La carrière du célèbre soldat Wu Ch'i reflète les mœurs de cette époque. Né et élevé dans l'Etat de Wei il chercha un poste militaire dans l'Etat de Lu. Pour dissiper les soupçons du duc quant à son loyalisme, il tua sa femme parce qu'elle était originaire du Wei. Peu après, des dignitaires jaloux ayant porté de fausses accusations contre lui, il en fit assassiner un certain nombre, puis s'enfuit dans le Wey, où il offrit ses services au marquis. Le Premier ministre le dépeignit comme un homme cupide et débauché, mais comme un général émérite. Le marquis l'engagea et le nomma Protecteur du Fleuve de l'Ouest. Ensuite il quitta le Wey et il entra au service de Tao, roi de l'Etat de Ch'u, qui le nomma Premier ministre en 384 avant J.-C. Il réorganisa et modernisa l'administration d'Etat, se faisant ainsi de nombreux ennemis. Lorsque le roi Tao fut assassiné, en 381 avant J.-C., Wu Ch'i fut exécuté [6].

Cette époque dynamique réclamait des solutions pratiques pour les problèmes de la politique et de la guerre et des centaines d'érudits, errant d'un Etat à l'autre, manifestaient un vif empressement à colporter des idées auprès des souverains « tourmentés par la situation dangereuse dans laquelle se trouvait leur pays et par la faiblesse

5. Cette expression a été mise en circulation par Shang Yang (Seigneur Shang), Premier ministre du duc Hsiao Ch'in. Pour lui les deux occupations « fondamentales » étaient la guerre et l'agriculture. Il fait l'objet de l'exécration unanime des historiens traditionnels.

6. Né dans le Wei (魏), Wu Ch'i s'enfuit dans le Wei (隗) que nous avons romanisé ici en Wey, pour éviter toute confusion.

de leurs armées ». Les souverains se disputaient les conseils d'escouades d'orateurs professionnels qui, lors d' « interminables palabres », subjuguaient les rois, les ducs et les grands, grâce à des raisonnements d'une « déroutante diversité [7] ». Ces Machiavels itinérants spéculaient sur leur propre sagacité. Lorsque leurs conseils se révélaient profitables, ils atteignaient souvent à des positions élevées ; dans le cas contraire, ils étaient, sans autre forme de procès, mis en saumure, sciés en deux, bouillis, hachés menu, ou écartelés par des chars.

Mais les rémunérations étaient assez substantielles pour inciter de nombreux individus à consacrer leurs talents à la gestion de l'Etat, à la diplomatie et aux affaires militaires, et les souverains, qui ambitionnaient d' « enrouler comme une natte tout sous le ciel » et d' « enfermer les quatre océans dans un sac », les écoutaient d'une oreille complaisante.

L'influence corrosive de cette classe nouvelle sur les idées et les institutions féodales fut d'une importance primordiale. Les érudits errants n'étaient liés par aucun loyalisme durable. Ils n'étaient attachés par aucun sentiment de patriotisme aux Etats qu'ils servaient, ni retenus par une notion quelconque de chevalerie ancienne. Ils proposaient et exécutaient des desseins de la plus noire perfidie. Il arrivait fréquemment qu'ils servissent secrètement deux princes à la fois, les dressant l'un contre l'autre. Se déplaçant d'un royaume à l'autre, ayant toujours quelque plan éloquent et compliqué à suggérer, ils combattaient le particularisme de la vieille aristocratie féodale et formaient des projets visant à faire tomber l'empire tout entier sous la domination du souverain qu'ils servaient. Tel était l'appât qu'ils faisaient miroiter aux yeux de leurs maîtres temporaires. Ce n'était plus l'hégémonie, mais l'empire, qui était devenu l'objectif de la politique de l'Etat [8].

Ces princes avaient les mêmes désirs que ceux dont Plutarque a écrit que, pour eux, les mots de paix et de guerre n'étaient que « monnaie courante propre à servir

7. BLS, p. 95.
8. Fitzgerald, p. 77.

leurs intérêts selon l'opportunité ». Ces intérêts, dans la Chine d'alors, ne pouvaient être servis que par l'intrigue ou par la guerre. Or la guerre, partie intégrante de la politique de puissance de cette époque, était devenue « une affaire d'importance vitale pour l'Etat, la province de la vie et de la mort, le chemin de la survie ou de l'anéantissement ». Pour être conduite victorieusement, elle appelait une théorie cohérente de la stratégie et de la tactique, ainsi qu'une doctrine pratique dictant les méthodes à employer pour le renseignement, la planification, le commandement, les opérations et l'administration. L'auteur des « Treize Chapitres » fut le premier à fournir cette théorie et cette doctrine.

La tendance à l'agrandissement des Etats importants au détriment de leurs voisins plus faibles et de moindre envergure est un trait constant du développement historique de la Chine. Son apogée fut marqué en 221 avant J.-C. par l'établissement d'un Etat monolithique par le premier empereur de la Chine.

Pendant cette période considérée, de nombreux facteurs contribuèrent à la concentration du pouvoir politique entre les mains d'un nombre sans cesse décroissant de souverains. Parmi ces facteurs, le développement d'une technologie du fer revêtit peut-être une importance unique.

Le fer était connu en Chine avant l'an 500 avant J.-C., mais il était extrêmement rare et précieux parce qu'un procédé maîtrisable de fusion n'avait pas encore été inventé. Les épées du roi Ho Lu de Wu étaient célèbres dans la légende chinoise ; des fabricants d'épées japonais, plus proches de nous dans le temps, retracent l'histoire de leur profession en remontant jusqu'à Kan Chiang, Mo Yeh et leur fils Ch'ih Pi, dont la vie et l'habileté, ainsi que les lames par eux forgées, ont fourni matière à de nombreux contes populaires et, plus récemment, à de savants mémoires sur l'art de fondre le fer dans l'Antiquité chinoise[9]. Le forgeage de ces lames fabuleuses s'accom-

9. Voir le savant et fascinant mémoire du docteur Lionello Lanciotti intitulé « Moulage des épées et légendes chinoises s'y

pagnait de sacrifices humains symboliques ; c'était un acte rituel dont le cérémonial était connu des seuls initiés.

Kan Chiang, du pays de Wu, avait le même maître que Mo Yeh. Ensemble ils fabriquaient des épées. Ho Lu, roi de Wu, leur commanda deux épées ; l'une fut appelée Kan Chiang et l'autre Mo Yeh. Mo Yeh était l'épouse de Kan Chiang. Donc Kan Chiang fabriqua l'épée après avoir recueilli le fer sur les cinq montagnes et l'or (Chin) dans les six directions. Il observa le Ciel et la Terre ; Ying et Yang brillaient ensemble. Cent Shen descendirent pour assister à la scène ; la vapeur descendit ; mais le fer et l'or ne se fondirent pas. Kan Chiang ne comprenait pas pourquoi. Mo Yeh lui dit : « Tu es un habile fondeur et le roi t'ordonne de faire des épées. Trois mois se sont écoulés et tu ne peux pas arriver à les terminer ; qu'est-ce que tu en penses ? » Kan Chiang répondit : « Je ne comprends pas pourquoi. » Mo Yeh dit : « Eh bien ! pour s'accomplir, la transformation des choses divines (Shen) requiert une personne. Or, lorsqu'il s'agit de faire des épées, quelle est la personne dont on a besoin pour réaliser le travail ? » Alors Kan Chiang dit : « Dans les temps anciens, mon Maître moulait le métal. L'or et le fer ne se fondaient pas et lui et sa femme entrèrent dans le fourneau ; alors la transformation s'accomplit. Jusqu'à présent, ceux qui ont réussi ont escaladé les montagnes ; vêtus de longues robes parfumées, de toile de chanvre blanc, ils ont fait le moulage, osant ensuite jeter l'or dans le fourneau. Maintenant je fabrique l'épée sur la montagne et aucune transformation de cette sorte ne s'opère. » Mo Yeh répondit : « Le Maître savait qu'il était nécessaire de fondre un corps humain pour accomplir le travail. Quel mal aurai-je (à me sacrifier) ? » Alors la femme de Kan Chiang se coupa les cheveux, et elle se coupa les ongles, et elle les jeta dans le fourneau. Elle ordonna à trois cents garçons et filles d'actionner les soufflets et l'or et le fer se fondirent pour faire les épées. L'épée mâle fut appelée Kan Chiang et l'épée femelle Mo Yeh... Kan Chiang cacha

rapportant », dans *Est et Ouest* (année VI, n° 2 et n° 4 de juillet 1955 et de juillet 1956 respectivement).

l'épée mâle et prit l'épée femelle, qu'il offrit au roi [10].

Cependant, il fallut attendre près de cent ans pour que le secret de Kan Chiang tombât dans le domaine public. Puis, brusquement, nous constatons un rapide développement de la technique de la fabrication du fer. Les étapes, encore mal définies, en furent liées à des progrès de la métallurgie, à l'introduction du soufflet en cuir et à un perfectionnement de la conception et de la construction des fourneaux. Vers 400 avant J.-C., certains maîtres forgerons employaient des centaines d'hommes et, dans quelques-uns des Etats, cette industrie devint rapidement un monopole gouvernemental [11]. Peu après, un procédé pour la fabrication de l'acier de qualité médiocre fut mis au point dans les Etats de Ch'u et de Han, où les « lames blanches » étaient produites. Les lances à pointe d'acier du Ch'u étaient « pointues comme un dard d'abeille [12] ».

Les effets de ce progrès en flèche ne se firent pas attendre. Des outils agricoles et des armes uniformément excellentes purent être fabriqués à bon marché et en quantité. Il était naturel que les souverains créassent des fonderies et des arsenaux et qu'ils assurassent la charge, « jusque-là réservée par privilège à leurs vassaux », d'équiper les nouvelles armées permanentes et les conscrits. Le souve-

10. Extrait de la traduction d'un passage du « Wu Yueh Ch'un Ch'iu », paru dans *Est et Ouest* (année VI, n° 2, pp. 107-108).
11. Dans la critique qu'il donne du texte de la biographie de Ching K'o figurant dans les *Annales* (Shih Chi), critique parue dans *Homme d'Etat, patriote et général de la Chine antique*, le professeur Bodde exprime l'opinion que l'usage du fer était probablement peu répandu en Chine jusque vers 300 avant J.-C. La monographie du docteur Joseph Needham intitulé *Développement de la technique du fer et de l'acier dans l'Antiquité chinoise*, le dernier en date des exposés d'érudition sur ce sujet, fait remonter l'usage des armes et des outils en fer vers le milieu du IV⁰ siècle avant J.-C. Mais le fait que des trépieds en fer, sur lesquels était gravé le Code pénal, aient été moulés dans le Chin dès l'an 512 avant J.-C. (TC, 29° année du duc Chao) prouve que les Chinois connaissaient parfaitement un procédé grossier de fusion et de moulage à une date très antérieure. Il n'est guère concevable que près d'un siècle et demi se soit écoulé entre la connaissance d'un tel procédé et la généralisation de son application.
12. HFT II, p. 235.

rain de l'Etat de Kuo fut ainsi en mesure de s'imposer plus fortement que lorsqu'il ne bénéficiait pas du monopole des armes.

Des travaux de construction hydraulique de grande envergure, l'édification de murs, l'enregistrement de la population et la perception des impôts exigeaient une bureaucratie en constante expansion. La conscription, ainsi que la direction de la main-d'œuvre requise pour exécuter les plans grandioses des souverains, qui entre eux rivalisaient de magnificence dans leur palais, leurs terrasses, leurs jardins et leurs tours, posaient des problèmes d'administration compliqués. Au fur et à mesure que ceux-ci étaient résolus, naissait une science de l'organisation.

Une évolution parallèle se produisait dans le domaine militaire, où — tout autant que dans les autres secteurs en plein épanouissement des activités de l'Etat — de hautes compétences en matière de gestion et de commandement étaient essentielles. Au milieu du ve siècle avant J.-C., des armées considérables qui, en comptant les portefaix et les conducteurs de chariots, réunissaient plusieurs centaines de milliers d'hommes, se lançaient dans des campagnes lointaines, dont le déroulement devait nécessairement être mûrement réfléchi et soutenu de façon rationnelle. Lorsqu'elle n'était pas en campagne, l'armée travaillait (comme dans la Chine actuelle) à la réalisation de projets d'utilité publique.

Cette société en expansion offrait aux intellectuels, artistes, techniciens et administrateurs de remarquables possibilités pour l'exercice de leurs talents. Les chroniques, qui font état des cataclysmes, des guerres, des usurpations, de l'assassinat des princes et des ministres, constatent laconiquement de-ci de-là, que Tout sous le Ciel est dans un état chaotique. C'est l'expression qui convient pour décrire la période explosive durant laquelle les derniers vestiges des structures anciennes étaient rejetés. Les hordes d'experts, de sophistes et d'érudits chicaneurs qui offraient à des souverains sans entrailles et à des ministres cyniques des conseils sur n'importe quel sujet imaginable, maintenaient le monde des intellectuels en fermentation permanente. Plus tard, le Légaliste Han Fei Tzu devait dénoncer les érudits à deux visages qui habitaient dans des grottes, « poursuivaient des études personnelles », « se lançaient dans les intrigues et élaboraient des conceptions contraires à l'orthodoxie [13] ». Mais nous pouvons, sans risque d'erreur, supposer qu'il s'en fallait de beaucoup que tous ces aventuriers de l'intellect habitassent dans des grottes.

Confucius avait erré d'un Etat à l'autre en tentant vainement de persuader les souverains de son temps d'abandonner la lutte pour le pouvoir et de revenir à la voie éclairée des Rois Vertueux. Mais la plupart des hommes de cette époque plus tardive avaient conscience que les pérégrinations consacrées à l'avancement d'objectifs pacifiques et moraux étaient du temps perdu. Les problèmes les plus pressants concernaient la conduite journalière des affaires de l'Etat, l'administration intérieure et la politique étrangère. Dans ses aspects essentiels, cette dernière consistait alors, tout comme par le passé, à sauvegarder et à enrichir l'Etat, tout en rehaussant son pouvoir et son influence aux dépens d'ennemis réels ou en puissance.

En conséquence, si les moralistes ont pu rester souvent sans emploi, les stratèges, dans leur ensemble, vivaient confortablement — tant que leurs conseils se révélaient profitables. L'auteur de *L'Art de la Guerre* est à ranger parmi eux et même s'il ne rencontra pas vraiment un protecteur en la personne du roi Ho Lu de Wu, comme l'affirme Ssu Ma Ch'ien, il a dû trouver en quelque lieu une oreille favorable. Sinon ses propos se seraient éteints comme ceux de la plupart de ses contemporains qui ne présentaient pas autant d'originalité.

---

13. HFT II, p. 235.

IV

LA GUERRE AU TEMPS DE SUN TZU

Pour apprécier l'originalité de la pensée de Sun Tzu, il est nécessaire de connaître ce en quoi, qualitativement, la guerre, aux Ve et IVe siècles diffère de ce qu'elle était auparavant. Jusqu'aux environs de l'an 500 avant J.-C., c'était, dans un certain sens, un rituel. Des campagnes saisonnières étaient menées conformément à un code universellement admis. Les hostilités étaient interdites pendant les mois consacrés aux semailles et aux récoltes. En hiver, les paysans hivernaient dans leur hutte de terre ; il faisait trop froid pour se battre. En été, il faisait trop chaud. Tout au moins en théorie, la guerre était prohibée pendant les mois de deuil qui suivaient la mort d'un seigneur féodal [1]. Au combat, il était interdit de frapper un homme qui n'était plus jeune ou de poursuivre un ennemi déjà blessé. Un souverain animé de sentiments humains s'abstenait de « massacrer les villes », d' « embusquer des armées » ou de « maintenir l'armée en campagne une fois la saison passée », un prince juste ne s'abaissait pas non plus à la duperie ; il n'exploitait pas déloyalement l'avantage qu'il pouvait avoir sur son adversaire [2].

1. Cette interdiction n'était pas toujours respectée.
2. Dubs, I, p. 167. Un exemple des absurdités auxquelles pouvait aboutir l'application de ce code est fourni par un incident qui survint en 638 avant J.-C., alors que le duc Hsiang de Sung se trouva face à l'armée Ch'u, dont le séparait le fleuve Hung. Les forces Ch'u ayant franchi le fleuve à moitié, le ministre du

Lorsque le roi Chuang de Ch'i mit le siège devant la capitale des Sung, son armée commença à manquer d'approvisionnements. A Tzu Fan, son ministre de la Guerre, il dit : « Si nous épuisons nos réserves sans soumettre la ville, nous allons nous retirer et rentrer chez nous. » Il ordonna alors à Tzu Fan d'escalader le talus qui avait été dressé à la hâte contre le mur pour observer les assiégés. Le prince des Sung envoya son ministre Hua Yuan sur la butte pour l'arrêter en route et il s'ensuivit ce dialogue :

Tzu Fan : « Comment vont les choses dans votre Etat ? »

Hua Yuan : « Nous sommes à bout. Nous échangeons nos enfants et nous les mangeons, fendant les os et les faisant cuire. »

Tzu Fan : « Hélas ! C'est bien le comble de la détresse ! Cependant nous avons entendu dire que dans les Etats assiégés on bâillonne les chevaux quand on leur donne du grain et l'on envoie les plus gras au-devant de l'ennemi. Comment se fait-il donc, monsieur, que vous me parliez si franchement ? »

Hua Yuan : « J'ai entendu dire que l'homme supérieur, lorsqu'il voit la misère de son semblable, en a pitié ; tandis que l'homme mesquin, lorsqu'il voit la misère de son semblable, s'en réjouit. J'ai vu que vous aviez l'air d'un homme supérieur, c'est pourquoi je vous ai parlé si franchement. »

Tzu Fan : « Vous avez eu raison. Puissiez-vous tenir bon ! Notre armée n'a plus que sept jours de " rations ". »

---

duc poussa celui-ci à attaquer. Il refusa. Lorsque toute l'armée se trouva à pied sec, mais non encore disposée en ligne de bataille, le ministre renouvela ses exhortations à l'attaque. Le duc imposa silence à son conseiller importun en ces termes : « Le vertueux n'écrase pas le faible, et il ne donne pas l'ordre d'attaquer avant que l'ennemi n'ait formé ses rangs. » Le duc fut blessé, ses troupes vaincues et dispersées. Dans ce contexte, la remarque, souvent citée, de Mao Tse Tung « Nous ne sommes pas le duc de Sung » est intéressante.

Tzu Fan fit son rapport au roi Chuang. Celui-ci demanda : « Dans quelle situation se trouvent-ils ? »

Tzu Fan dit « Ils sont à bout. Ils échangent leurs enfants et ils les mangent, fendant leurs os et les faisant cuire. »

Le roi Chuang dit : « Hélas ! C'est bien le comble de la détresse ! Maintenant nous n'avons plus qu'à nous emparer d'eux et à rentrer chez nous. »

Tzu Fan dit : Nous ne pouvons pas faire cela. Je leur ai déjà dit que notre armée, pour sa part, n'avait plus que sept jours de " rations ". »

Le roi Chuang furieux, dit : « Je vous ai envoyé pour les observer ; pourquoi leur avez-vous parlé ? »

Tzu Fan dit : « Si un Etat aussi petit que celui des Sung compte encore un sujet qui ne pratique pas la duperie, comment le Ch'u pourrait-il en manquer ? C'est pourquoi j'ai parlé à cet homme. »

Le roi Chuang dit : « Quoi qu'il en soit, nous allons nous emparer d'eux et nous en retourner. »

Tzu Fan dit : « Que Votre Altesse demeure ici. Quant à moi, je rentrerai chez moi, si vous m'y autorisez. »

Le Roi dit : « Si vous vous en retournez, et que vous m'abandonnez, avec qui resterai-je ici ? Je m'en retournerai comme vous le désirez. » Là-dessus il rentra avec son armée.

L'homme supérieur les approuve d'avoir fait la paix eux-mêmes. Hua Yuan dit la vérité à Tzu Fan et ainsi il réussit à faire lever le siège et à garder intacte la fortune des deux Etats [3].

Les philosophes et les rois établissaient une distinction entre la guerre juste et la guerre injuste ; un prince éclairé était moralement fondé à attaquer « un pays de rustres et d'arriérés », à civiliser les barbares, à punir ceux qui s'obstinaient dans leur aveuglement ou à traiter avec désinvolture un Etat sur le point de tomber. De tels châtiments étaient conformes à la Volonté du Ciel, et il

3. HSWC, pp. 38-39.

convenait qu'ils fussent infligés soit par le souverain en personne, soit par un ministre d'Etat mandaté spécialement à cet effet. A la tête des différentes colonnes étaient placés des membres de l'aristocratie héréditaire ; le grade militaire correspondait exactement au rang occupé dans la société féodale. Maspéro a illustré ce fait dans une intéressante étude qui montre comment, pendant plus d'un siècle à partir de 573 avant J.-C., le commandement de l'armée du centre de l'Etat de Chin resta le monopole de quelques grandes familles [4].

Dans cette Antiquité chinoise, les armées étaient privées, au même titre que les armées féodales levées en Europe. Lorsque le souverain faisait appel à eux, les nobles étaient censés fournir un certain nombre de chars, de chevaux, de chariots, de bœufs, de fantassins armés, de palefreniers, de cuisiniers et de portefaix. L'importance et la nature de ces contingents variaient suivant l'étendue des fiefs ; et, comme la population de ceux-ci oscillait entre quelques vingtaines et quelques milliers de familles, les équipages qui convergeaient au point de rassemblement fixé étaient pour le moins disparates. Comme un paysan avait beaucoup moins de valeur qu'un bœuf ou un cheval, son bien-être ne faisait pas l'objet d'une sollicitude particulière. Les serfs, dociles et illettrés, ne jouaient qu'un rôle minime dans les combats de cette époque. Le rôle principal y était réservé au char attelé de quatre chevaux, monté par un conducteur, un homme armé d'une lance et un archer appartenant à la noblesse. Les fantassins — menu fretin qu'on n'avait pas à ménager — protégés seulement, en général, par des vestes rembourrées, étaient groupés autour des chars. Un petit nombre d'hommes choisis spécialement portaient des boucliers tressés de bambou ou, au mieux, des boucliers plus encombrants, en peau de bœuf ou de rhinocéros grossièrement tannée. Leurs armes étaient des poignards et des épées courtes, des lances à pointe de bronze et des lames crochues et tranchantes fixées à des manches de bois par des lanières de cuir. L'arc était l'arme des nobles.

4. CA, p. 265, n. 1.

Le choix d'un terrain convenant aux chars commandait et restreignait la forme du combat ; ce fait, à son tour, entravait le développement des éléments tactiques. Par suite de la structure féodale de la société, les officiers de carrière provenaient exclusivement de familles nobles.

Les batailles livrées dans l'Antiquité chinoise étaient des mêlées rudimentaires qui, généralement, n'amenaient aucun résultat décisif. Habituellement, les deux parties établissaient leurs camps face à face pendant plusieurs jours, tandis que les devins étudiaient les augures et que chacun des généraux offrait des sacrifices propitiatoires. Lorsque arrivait le moment favorable déterminé par les devins, l'armée tout entière, ébranlant les cieux de ses clameurs, chargeait. Sur le terrain, le conflit était rapidement résolu. Ou bien l'attaquant était repoussé et on le laissait se retirer, ou bien il enfonçait les défenses de l'adversaire, tuait ceux qui étaient encore enclins à présenter une résistance active, poursuivait sur un demi-mille les débris en fuite, saisissait tout ce qui pouvait offrir une certaine valeur et regagnait son camp ou sa capitale. La victoire était rarement exploitée ; des opérations limitées étaient lancées pour atteindre des objectifs limités. Peu avant 500 avant J.-C., les conceptions qui avaient tempéré les horreurs de la guerre commencèrent à se modifier, la guerre devint plus féroce. Une bataille qui eut lieu en 518 avant J.-C. entre les armées de Wu et de Ch'u en offre une macabre illustration. Le vicomte de Wu donna l'ordre à 3 000 condamnés de s'aligner en avant du détachement qu'il commandait, juste sous les yeux des opposants, puis de se suicider en se tranchant la gorge. L'armée de Ch'u et ses alliés s'enfuirent, terrorisés [5].

Lorsque Sun Tzu entra en scène, la structure féodale, parvenue au dernier stade de la décomposition, commençait à faire place à une société d'un type entièrement nou-

5. TC, 23ᵉ année, duc Chao (CC V, II, p. 696). Cette source ne relate pas que les criminels condamnés se coupèrent la gorge, mais seulement qu'ils chargèrent farouchement les troupes alliées. Ce récit a peut-être été enjolivé ultérieurement par un chroniqueur, sur lequel s'est appuyé le commentateur.

veau, qui offrait beaucoup plus de possibilités au talent individuel. Ce changement s'effectuait progressivement mais, dans tous les domaines, y compris le militaire, l'originalité et l'esprit d'entreprise se voyaient récompensés.

Comme les troupes temporaires d'autrefois, inconstantes autant qu'inefficaces, n'étaient plus adaptées, les grands Etats créèrent des armées permanentes, commandées par des officiers de carrière. La conscription des paysans fut adoptée. Les nouvelles armées étaient composées non seulement de troupes disciplinées et bien entraînées mais encore de conscrits dont l'âge s'échelonnait entre seize et soixante ans. Ces armées avaient pour fer de lance des troupes « d'élite » ou de choc spécialement choisies pour leur courage, leur métier, leur discipline et leur loyalisme. Les premières formations de ce genre apparurent vers 500 avant J.-C. et elles attirèrent suffisamment l'attention pour que Mo Tzu notât que le roi Ho Lu avait entraîné ces troupes pendant sept ans et que ce corps d'élite était capable de faire des marches de 300 li (100 milles environ) sans se reposer ! Les « gardes » de Ch'u étaient revêtus de l'armure et du casque et ils portaient des arbalètes assorties de quinze flèches à plumes, des pointes de flèche de rechange, des épées et trois jours de riz grillé. C'est vers cette époque que les troupes légères firent leur apparition également. Avec des armées permanentes qui comportaient ces éléments, les opérations n'étaient plus limitées à des saisons déterminées. L'armée existante, capable de se mettre en campagne sans délai, constituait une menace constante pour d'éventuels ennemis.

Le temps du preux, ou du chevalier, qui tirait son renom de ses hauts faits personnels, était révolu. Des combats singuliers préliminaires, trait commun à toutes les sociétés féodales, avaient lieu parfois. Mais certains généraux se refusaient à tolérer cet usage.

— Alors que Wu Ch'i se battait contre le Ch'in, il y avait un officier qui, avant le choc des armées, ne put contenir son ardeur. Il s'avança, trancha quelques têtes et fit demi-tour. Wu Ch'i ordonna qu'il fût décapité.

Le grand Dignitaire de l'Armée le réprimanda en ces

termes : « Cet homme est un officier de talent ; vous ne devriez pas le faire décapiter. »

Wu Ch'i répliqua : « Je ne mets pas en doute ses talents d'officier, mais il est désobéissant. »

Là-dessus il le fit décapiter [6].

Les batailles étaient devenues des opérations dirigées ; le brave n'avançait plus sans appui et le poltron ne s'enfuyait plus.

Certains éléments des nouvelles armées, capables de mouvements coordonnés déclenchés suivant des plans détaillés, obéissaient à des signaux conventionnels. La science (ou art) de la tactique était née. L'ennemi, attaqué par la force « Cheng » (orthodoxe), était défait par la ou les forces « Ch'i » (non orthodoxe, unique, rare, merveilleux). Le processus habituel était une tentative de la force « Cheng » pour contenir et fixer l'ennemi pendant que les groupes « Ch'i » l'attaquaient sur ses arrières et en profondeur sur ses ailes. La diversion revêtait une importance considérable et les transmissions de l'adversaire devenaient un objectif primordial.

Bien qu'un grand nombre de questions intéressantes et importantes relatives à des détails de tactique demeurent encore sans réponse, nous savons qu'il était minutieusement tenu compte des facteurs temps et espace. La convergence de plusieurs colonnes en un point choisi pour objectif et à un moment fixé d'avant était une technique que les Chinois possédaient à fond au temps de Sun Tzu.

L'idée d'un « Etat-Major Général » se fit jour à l'époque des Royaumes Combattants. Cet état-major comprenait de nombreux experts (météorologistes, cartographes), des officiers d'intendance et des ingénieurs, à qui il incombait d'établir les plans des opérations de percement de tunnels et des travaux de sape. D'autres étaient spécialisés dans le franchissement des fleuves, les opérations amphibies, l'attaque par l'inondation et par le feu et l'utilisation de la fumée.

Parce que le noyau de l'armée était composé de professionnels qualifiés et représentait un investissement

6. Récit extrait de Tu Mu, v. 18, ch. VII.

considérable, il fallait veiller de près au moral et à la bonne alimentation des troupes, aux récompenses et aux sanctions, déterminées avec précision et distribuées équitablement. Ainsi était entretenu le moral de l'armée qui, au commandement de son chef, se serait jetée au feu ou à l'eau. Les soldats qui s'étaient distingués étaient récompensés et promus, ce qui, lentement mais inexorablement, contribuait à miner les positions de l'aristocratie héréditaire au sein de l'armée.

C'est probablement vers cette époque que fut formulée pour la première fois la doctrine de la responsabilité collective dans le combat. Les chefs d'armée qui battaient en retraite sans en avoir reçu l'ordre étaient exécutés. Si un groupe battait en retraite et que son chef continuât de combattre, les quatre hommes qui l'avaient abandonné étaient décapités après jugement sommaire. Si un chef de brigade ou de colonne se retirait sans instructions, il y allait de sa tête. Néanmoins, la promulgation de codes militaires — si sévères qu'ils fussent — représentait un pas en avant. Et si quelques généraux les appliquaient plus strictement que d'autres, il était établi qu'il ne fallait pas compter sur le terrorisme arbitraire pour engendrer la volonté de combattre. De même exactement que la professionnalisation de l'armée avait ouvert la porte à des hommes de talent, de même, dans une certaine mesure, elle avait empêché les généraux et les officiers d'imposer sans motifs de cruels châtiments ou des tribulations inutiles.

Naturellement, tous les généraux du IVe siècle avant J.-C. n'atteignaient pas à ce poste en vertu de leurs capacités. Mais, à cette époque, il était possible à un homme compétent de s'élever au commandement sans égard à ses origines, aristocratiques ou non, et de recevoir, lors d'une cérémonie d'investiture, la hache de bataille qui symbolisait sa dignité de commandant en chef et lui conférait l'autorité suprême hors de la capitale. La gestion de l'armée et son utilisation à des fins opérationnelles étaient dès lors placées sous sa responsabilité ; lorsque le général franchissait les frontières, il pouvait arriver qu'il ignorât volontairement certains ordres du souverain. Mais, de même que ses subordonnés, le général était soumis à la loi militaire.

Les progrès techniques contribuèrent à la révolution qui affecta la conduite de la guerre en Chine. L'introduction de l'usage de l'arbalète et des armes blanches en fer de qualité supérieure, susceptibles d'être affilées et de garder leur tranchant, fut particulièrement importante. Longtemps avant l'apparition de l'arbalète, l'arc recourbé était déjà d'un usage courant [7]. L'arbalète, inventée par les Chinois au début du IVᵉ siècle avant J.-C., lançait de lourdes flèches qui auraient transformé en passoire les boucliers grecs ou macédoniens. Il est probable que les arbalétriers dûment entraînés finirent par détrôner le char.

Les armées avec lesquelles Sun Tzu était familiarisé comprenaient des archers, des soldats armés d'épées, de lances (ou hallebardes, etc.), des arbalétriers et des chars. La cavalerie n'apparut qu'un peu plus tard, mais des hommes à cheval montant sans selle ni étrier étaient utilisés comme éclaireurs et comme courriers. Les fantassins se servaient de deux types de lance, l'une de dix-huit pieds de long environ, l'autre de neuf pieds environ. Ces lances combinaient une pointe d'estoc avec une lame crochue ou tranchante. Elles n'étaient pas utilisées comme projectiles, car avec l'arbalète les Chinois possédaient une arme de courte portée et à trajectoire rectiligne d'une grande précision et d'une formidable force d'impact.

Les opérations sur le terrain étaient souvent conduites à partir de camps fortifiés dont le plan était identique à celui des villes chinoises : une place enclose dans des murs de terre battue qu'entourait un fossé. Des rues ou des

7. Les arcs recourbés, appelés aussi « tartares », étaient utilisés par les habitants du Shang (Yin) avant la conquête des Chou. Etaient-ils alors formés de matières premières hétérogènes, telles que lamelles de corne, boyau et bois ? Nous l'ignorons. Mais, par la suite, les arcs furent construits selon le même principe et sur le même modèle, avec une force de tension d'au moins cent (parfois cinquante) livres. De toute évidence, ces arcs étaient beaucoup plus puissants que ceux à verge unique généralement utilisés en Occident. Les Chinois se servaient aussi de lance-pierres, mais sans doute surtout pour chasser les oiseaux.

avenues orientées nord-sud et est-ouest et se coupant à angle droit, fournissaient des lignes de feu de verrouillage. Au centre, la bannière du commandant en chef flottait sur son état-major. Tout autour étaient disposés, en cercle, les tentes décorées de ses conseillers et les soldats d'élite de sa garde personnelle, armés d'une épée.

Avant que l'armée ne se mît en marche, elle se réunissait dans le camp pour écouter les exhortations du général qui, d'une voix tonnante, clamait la justesse de la cause et écorchait vif l'ennemi barbare. Les officiers festoyaient et échangeaient des serments sur des tambours de guerre ensanglantés. Tandis que les troupes s'abreuvaient de vin, leur ardeur était stimulée par des professionnels qui exécutaient une tournoyante danse du sabre.

Au temps des Royaumes Combattants, une armée chinoise rangée en ordre de bataille offrait un spectacle impresionnant, lorsque s'alignaient ses formations compactes et que claquaient au vent une multitude d'étendards et de bannières richement brodés et ornés de figures de tigres, d'oiseaux, de dragons, de serpents, de phénix et de tortues, qui signalaient l'état-major du général, et ceux de ses lieutenants, qui commandaient les ailes. De constantes manœuvres détournaient l'attention de l'ennemi et permettaient des opérations Ch'i sur ses arrières et sur ses flancs, en profondeur.

L'organisation décrite par Sun Tzu donnait une souplesse considérable dans les formations de marche ; d'autre part, l'articulation des divers éléments rendait possible un déploiement rapide approprié au combat.

Le groupe de cinq hommes pouvait évidemment avancer soit de front, soit en file indienne. Comment se répartissaient les armes ? Les arbalétriers et les archers constituaient-ils des contingents séparés ou bien faisaient-ils partie de la section composée d'une « paire » ou d'un « trio » ? Les termes mêmes feraient pencher en faveur de la deuxième hypothèse ; mais, d'après les rares informations dont nous disposions à ce sujet, il semble qu'au temps de la bataille de Ma Ling (341 avant J.-C.), les archers et arbalétriers étaient groupés séparément.

Quelle était la portée réelle des arcs et des arbalètes ?

Là encore nous manquons de données sûres ; il faut se méfier des chiffres indiqués. Il est dit, par exemple, que l'arbalète avait une porté de six cents pas. Ceci représente une exagération grossière si l'on veut parler de puissance meurtrière. La force d'impact était mesurée d'après le nombre de boucliers qu'une flèche pouvait transpercer à la distance de plusieurs centaines de pas, mais, comme le type de bouclier utilisé pour ces essais n'est pas précisé, cette information est de peu de valeur. Quoi qu'il en soit, ces arcs et ces arbalètes étaient des armes puissantes.

Le fait que la technique du siège avait atteint un stade évolué est attesté par plusieurs fragments des ouvrages de Mo Tzu qui ont survécu, et dans lesquels divers types de matériel spécialement conçu pour monter à l'assaut des villes fortifiées sont mentionnés. Des échelles d'escalade étaient en usage déjà depuis plusieurs siècles. Des tours mobiles à plates-formes multiples pouvant être placées contre les murs d'une ville sont mentionnées dans le *Livre des Chants*, de même que des « tortues » mobiles destinées à protéger les perceurs de tunnels [8]. Nous trouvons des indications supplémentaires sur les sièges dans le *Livre du Seigneur Shang*. Dans une ville assiégée, toute la population était mobilisée et trois armées étaient créées. La première comprenait les hommes valides, qui attendaient l'ennemi avec d'abondantes provisions et des armes acérées, la deuxième les femmes valides, qui accomplissaient des travaux de terrassement, creusaient des fosses et des douves, et la troisième les enfants, ainsi que les hommes et les femmes âgés et débiles, qui nourrissaient, abreuvaient et gardaient le bétail [9].

Nous trouvons dans le Sun Tzu une doctrine se rapportant à la reconnaissance tactique, à l'exploration et à la surveillance des flancs, toutes ces mesures visant à garantir la sécurité tant en marche que dans le camp. Il était essentiel, avant d'engager le combat, de prendre la mesure de l'adversaire et de le sonder.

8. CC IV, II, III. p. 455. Ode 7.
9. Il est impossible de parler des techniques chinoises de siège et de la défense, autrement qu'en restant dans les généralités. Il existe peu d'informations spécifiques.

Ainsi, au début du IVe siècle avant J.-C., ou même quelques décades auparavant, la technique guerrière, en Chine, était parvenue à maturité. Exception faite de la cavalerie, dont l'usage fut introduit ultérieurement, elle devait demeurer sans changement notable pendant de nombreux siècles. A cette époque, les Chinois possédaient des armes, ainsi que des tactiques et des techniques défensives grâce auxquelles ils auraient été capables de causer à Alexandre infiniment plus de tracas que ne le firent les Grecs, les Perses ou les Indiens.

V

LA GUERRE DANS L'OPTIQUE DE SUN TZU

L'ouvrage classique de Sun Tzu s'ouvre sur un verset qui donne la clef de sa philosophie. La guerre est pour l'Etat une préoccupation sérieuse ; elle nécessite une étude approfondie. C'est reconnaître — pour la première fois — que la lutte armée n'est pas une anomalie éphémère, mais un acte conscient, à récidiver, qui, par conséquent, se prête à une analyse rationnelle.

Sun Tzu considérait la force morale et les faculté intellectuelles de l'homme comme des facteurs décisifs en cas de conflit armé, facteurs qui, correctement utilisés, pouvaient conduire à la victoire à coup sûr. La guerre ne devait pas être entreprise à la légère ni imprudemment, et il fallait la faire précéder de mesures visant à faciliter la victoire.

Celui qui était passé maître dans l'art de la conquête déjouait les plans de son ennemi, dont il disloquait les alliances. Il creusait des fossés entre souverain et ministre, entre supérieurs et inférieurs, entre chefs et subordonnés Ses espions et ses agents s'activaient partout, recueillant des informations, semant la discorde et fomentant la subversion. L'ennemi était isolé et démoralisé, sa volonté de résistance brisée. Ainsi, sans combat, son armée était conquise, ses villes prises et son gouvernement renversé. C'est seulement lorsqu'il n'était pas possible de venir à bout de l'adversaire par ces moyens qu'il était recouru à la force armée, et ce de façon à triompher :

a) Dans les plus brefs délais,

b) Au moindre mal et aux moindres frais en vies humaines,

c) En infligeant à l'ennemi le moins de pertes possible.

L'unité nationale était considérée par Sun Tzu comme l'une des conditions essentielles d'une guerre victorieuse. Elle ne pouvait être réalisée que sous un gouvernement dévoué au bien-être du peuple et ne l'opprimant pas. Sun Hsing Yen avait raison de signaler que les théories de Sun Tzu reposaient sur « la bonté et la justice ».

En rattachant la guerre au contexte politique immédiat, c'est-à-dire à l'existence ou à l'absence d'alliances, ainsi qu'à l'unité et à la stabilité sur le front intérieur et au moral élevé de l'armée, par opposition à la discorde dans le pays ennemi et au mauvais moral de son armée, Sun Tzu tenta de définir une base concrète pour l'estimation rationnelle de la puissance comparée des deux parties en présence. La part qu'il accorde dans la guerre, aux facteurs moral, intellectuel et physique, ainsi qu'aux circonstances, dénote une remarquable pénétration. Peu de théoriciens militaires, même parmi ceux qui, en Occident, jouissent de la plus grande estime, ont mis ce point en relief aussi clairement que l'a fait Sun Tzu il y a quelque deux mille trois cents ans. Bien que Sun Tzu ne soit peut-être pas le seul à s'être rendu compte que la force armée est l'élément décisif dans les conflits internationaux, il fut le premier à redonner au choc des armées la place qui lui revient réellement.

Sun Tzu avait conscience des répercussions financières de la guerre. Les allusions qu'il fait à la hausse des prix, aux quantités gaspillées, aux difficultés d'approvisionnement et aux fardeaux inévitables qui pèsent sur le peuple montrent qu'il reconnaissait l'importance de ces facteurs fréquemment négligés jusqu'à une époque relativement récente.

Sun Tzu distinguait entre ce que nous appelons aujourd'hui « stratégie nationale » et « stratégie militaire ». Ceci ressort de l'exposé qu'il donne au chapitre I sur l'évaluation comparée des forces en présence. Il y cite cinq « questions » qui doivent être soumises aux délibérations des conseils du temple. Celles-ci touchent respectivement trois points : le facteur humain (moral et commandement), les conditions physiques (terrain et météorologie) et l'élément doctrinal. C'est seulement lorsque la supériorité apparaissait clairement dans ces cinq domaines que le Conseil procédait aux estimations concernant la puissance numérique (qui, pour Sun Tzu, n'était pas un facteur décisif), la qualité des troupes, la discipline, l'équité des attributions de récompenses et de sanctions, et la formation. En fin de compte, cet auteur ancien ne concevait pas que l'action militaire eût pour objectif d'anéantir l'armée ennemie, de détruire ses villes ni de dévaster ses campagnes. « Les armes sont des instrument de mauvais augure à utiliser uniquement lorsqu'il n'existe pas d'autre solution. »

Tzu Lu, disciple de Confucius, discutait un jour de la guerre avec le Maître :

— Tzu Lu dit : « Si vous étiez placé à la tête des Trois Armées, qui choisiriez-vous pour vous assister ? » Le Maître dit : « L'homme qui serait prêt à braver un tigre ou à se précipiter dans un fleuve sans se soucier de survivre ou de mourir, cette sorte d'homme, je ne la choisirais certainement pas. Je choisirais certainement un homme qui envisage l'obstacle avec la prudence requise et qui préfère triompher par la stratégie [1]. »

Tout l'art de la guerre est basé sur la duperie. Un général qualifié doit dominer les arts complémentaires de la simulation et de la dissimulation ; tout en créant des apparences destinées à égarer et à abuser l'ennemi, il dissimule ses véritables dispositions et son but final. Capable, il feint l'incapacité ; proche, il fait croire qu'il est loin et vice versa, se déplaçant aussi imperceptiblement qu'un fantôme à la clarté des étoiles, il est invisible, silencieux. Son premier objectif est l'esprit du chef adverse ; les conditions de la victoire sont le fruit de son imagination. Sun Tzu comprit que, préalablement à toute bataille, il était indispensable, notamment, d'attaquer l'esprit de l'ennemi.

Le spécialiste s'approche de l'objectif par des voies dé-

---

1. *Analectes*, livre VII, trad. Waley, p. 124.

tournées. En choisissant un itinéraire tortueux et lointain, il peut parcourir mille li sans rencontrer d'opposition et surprendre l'ennemi. Il apprécie par-dessus tout la liberté d'action. Il exècre les situations statiques. C'est pourquoi il n'attaque les villes que s'il n'y a pas d'autre solution. Les sièges, gaspillage de vies humaines et de temps, impliquent l'abdication de l'initiative.

Le général avisé ne peut être manipulé. Il peut arriver qu'il batte en retraite, mais alors il se déplace si rapidement qu'il est impossible de le rejoindre. Ses retraites ont pour but d'attirer l'ennemi pour le déséquilibrer et pour créer une situation favorable à une contre-attaque décisive. Elles sont, paradoxalement, offensives. Il conduit une guerre de mouvement ; il avance avec une rapidité inouïe ; les coups qu'il frappe tombent comme la foudre « des cieux aux neuf assises ». Il crée les conditions qui doivent amener à coup sûr une prompte solution ; pour lui, le but de la guerre, c'est la victoire, et non les opérations qui s'éternisent, si brillantes soient-elles. Il sait que les campagnes qui traînent en longueur vident le trésor et épuisent les troupes ; les prix montent, le peuple a faim : « Jamais guerre prolongée ne profita à aucun pays. »

Le meneur d'hommes qui connaît son métier ne frappe que lorsque les conditions d'une victoire certaine se trouvent réunies. Ces conditions, c'est à lui qu'il incombe, fondamentalement, de les créer. Avant de livrer bataille, un général hors pair provoque la dispersion des forces adverses. L'ennemi qui, ensuite, tente de se défendre partout, est faible partout. Aux points choisis, ses formations clairsemées seront à la merci d'un coup de main en masse.

Mais la vulnérabilité ne se mesure pas seulement à la puissance matérielle. Un chef adverse peut être hésitant, irréfléchi, impulsif, arrogant, entêté, ou facile à abuser. Il se peut que certains éléments de son armée soient médiocrement entraînés, mécontents, pusillanimes ou commandés de façon absurde, qu'il ait choisi une position médiocre ou trop déployé ses troupes, que ses approvisionnements soient en baisse, ses hommes épuisés. Autant de failles dont un général doué d'imagination saura tirer parti pour mettre au point une ligne de conduite susceptible de tourner à son avantage.

Ces mêmes facteurs déterminent la « forme » des armées adverses. Un chef judicieux établit ses plans d'après la «forme» de son antagoniste. « Modelez-le », dit Sun Tzu. Sans cesse soucieux d'observer et de jauger son opposant, le général avisé prendra en même temps toutes dispositions possibles pour éviter, de son côté, de se laisser « modeler ».

Les instruments tactiques du général — la force normale, directe, dite Cheng, et la force extraordinaire, indirecte, dite Ch'i — ont une action combinée, dont les effets se répercutent de l'une sur l'autre. Nous pouvons définir le Cheng comme un élément de fixation et le Ch'i comme un élément destiné à prendre l'ennemi de flanc et à l'encercler, ou encore comme élément de diversion et élément d'intervention décisive, respectivement. Leurs coups sont en corrélation. Le Cheng et le Ch'i sont comparés à deux anneaux entrelacés. « Qui peut dire où commence l'un et où finit l'autre ? » Leur interchangeabilité offre une gamme infinie de possibilités. Les fonctions du Cheng peuvent se muer en fonctions Ch'i et vice versa. Nous pouvons donc redéfinir une attaque Ch'i comme étant celle qui s'effectue lorsqu'une solution rapide est possible aux moindres frais, dans un secteur où les défenses de l'ennemi présentent des failles et des brèches.

Une opération Ch'i est toujours imprévisible, surprenante ou contraire à l'orthodoxie ; une opération Cheng plus conforme à l'ordre des choses. Lorsque Sun Tzu suggérait d'attaquer avec le Cheng et de remporter la victoire avec le Ch'i, il laissait entendre que la diversion est nécessaire pour permettre de frapper des coups décisifs là où l'ennemi est le moins préparé et là où il ne les attend pas. Cependant, ce serait une erreur de limiter l'application de ces deux termes à la disposition tactique des éléments de combat. Des opérations Ch'i et Cheng peuvent tout aussi bien être déclenchées au niveau de la stratégie.

Pour Sun Tzu la tâche du général consiste, en partie, à provoquer des modifications et à les faire tourner à son avantage. L'excellence d'un général se reconnaît à ce qu'il évalue la situation avant d'entreprendre une action. Il ne tombe pas maladroitement, par inanité, dans des embûches qui lui sont tendues pour l'appâter. Il est prudent mais non hésitant. Il comprend qu'il est « des routes où il ne faut pas s'engager, des armées à ne pas attaquer, des villes à ne pas assiéger, des positions à ne pas contester et des ordres du souverain à ne pas exécuter ». Il prend des risques calculés mais jamais inutiles. Il ne « nargue pas un tigre ni ne se précipite dans un fleuve sans se soucier de survivre ou de mourir ». Lorsque l'occasion se présente, il agit avec promptitude et de façon décisive.

La théorie de Sun Tzu quant à l'adaptabilité aux situations existantes est un aspect important de sa pensée. Exactement comme l'eau s'adapte à la configuration du sol, de même dans la guerre il faut faire preuve de souplesse ; il faut souvent adapter la tactique à la situation de l'adversaire. Ceci n'est nullement un concept passif, car si on donne à l'ennemi une corde suffisamment longue, il arrive fréquemment qu'il se pende. Dans certaines circonstances, on cède une ville, on sacrifie une parcelle de sa force ou on abandonne du terrain afin d'atteindre un objectif plus précieux. De telles concessions cachent donc un but moins immédiat et ceci n'est qu'un nouvel aspect de la souplesse intellectuelle qui caractérise un spécialiste de l'art du combat.

Sun Tzu reconnaît les aléas et les avantages qui peuvent être tirés des conditions météorologiques. Il se préoccupe également des conséquences pouvant résulter du terrain. Le général capable d'apprécier le terrain amène son ennemi sur un emplacement dangereux, tout en évitant lui-même d'y pénétrer. Il choisit le terrain sur lequel il souhaite engager le combat, y attire l'ennemi, puis il y livre bataille. Pour Sun Tzu un général incapable d'utiliser correctement le terrain était inapte au commandement [2].

2. Les Chinois ont toujours éprouvé un sentiment particulièrement vif à l'égard de la nature ; à l'égard de la grandeur de leurs montagnes, de leurs fleuves, de leurs forêts et de leurs gorges. Ce trait se reflète dans leur peinture, dans leur histoire, dans leur poésie et dans leur littérature en général. Il est possible

Le chapitre de Sun Tzu concernant les opérations secrètes, tout aussi actuel aujourd'hui que lors de sa rédaction, ne demande guère de mise au point, sauf peut-être
pour faire ressortir que Sun Tzu avait pleinement conscience d'une double nécessité : compartimentation d'une
part, et d'autre part, opérations à des échelons multiples.
L'accent qu'il a mis sur les agents doubles ne doit pas non
plus échapper à notre attention. La cinquième colonne
était aussi courante dans la Chine antique que dans le
monde grec et Sun Tzu la fait entrer en ligne de compte.
Malgré l'expérience amassée dans ce domaine ces dernières années, la technique défensive que l'Occident y a
utilisée est loin d'avoir donné des résultats entièrement satisfaisants. Peut-être la description que donne Tu Mu des
types humains les plus capables de subversion est-elle toujours digne d'étude.

C'est par ce chapitre, lequel horrifia nombre de confucianistes orthodoxes, que Sun Tzu achève son *Art de la
Guerre*.

que l'aptitude de leurs grands capitaines à utiliser le terrain au
mieux de leurs intérêts vienne de la faculté apparemment innée
qu'ils ont de l'apprécier. Ku Tsu Yu (Ku Chin Fang) (1631-1692),
le plus grand géographe militaire chinois, dont le père et le
grand-père étaient également géographes, a écrit dans la Préface
de son *Précis de géographie historique*, terminé vers 1678 :

« Quiconque s'apprête à déclencher des opérations militaires
dans une partie du pays doit connaître l'état du pays tout entier.
Sinon il va au-devant de la défaite, qu'il s'agisse d'une opération
défensive ou offensive » (*Géographie militaire ancienne de la
Chine*, p. 4).

Ku respectait profondément la façon dont Sun Tzu appréciait
l'influence que le terrain ne manque jamais d'avoir sur la stratégie :

« Personne n'est capable de parler de stratégie mieux que
Sun Tzu et personne mieux que lui ne saurait parler des avantages du terrain » (*Ibid.*, p. 20).

VI

SUN TZU ET MAO TSE TUNG

Mao Tse Tung a été fortement influencé par la pensée de Sun Tzu. Cette influence transparaît dans ses ouvrages concernant la stratégie et la tactique militaires et, tout particulièrement, dans *La Guerre de guérilla, La Guerre prolongée* et *Problèmes stratégiques relatifs à la guerre révolutionnaire chinoise* ; elle peut aussi être décelée dans d'autres essais moins connus des lecteurs occidentaux. Quelques années avant que le président Mao ne prenne le pinceau à Yen An, les officiers qui commandaient l'Armée rouge avaient appliqué les préceptes de Sun Tzu à leurs opérations du Chiang Hsi et du Fu Chien, où, de 1930 à 1934, ils infligèrent des défaites répétées aux nationalistes de Tchang Kaï Chek, dont le but était d'exterminer les communistes.

Mao a dépeint sa jeunesse comme jalonnée par de violentes querelles avec un père autoritaire ; enfant, il découvrit une alliée en la personne de sa mère, dont la politique d'« attaque indirecte [1] » lui plaisait. A propos de ses premières années d'école, il a déclaré un jour qu'elles avaient eu au moins une utilité, celle de lui donner une maîtrise de la littérature classique de base suffisante pour lui fournir des citations en guise de munitions pour ses fréquentes altercations.

Les classiques éveillèrent donc chez Mao un intérêt limité. Ce qu'il appréciait le plus, c'était « les légendes de

---

1. Snow, *L'Etoile rouge au-dessus de la Chine*, p. 128.

la Chine antique et surtout les récits de soulèvement [2] ».
Il lut et relut, notamment, le *Shui Hu Chuan* (traduit par
Pearl Buck sous le titre *Tous les Hommes sont Frères*) et
le *San Kuo* (traduit par Brewitt-Taylor sous le titre *Histoire des Trois Royaumes*) et « subit fortement leur
influence [3] ». Le *San Kuo* conte les batailles, les stratagèmes et les ruses, exploits d'illustres personnages des
Trois Royaumes, tels que Chu Ko Liang, Ts'ao Ts'ao,
Lu Sun, Ssu Ma I et Liu Pei, qui tous ont étudié leur vie
durant le classique de Sun Tzu. A travers ces récits, Mao
absorba une grande partie de la tradition militaire de son
pays.

Pendant cinq ans, à l'Ecole normale de la province
du Hu Nan, à Ch'ang Sha, il lut des traductions des principaux théoriciens occidentaux de la politique, mais c'est
à l'histoire de son propre pays qu'il revenait toujours. Le
soulèvement des T'ai P'ing (1851-1864) fut toujours un
de ses thèmes préférés. Li Hsiu Ch'en, le plus compétent
des chefs que ce soulèvement ait produits, fut l'un de ses
premiers héros. Homme studieux, il avait un remarquable
sens du commandement. Lui et les autres généraux des
T'ai P'ing étaient fortement versés dans les auteurs militaires anciens, dont ils mirent à profit les préceptes. Les
chefs rebelles :

« choisissaient toujours, pour s'y diriger, le point de
moindre résistance. Ils savaient éviter une défense solide
et monter à l'assaut d'un point faible... Ils savaient faire
un détour afin d'attaquer l'ennemi sur ses arrières ou sur
ses flancs. Ils savaient égarer l'adversaire en attaquant
sur un point pour détourner l'attention, tandis qu'en
fait ils avançaient sur un autre... Ils savaient espionner
leurs ennemis, et les activités de leur cinquième colonne
précédaient généralement les opérations militaires régulières [4] ».

Des T'ai P'ing, Mao hérita également des idées que

2. *Ibid.*, p. 130.
3. *Ibid.*, p. 131.
4. Teng Ssu Yu, *Nouvel éclairage sur l'histoire du soulèvement des T'ai P'ing*, p. 65.

reflétèrent plus tard sa politique agraire, et aussi les règles de conduite qu'il incorpora aux « Dix Commandements » de l'Armée rouge.

Apparemment Mao nota que les préceptes de Sun Tzu étaient facilement adaptable à la conduite de la guerre — qu'elle soit « chaude » ou « froide » — et, s'il devait s'écouler de longues années avant qu'il n'eût l'occasion de les appliquer à la guerre froide contre les « impérialistes » étrangers, il n'eut pas longtemps à attendre une possibilité de les utiliser, avec un résultat foudroyant, contre Tchang Kaï Chek dans une guerre chaude.

Peu après la révolte de Nan Ch'ang, en août 1927, Mao fut proscrit par le gouvernement de Nankin et sa tête mise à prix. Au début de l'hiver, la même année, sans un sou, mais toujours confiant, il arriva à la base de Ching Kang Shan, dans les montagnes, aux confins du Hu Nan et du Chiang Hsi. Là il fut élu commandant en chef de l'Armée rouge, alors composée de quelques milliers d'hommes à demi affamés et misérablement équipés, rescapés de l'affaire de Nan Ch'ang. Avec beaucoup de mal on réussit à persuader deux puissants chefs de brigands locaux de se joindre aux communistes. Ces trois groupes mal assortis, armés d'arcs et de flèches, de lances, d'archaïques armes de chasse, de quelques centaines de fusils et d'une demi-douzaine de mitrailleuses, formaient le noyau de l'Armée rouge. Au printemps de 1928, Chu Te arriva à la place forte de la montagne avec plusieurs milliers d'hommes, dont la plupart étaient mieux armés. Peu après, deux attaques lancées sans conviction par les nationalistes contre le secteur où se trouvait cette base furent repoussées.

Peu à peu, ces deux hommes commençaient à modeler une armée. Tous deux insistaient pour que les paysans volontaires fussent traités correctement et justement. Les voies de fait étaient bannies, de même que les pratiques discriminatoires et le favoritisme, fléaux chroniques dont souffraient les établissements militaires des Mandchous, des Républicains et du Kuomintang. Mao et Chu Te (qui prit à cette époque le commandement suprême de l'armée) comprirent tous deux la nécessité d'une armée instruite et bien endoctrinée. Le fait — en partie dû aux enseignements de Sun Tzu — qu'ils accordaient au moral une importance considérable devait porter des fruits au centuple. Le moral est en effet le facteur essentiel qui sauva l'Armée rouge après le désastre qu'elle essuya dans le Hu Nan en août et au début de septembre 1930.

Le 13 septembre 1930 marqua l'inauguration du type de stratégie et de tactique auquel le nom de Mao Tse Tung est associé. Jusqu'à cette date Mao et Chu Te avaient obéi aux directives qu'ils recevaient du Comité Central du Parti, dirigé par Li Li San. Celles-ci appelaient les forces rouges à se concentrer sur les villes dont les masses étaient considérées par Li — dans sa stricte obédience aux dogmes révolutionnaires marxistes-léninistes — comme étant le seul point de départ adéquat pour la future communisation de la Chine [5].

Il n'est pas nécessaire de décrire ici en détail les événements qui ont amené la répudiation de la ligne de Li Li San par le Commandement suprême. Rappelons seulement qu'août et septembre 1930 furent les mois les plus critiques de l'histoire du parti communiste chinois. Après avoir pris d'assaut Ch'ang Sha et tenu la ville quelques jours, les Rouges, commandés par P'eng Te Huai, en furent chassés. A Nan Ch'ang, à 200 milles vers l'est, des assauts réitérés des forces principales, commandées par Mao et par Chu Te, le commandant en chef, furent repoussés de façon sanglante.

L'entêtement de Li Li San faillit briser les reins à l'Armée rouge, mais il n'y parvint pas tout à fait. Juste à temps, Mao et Chu Te décidèrent d'arrêter l'attaque contre Nan Ch'ang et de se retirer. Cependant, le groupe de Li Li San insista pour que l'attaque contre Ch'ang Sha fût reprise et, tout à fait à l'encontre de leur point de vue qui était plus juste, Mao et Chu Te se plièrent à ces ordres. Une semaine de combat aboutit au bord de la catastrophe et, le soir du 13 septembre 1930, l'Armée rouge, mise en pièces par un mois de lutte presque continuelle contre des forces nettement supérieures, se retira vers le centre du Chiang Hsi. En octobre Tchang lança la première des

5. Li Li San suivait les directives de Moscou.

campagnes dite « d'extermination ». Une nouvelle étape commençait.

Les vétérans communistes des campagnes de la Chine du Sud ont certes le droit d'être fiers des succès qu'ils remportèrent dans la guerre mobile qu'ils menaient. Cependant, ces succès doivent être estimés en fonction de l'opposition que l'Armée rouge rencontra pendant les quatre premières campagnes « de suppression du banditisme », dirigées de Nankin de manière aussi absurde.

Les divisions provinciales des années trente, et en particulier les troupes des « seigneurs de la guerre », avaient été recrutées en majorité parmi les paysans illettrés. Ces hommes, médiocrement entraînés et équipés, mal nourris et payés irrégulièrement, étaient traités arbitrairement par leurs officiers. Le pourcentage des désertions était fantastique et, comme les feuilles d'appel étaient généralement « gonflées », il était impossible d'évaluer exactement les effectifs d'une unité quelconque du Kuomintang. Alors qu'elles devaient normalement comprendre dix mille hommes environ, de nombreuses divisions auraient pu tout au plus en aligner la moitié. La concussion régnait à l'état endémique ; elle affectait la plupart des officiers y compris de nombreux généraux. Le népotisme s'étalait. Dans bien des unités, les maladies vénériennes atteignaient des proportions incroyablement élevées. Les soins médicaux étaient à peu près inexistants. Il n'est pas surprenant que le moral de telles troupes ait laissé quelque peu à désirer. La faiblesse des officiers n'était guère faite pour améliorer la situation.

A cette époque, il existait dans l'Armée centrale une demi-douzaine de divisions « modèles » commandées par des généraux compétents, courageux et honnêtes. Aucune d'entre elle n'entra en action avant la quatrième campagne [6]. Par bonheur pour eux, les communistes se heur-

6. Les premières campagnes furent menées par une Armée rouge qui accusait une nette infériorité matérielle à tous points de vue. Cette armée ne possédait ni avions, ni véhicules motorisés, ni installations tactiques de téléphone ou de radio, ni artillerie, ni service de santé ; elle avait peu de mortiers, un nombre limité de mitrailleuses légères et lourdes, et elle souffrait perpé-

tèrent rarement à des divisions du Kuomintang de cette trempe. En confiant ses campagnes de « suppression » à des chefs ineptes, le généralissime contribua au grossissement constant des rangs de l'Armée rouge. Derrière cette politique se cachait l'idée de Tchang que les Rouges et les forces provinciales se détruiraient mutuellement. Mais les troupes ne voyaient pas les choses tout à fait de cet œil. Elles se rendirent aux communistes par bataillons entiers. Un grand nombre d'officiers et de soldats faits prisonniers furent versés immédiatement dans l'Armée rouge. Les armes saisies se comptaient par dizaines de milliers. En 1936 Mao déclarait :

« Nous avons une option sur la production des arsenaux de Londres comme sur ceux de Han Yang et, qui plus est, les livraisons doivent nous être faites par le corps expéditionnaire de l'ennemi lui-même. C'est la pure vérité, ce n'est pas une plaisanterie [7]. »

En 1949, les Américains, qui avaient dépensé plusieurs milliards de dollars pour l'équipement, l'entraînement, le soutien et le transport des armées de Tchang, surent parfaitement qu'en effet il ne s'agissait pas d'une plaisanterie.

C'est seulement au cours de la cinquième campagne (projetée par ses conseillers allemands et mise sur pied fin 1933) que le Généralissime fut capable d'imposer sa volonté aux Rouges. Des troupes nationalistes, qui comprenaient des divisions de l'Armée centrale, bien entraînées et bien équipées, furent utilisées avec une supériorité écrasante. Elles avançaient lentement, prudemment et avec coordination. Pouce par pouce, méthodiquement, elles progressaient vers le sud, appliquant la politique de la terre brûlée. Les paysans étant évacués de force de la zone opérationnelle, les communistes se voyaient privés de

tuellement d'un tragique manque de munitions. Si elle subsista, ce ne fut pas exclusivement à cause de la médiocrité de l'opposition qu'elle rencontra mais, jusqu'à un certain point, grâce à la souplesse intellectuelle de ses chefs, au moral de ses troupes et au remarquable système de renseignement que lui assurait le soutien des paysans. Elle bénéficiait en outre d'une nette supériorité en matière de doctrine tactique.

7. Mao Tse Tung, *Œuvres choisies*, I, p. 253.

leurs sources d'information. Les nationalistes avaient fini par comprendre combien il était essentiel de maintenir le contact entre les éléments adjacents, ce qui empêchait les Rouges de se concentrer sur des unités isolées et de les écraser. Les communistes s'aperçurent brusquement que, pour la première fois, ils n'avaient plus l'initiative. Résultat inattendu, pris de panique, ils s'effondrèrent. Réduits à une totale passivité, ils ne donnèrent pas, selon l'expression de Mao, « le moindre signe d'initiative ou de dynamisme » et il ne leur resta « pas d'autre possibilité que de se retirer » du Chiang Hsi. Cette campagne, qui fut par la suite disséquée et redisséquée sous tous les angles, força le commandement rouge à entreprendre la fameuse « Longue Marche » pour gagner le Nord-Ouest de la Chine.

Comme le prouvèrent les opérations qui suivirent, les Rouges avaient retenu la leçon. Ils s'en souvinrent dans le Shen Hsi, et notamment de ce point : Celui qui n'a plus l'initiative perd généralement, celui qui la conserve gagne habituellement. S'ils perdirent l'initiative lors de la cinquième campagne, ce fut en partie par excès de confiance en eux-mêmes. Le Haut-Commandement rouge commit le péché mortel de sous-estimer l'ennemi. Pour la première fois, les Rouges ne connaissaient ni l'ennemi ni eux-mêmes, et chaque bataille les mettait en péril. C'est peut-être en se rappelant cette expérience que Mao écrivit plus tard :

« Il ne faut pas déprécier ce proverbe contenu dans le livre de Sun Wu Tzu, le grand expert militaire de la Chine antique : " Connais ton ennemi et connais-toi toi-même, et tu pourras livrer cent batailles sans essuyer un désastre [8]. " »

Le Chiang Hsi et la Longue Marche furent pour les communistes des laboratoires militaires, et Yen An la paisible retraite où se décanta l'expérience. Peu après son arrivée à Pao An, capitale provisoire des Rouges, Mao se retira dans sa grotte et commença à écrire. Il consacra peu de temps à l'analyse des succès. L'étude des échecs

---

8. Mao Tse Tung, *Œuvres choisies*, I, p. 187.

était plus fructueuse. Avec une franchise désarmante il décrivit la dernière des campagnes de « suppression du banditisme » comme un « fiasco » dû au fait que les communistes avaient négligé d'observer le principe qui doit gouverner toute opération militaire :

« Le principe premier de toute opération militaire est de ménager ses propres forces et d'anéantir l'ennemi ; or, pour atteindre ce but il est nécessaire d'éviter toute méthode passive et rigide [9]... »

La distinction entre offensive et défensive, Mao ne s'en souciait pas ; il comprenait, comme Sun Tzu avant lui, que nulle guerre ne peut être gagnée en prenant une attitude statique. Sur ce point, le président n'a pas mâché ses mots. Il traite de « fous » ceux qui de propos délibéré adoptent une telle conduite.

La stratégie et la tactique utilisées avec succès contre les Japonais mettent l'accent sur le mouvement constant et elles reposent sur quatre slogans frappés à Ching Kang Shan :

1. Lorsque l'ennemi progresse, nous battons en retraite !

2. Lorsque l'ennemi s'arrête, nous harcelons !

3. Lorsque l'ennemi cherche à éviter le combat, nous attaquons !

4. Lorsque l'ennemi bat en retraite, nous poursuivons !

Mao n'a jamais éprouvé le besoin de faire ressortir la remarquable similitude de son qui existe entre les seize caractères du passage ci-dessus et certains versets de Sun Tzu.

Par la suite, lorsqu'il fut en mesure de tirer tous les enseignements des batailles du Sud et de la Longue Marche, il écrivit, paraphrasant laborieusement Sun Tzu :

« En général le déplacement des forces doit se faire secrètement et rapidement. D'ingénieux stratagèmes consis-

9. *Ibid.*, II, p. 96.

tant, par exemple, à attirer l'attention à l'est alors qu'on attaque à l'ouest, à apparaître tantôt au sud, tantôt au nord, des raids suivis de retrait immédiat et des opérations de nuit doivent être continuellement utilisés pour abuser, attirer et dérouter l'ennemi.

« La souplesse dans la dispersion, dans la concentration et dans les déplacements est la manifestation concrète de l'initiative dans la guerre de guérilla, tandis que la rigidité et la veulerie mènent à une attitude passive et entraînent des pertes inutiles, inévitablement. Cependant, un chef d'armée prouve sa sagesse, non en comprenant l'importance d'une utilisation souple des forces, mais en étant capable de disperser, de concentrer ou de déplacer ses troupes à temps en se conformant aux circonstances. Cette faculté de prévoir les changements, ainsi que la notion du moment opportun, ne sont pas aisées à acquérir, sinon pour celui qui, avec un esprit réceptif, se penche sur ces problèmes et cherche laborieusement à les approfondir. Afin que la souplesse n'engendre la témérité, il est nécessaire de tenir compte soigneusement des circonstances [10]. »

Les chefs d'armée communistes se sont montrés maintes et maintes fois capables d'utiliser le terrain avec plus d'efficacité que leurs opposants. La possession du terrain, en tant que telle, n'a jamais été un facteur important pour les Rouges, qui étaient des spécialistes de la fuite. A plusieurs reprises, Mao a fait observer, avec humour, qu'il se demandait très sérieusement si aucune armée avait jamais été aussi forte dans ce domaine. Mais cette fuite avait généralement pour but d'attirer l'ennemi et d'inspirer à ses chefs une assurance excessive, qui les rendait arrogants et négligents. Prises au piège d'une contrée inconnue, privées d'informations et leurs réseaux de transmissions réduits à presque rien, les unités nationalistes du Chiang Hsi furent habilement « découpées » et on vint à bout de chacune séparément. Ce procédé devait être appliqué avec un égal bonheur pendant la guerre civile, en Mandchourie et dans la Chine du Nord.

Grâce à leur remarquable service de renseignement, les

10. *Ibid.*, II, pp. 130-131.

communistes connaissaient généralement la « forme » de l'ennemi. Quant à la leur propre, ils réussissaient tout aussi parfaitement à la dissimuler. Leurs estimations concernant les forces adverses étaient presque invariablement exactes. Plus tard, Mao devait écrire :

« Certains ont l'intelligence nécessaire pour se connaître eux-mêmes mais ils sont stupides lorsqu'il s'agit de jauger l'adversaire. Pour d'autres c'est le contraire. Qu'ils appartiennent à l'une ou à l'autre de ces catégories, ils sont incapables de résoudre le problème posé par l'étude et l'application des lois de la guerre [11]. »

Une des tâches les plus ardues pour tout chef qui a engagé ses troupes selon un plan bien établi est de modifier ce plan à la lumière des changements de circonstance. Sun Tzu reconnaissait les difficultés inhérentes à cette tâche, tant sur le plan intellectuel que physique, et mettait sans cesse l'accent sur le fait que la guerre est, de par sa nature même, changement constant. C'est pourquoi les opérations demandent à être révisées et réajustées continuellement. Mao écrit :

« Il faut connaître la situation non seulement avant, mais aussi après l'établissement d'un plan militaire. La façon dont se déroule l'exécution du plan, depuis le premier instant jusqu'au dernier d'une opération, contribue, elle aussi, à la connaissance de la situation, et elle permet de la mettre à profit. Pour ce faire, il faut examiner à nouveau si le plan tracé initialement tient compte des réalités. Si ce plan n'est pas adapté, ou ne l'est que partiellement, il faut alors, en gardant présentes à l'esprit les informations nouvelles, formuler de nouveaux jugements et prendre de nouvelles décisions pour modifier le plan original afin de répondre aux circonstances nouvelles. Presque toutes les opérations requièrent des modifications partielles et parfois même un changement total. Un exalté qui ne sait pas modifier son plan ou qui, ne voulant pas le changer, agit aveuglément, ira donner fatalement de la tête contre un mur de briques [12]. »

11. *Ibid.*, I, p. 187.
12. *Ibid.*, pp. 185-186.

Ce passage paraît d'une verbosité inutile, mais l'histoire prouve abondamment qu'il est nécessaire de répéter la même idée encore et toujours.

Se retirer lorsque les circonstances indiquent que c'est souhaitable, c'est ce qu'il convient de faire. L'attaque et la défense sont complémentaires. Mao paraphrase Sun Tzu en ces termes :

« L'attaque peut se muer en défense et vice versa ; l'avance peut se changer en retraite et vice versa ; les forces destinées à contenir l'ennemi peuvent être chargées de donner l'assaut et vice versa [13]. »

C'est l'un des aspects les plus importants du commandement que d' « effectuer un changement de tactique adéquat au moment voulu, selon l'état des unités et du terrain à la fois du côté de l'ennemi et du nôtre ». On cède lorsque c'est opportun. On donne A afin de pouvoir prendre B. En se retirant à temps, on conserve ses moyens et on garde l'initiative. Par contre, se retirer trop tard est essentiellement passif : l'initiative a été perdue.

La ruse et la surprise sont deux principes clefs. Paraphrasant, là encore, Sun Tzu, Mao a dit que la conduite de la guerre exige le recours à la ruse. « Il est souvent possible, en adoptant toutes sortes de subterfuges, d'amener l'ennemi à se nuire en portant des jugements faux et en suivant une conduite erronée, et de lui faire perdre ainsi la supériorité et l'initiative [14]. » L'ennemi est abusé par la création d' « apparences » (Sun Tzu) ou « illusions » (Mao). En même temps, on lui dissimule la situation dans laquelle on se trouve réellement. On scelle les yeux et les oreilles des chefs adverses. Il faut dérouter ceux qui conduisent l'ennemi, les égarer, si possible leur faire perdre la raison [15]. Le moral de l'ennemi est l'objectif prioritaire entre tous. Il est primordial de le saper préalablement au choc des armées. Voici encore nettement un écho de Sun Tzu, qui fut le premier à proposer la guerre psychologique.

13. Mao Tse Tung, *La Guerre prolongée*, pp. 102-103.
14. *Ibid.*, p. 98.
15. Mao Tse Tung, *La Guerre prolongée*, p. 100.

De l'œuvre de Mao il se dégage qu'en cas de conflit armé le facteur humain est décisif. C'est l'intelligence ordonnatrice de l'homme qui compte le plus :

« Dans la pratique nous ne pouvons demander un général invincible. Il y a eu peu de tels généraux depuis l'Antiquité. Nous voulons un général qui soit à la fois courageux et avisé, qui gagne habituellement les batailles au cours d'une guerre, un général qui réunisse prudence et courage [16]. »

Le général avisé est circonspect. Il préfère réussir par la stratégie :

« Nous n'admettons pas qu'un seul des chefs de notre Armée rouge devienne un exalté écervelé et imprudent. Nous devons les encourager tous à devenir des héros qui, à la fois vaillants et sages, possèdent non seulement le courage de surmonter tous les obstacles, mais aussi la capacité de se rendre maîtres des changements et des événements d'une guerre du début à la fin [17]. »

C'est à cette capacité que songeait Mao en parlant d'« être maître de la victoire ».

Les dispositions que prend un chef réfléchi « découlent de décisions correctes », procédant elles-mêmes de « jugements corrects », lesquels font suite à « une reconnaissance complète indispensable [18] ». Les données recueillies par l'observation et transmises sous forme de rapports sont appréciées avec soin. Ce qui est informe et faux est écarté, ce qui est exploitable est retenu. Un général doué de sagacité peut ainsi « en perçant l'extérieur atteindre l'intérieur ». Celui qui est négligent « base son plan militaire sur ses vues personnelles déformées par ses désirs : ce plan ne correspond pas à la réalité ; il est, en un mot, fantasque [18] ».

Au début de la guerre civile, les Rouges donnèrent mainte preuve de leur mobilité et de leur maîtrise de la tactique de la ruse, qualités dont une aptitude presque mystérieuse à déceler les points faibles de l'adversaire leur

16. Mao Tse Tung, *Œuvres choisies*, I, p. 183.
17. *Ibid.*, p. 188.
18. *Ibid.*, p. 185.

permit de tirer parti, amenant inexorablement la désintégration précipitée de la position des nationalistes. Tout au long de la guerre civile, les communistes servirent aux capitaines décontenancés du Généralissime, de la tactique militaire selon Sun Tzu. En Mandchourie, où il se laissa attirer malgré les avis de ses conseillers américains, les meilleures divisions du Généralissime furent malmenées et ses espoirs anéantis.

En Corée, les communistes chinois déployèrent près des 250 000 hommes en ordre de bataille au sud du Ya Lu, avant que le commandement des Nations unies ne se fût même rendu compte que ses éléments fortement éparpillés étaient menacés. Cette imposante manœuvre, conçue avec imagination et exécutée avec adresse, fut le prélude à une offensive déferlante qui faillit détruire les forces des Nations unies en Corée.

Mais, sauf pendant la courte période qui suivit immédiatement cette intervention, l'Armée de Libération du Peuple fut obligée de combattre dans des conditions statiques. Les circonstances ne lui permirent pas de conduire la guerre mobile à laquelle elle était le mieux adaptée. Le terrain resserré favorisait un opposant techniquement entraîné, capable de déployer des moyens massifs de puissance de feu, laissant peu de champ libre au commandement rouge pour faire montre de son ingéniosité. Avec le recul, il semble que, si une tactique d'action par vagues successives fut adoptée, ce fut, pour ainsi dire, dans un geste de désespoir.

Certains observateurs occidentaux ont tiré des dernières phases de l'expérience coréenne des conclusions qui ne seraient pas nécessairement applicables à d'autres situations. Il est dangereux de supposer que les Chinois opéreront selon un schéma quelconque déjà suivi antérieurement. Il est plus sûr de s'attendre à ce qu'ils varient leur tactique « à l'infini ». Mao a dit :

« Nous devons étudier avec soin les leçons qui ont été apprises lors des guerres passées au prix du sang et qui nous ont été léguées... Il faut soumettre les conclusions auxquelles nous parvenons ainsi à l'épreuve de notre propre expérience, assimiler ce qui est utile, rejeter ce qui est inutile et ajouter ce qui est spécifiquement nôtre [19]. »

Il a souvent été dit que, si les dirigeants occidentaux avaient lu le *Mein Kampf* d'Hitler, ils auraient été, pour traiter avec lui, un peu mieux armés. Une connaissance des discours et des écrits de Mao, ainsi que des principaux ouvrages qui fournissent à ceux-ci leur substrat conceptuel, serait tout aussi profitable aux dirigeants de l'actuelle génération. Parmi ces principaux ouvrages devrait obligatoirement figurer *L'Art de la Guerre* [20].

---

19. Mao Tse Tung, *La Guerre prolongée*, p. 186.

20. L'un des principaux responsables du vif intérêt que les communistes chinois manifestent pour Sun Tzu est Kuo Hua Jo, pratiquement inconnu en Occident. En 1939 Kuo termina un commentaire analytique des Treize Chapitres, intitulé *Etude Préliminaire de « L'Art de la Guerre » de Sun Tzu* (*Sun Tzu Ping Fa Ch'u Pu Yen Chiu*) 孫子兵法初步研究 ». Cet ouvrage était conçu pour servir de manuel militaire dans les secteurs dominés par les Rouges. L'autorité dont Kuo jouit actuellement en qualité de théoricien militaire éminent semble remonter à cette date. Sa dernière édition de *L'Art de la Guerre* est *Chin I Hsin Pien Sun Tzu Ping Fa* (今譯新編孫子兵法), « Traduction moderne de *L'Art de la Guerre* de Sun Tzu, avec nouvelle disposition des chapitres ». Comme l'indique le titre, les matériaux ont été disposés d'une façon entièrement nouvelle. Les versets de Sun Tzu ont été formulés en chinois de conversation courante et des caractères simplifiés sont utilisés d'un bout à l'autre.

Traduction

NOTE BIOGRAPHIQUE [1]

Sun Tzu était originaire de l'Etat de Ch'i. Grâce à son livre sur l'art de la guerre il obtint une audience auprès de Ho Lu, roi de Wu [2].

Ho Lu dit : « J'ai lu vos treize chapitres, monsieur, en leur intégralité [3]. Pouvez-vous procéder à une petite démonstration de l'art de maîtriser le mouvement des troupes ? »

Sun Tzu répondit : « Je le peux. »

Ho Lu demanda : « Pouvez-vous pratiquer cette expérience sur des femmes ? »

Sun Tzu dit : « Oui. »

Là-dessus, le roi donna son accord et fit envoyer du palais cent quatre-vingts belles femmes [4].

Sun Tzu les répartit en deux compagnies et plaça à leur tête les deux concubines préférées du roi. Il leur apprit à toutes à porter une hallebarde. Puis il dit : « Savez-vous où se trouve le cœur, on se trouvent la main droite, la main gauche et le dos ? »

Les femmes dirent : « Nous le savons. »

---

1. Telle qu'elle figure dans le SC, Sun Tzu Wu Ch'i Lieh Chuan 孫子吳起列傳臏.
2. Procédé normal pour s'assurer un protecteur puissant.
3. Cette affirmation prouve seulement qu'il existait treize chapitres au moment où Ssu Ma Ch'ien rédigea le SC.
4. D'après une autre version, elles étaient au nombre de trois cents.

Sun Tzu dit : « Lorsque j'ordonne " Face " tournez-vous de face, le cœur vers moi ; lorsque je dis " Gauche " tournez-vous vers la main gauche ; lorsque je dois " Droite " vers la droite ; lorsque je dis " Arrière " tournez-moi le dos. »

Les femmes dirent : « Nous avons compris. »

Après l'énoncé de ces dispositions, les armes du bourreau furent préparées[5].

Sun Tzu donna alors les ordres trois fois et les expliqua cinq fois, après quoi il battit sur le tambour le signal : « Tournez-vous à droite. » Les femmes éclatèrent de rire.

Sun Tzu dit : « Si les instructions ne sont pas claires et si les ordres n'ont pas été complètement expliqués, c'est la faute du commandant. » Il répéta ensuite les ordres trois fois et les expliqua cinq fois, et il frappa sur le tambour le signal de se tourner à gauche. De nouveau les femmes éclatèrent de rire.

Sun Tzu dit : « Si les instructions ne sont pas claires et si les ordres ne sont pas explicites, c'est la faute du commandant. Mais lorsque les instructions ont été expliquées et que les ordres ne sont pas exécutés conformément à la loi militaire, il y a crime de la part des officiers. » Puis il ordonna que les capitaines de la compagnie de droite et de celle de gauche soient décapités.

Le roi de Wu qui, de sa terrasse, assistait à la scène, vit que ses deux concubines bien-aimées allaient être exécutées. Il s'effraya et dépêcha son aide de camp, porteur du message suivant : « Je sais à présent que le général est capable d'utiliser des troupes. Sans ces deux concubines ma nourriture n'aura plus aucune saveur. C'est mon désir qu'elles ne soient pas exécutées. »

Sun Tzu répondit : « Votre serviteur a déjà reçu de vous l'investiture du commandant en chef ; or, lorsque le commandant est à la tête de l'armée, il n'est pas tenu d'accepter tous les ordres du souverain. »

Il ordonna donc que les deux femmes qui avaient commandé les troupes fussent exécutées, afin de faire un

5. Pour bien montrer qu'il parlait sérieusement.

exemple. Puis il plaça à la tête des compagnies celles qui occupaient le grade immédiatement inférieur.

Là-dessus de nouveau, au tambour, il donna le signal et les femmes se tournèrent à gauche, à droite, de face, de dos, se mirent à genoux et se redressèrent toutes, exactement comme l'exigeait l'exercice imposé. Elles n'osèrent pas faire le moindre bruit.

Sun Tzu envoya alors un messager au roi pour lui porter l'information suivante : « Les troupes sont maintenant en bon ordre. Le roi peut descendre pour les passer en revue et les inspecter. Elles peuvent être utilisées au gré du roi, elles iront même jusqu'à traverser le feu et l'eau. »

Le roi de Wu dit : « Le général peut se rendre dans ses appartements et se reposer. Je ne désire pas venir les inspecter. »

Sun Tzu dit : « Le roi n'aime que les mots vides. Il n'est pas capable de les mettre en pratique. »

Ho Lu prit alors conscience des capacités de Sun Tzu en tant que chef d'armée et, par la suite, il le fit général. Sun Tzu défit le puissant Etat de Ch'u à l'ouest et pénétra dans le Ying ; au nord, il menaça le Ch'i et le Chin [6]. Si le nom de Wu s'illustra entre ceux des seigneurs féodaux, c'est en partie grâce aux réalisations de Sun Tzu. (Le Yueh Chueh Shu dit : « Au delà de la Porte Wu de Wu Hsieh, à une distance de dix li, il y avait un grand tombeau, qui est celui de Sun Tzu [7]. »)

6. Aucun autre document historique ne vient corroborer ces affirmations.

7. La phrase entre parenthèses a été ajoutée en note par Sun Hsing Yen. L'ouvrage qu'il cite est probablement apocryphe. Il remonterait au IVe siècle avant J.-C. ou à une date ultérieure. Wu Hsieh est la moderne Su Chou.

I

APPROXIMATIONS [1]

Sun Tzu a dit :

1. La guerre est une affaire d'une importance vitale pour l'Etat, la province de la vie et de la mort, la voie qui mène à la survie ou à l'anéantissement [2]. Il est indispensable de l'étudier à fond.

Li Ch'uan : « Les armes sont des outils de mauvais augure. » La guerre est une affaire sérieuse ; on redoute que les hommes ne s'y engagent sans la réflexion qu'elle mérite.

2. Evaluez-la donc en fonction des cinq facteurs fondamentaux et comparez les sept éléments énumérés plus loin [3]. Vous pourrez ainsi en apprécier les données essentielles.

---

1. Le titre signifie « calculs », « plans » ou « supputations ». L'édition des *Sept Classiques militaires* a pour titre « Supputations Préliminaires ». Le premier point dont il est question est l'opération que nous appelons estimation (ou appréciation) de la situation.
2. Variante : « Car " le champ de bataille " est le lieu de la vie et de la mort et " la guerre " la voie qui mène à la survie ou à l'anéantissement. »
3. Sun Hsing Yen suit ici le *T'ung T'ien* et laisse de côté le caractère Shih (事) : « Questions », « facteurs » ou « affaires ». Sans ce caractère, le verset n'a guère de sens.

3. Le premier de ces facteurs, c'est l'influence morale ; le second, les conditions atmosphériques, le troisième, le commandement et le cinquième, la doctrine [4].

Chang Yu : « L'ordre d'énumération ci-dessus est parfaitement clair. Lorsque des troupes sont levées pour châtier des fautifs, le conseil du temple apprécie d'abord la bienveillance des princes et la confiance de leurs peuples, ensuite l'opportunité de la saison et, enfin, les difficultés topographiques. Après une délibération approfondie sur ces trois points, un général est désigné pour lancer l'attaque [5]. Une fois que les troupes ont franchi les frontières, la responsabilité de la loi et du commandement incombe au général. »

4. Par influence morale j'entends ce qui fait que le peuple est en harmonie avec ses dirigeants, de sorte qu'il les suivra à la vie et à la mort sans craindre de mettre ses jours en péril [6].

Chang Yu : « Pour peu qu'on traite les gens avec bonté, justice et équité, et qu'on leur fasse confiance, l'armée aura l'esprit d'équipe et tous seront heureux de servir leurs

4. Ici Tao (道) est traduit par « influence morale ». Il est généralement rendu par l'expression « la voie », ou « la voie droite ». Ici il se rapporte à la moralité du gouvernement, et plus particulièrement à celle du souverain. Si le souverain gouverne avec justice, bonté et équité, il suit le droit chemin ou la voie droite, et ainsi exerce un degré supérieur d'influence morale. Le caractère Fa (法), rendu ici par le mot « doctrine », signifie d'abord « loi » ou « méthode ». Dans le titre de l'ouvrage, il est traduit par « art ». Mais, au verset 8, Sun Tzu précise qu'ici il parle de ce que nous appelons doctrine.

5. Il existe en chinois des termes précis qui ne peuvent être rendus indistinctement par notre mot « attaque ». Chang Yu emploie une expression qui, littéralement, signifie « châtier les fautifs », et s'applique à l'attaque dirigée contre les rebelles. D'autres caractères ont des significations précises telles que : « Attaquer furtivement », « attaquer soudainement », « supprimer les rebelles », « soumettre », etc.

6. Variante : « L'influence morale est ce qui fait que le peuple est en accord avec ses supérieurs... " Ts'ao Ts'ao dit que, pour guider le peuple dans la voie (ou conduite) droite, il faut l'instruire ". »

chefs. Le Livre des Métamorphoses dit : " Tout à la joie de surmonter les difficultés, le peuple oublie le danger de mort. " »

5. Par conditions météorologiques j'entends le jeu réciproque des forces naturelles, les effets du froid de l'hiver et de la chaleur de l'été, ainsi que la conduite des opérations militaires suivant les saisons [7].

6. Par terrain j'entends les distances, la facilité ou la difficulté de les parcourir, le caractère vaste ou resserré du terrain et les chances de vie ou de mort qu'il offre.

Mei Yao Ch'en : ... « Lorsqu'on dirige des troupes, il est primordial de connaître à l'avance les caractéristiques du terrain. En fonction des distances, on peut mettre à exécution un plan d'action indirecte ou d'action directe. Connaissant le degré plus ou moins grand de facilité ou de difficulté avec lequel le terrain peut être parcouru, il est possible d'évaluer l'avantage qu'il y aura à utiliser l'infanterie ou la cavalerie. Sachant où le terrain se resserre et où il s'élargit, on pourra calculer l'ampleur des effectifs à engager. Sachant où doit se livrer la bataille on sait à quel moment concentrer ou diviser ses forces [8]. »

7. Par autorité j'entends les qualités de sagesse, d'équité, d'humanité, de courage et de sévérité du général.

Li Ch'uan : « Ces cinq qualités sont celles du général. De là vient que l'armée l'appelle " Le Respecté ". »

Tu Mu : ... « Si le chef est doué de sagesse, il est capable de reconnaître les changements de circonstances et d'agir promptement. S'il est équitable, ses hommes seront sûrs de la récompense et du châtiment. S'il est humain, il aime autrui, partage ses sentiments et apprécie son travail et sa peine. S'il est courageux, il remporte la victoire en saisissant sans hésiter le moment opportun. S'il est sévère,

7. Il est évident que le cacractère T'ien (天), ciel, a dans ce verset le sens de « conditions météorologiques », qu'il a aujourd'hui.

8. « Connaissant le terrain de la vie et de la mort... » est ici rendu par « S'il sait où il livrera bataille ».

ses troupes sont disciplinées parce qu'elles le craignent et redoutent le châtiment. »

Shen Pao Hsu dit : « Si un général n'est pas courageux, il sera incapable de vaincre les hésitations et de former de grands projets. »

8. Par doctrine j'entends l'organisation, l'autorité, la promotion des officiers au rang qu'il convient, la police des voies d'approvisionnement et le soin de pourvoir aux besoins essentiels de l'armée.

9. Il n'existe pas de général qui n'ait pas entendu parler de ces cinq points. Ceux qui en ont la maîtrise gagnent, ceux qui ne l'ont pas sont vaincus.

10. Lorsque vous établissez des plans, comparez donc les éléments suivants, en les appréciant avec la plus grande minutie.

11. Si vous me dites le souverain qui possède l'influence morale la plus grande, le commandant en chef le plus compétent, l'armée qui a pour elle l'avantage des conditions météorologiques et du terrain, et au sein de laquelle les règlements sont le mieux respectés et les instructions le mieux exécutées, si vous me dites quelles sont les troupes les plus fortes [9].

Chang Yu : « Charrettes solides, chevaux rapides, troupes courageuses, armes acérées — de sorte que ces troupes exultent au roulement du tambour qui donne le signal de l'attaque et qu'elles enragent d'entendre les gongs sonner la retraite. Celui qui se trouve dans une telle situation est fort. »

12. Quel est celui qui a les officiers et les hommes les mieux entraînés ?

Tu Yu : .... « C'est pourquoi Maître Wang dit : " Si les officiers ne sont pas soumis à un entraînement sévère, ils seront inquiets et hésitants au combat ; si les généraux

---

9. Dans ce verset et dans les deux suivants, les sept éléments auxquels fait allusion le verset 2 sont cités.

ne sont pas formés à fond, ils fléchiront intérieurement lorsqu'ils se trouveront face à l'ennemi. " »

13. Et qui attribue les récompenses et les sanctions avec le plus de discernement ?

Tu Mu : « Il ne faut d'excès ni dans un sens ni dans l'autre. »

14. Je serai en mesure de prévoir de quel côté sera la victoire et de quel côté la défaite.

15. Si un général qui a retenu ma stratégie est employé il est certain de vaincre. Gardez-le ! Si un général qui refuse de porter attention à ma stratégie est utilisé, il est certain d'être vaincu. Révoquez-le !

16. En tenant compte des avantages présentés par mes plans, le général doit créer des situations qui contribueront à leur réalisation [10]. Par situations j'entends qu'il doit agir promptement selon ce qui est avantageux et ainsi être maître de l'équilibre.

17. Tout l'art de la guerre est basé sur la duperie.

18. C'est pourquoi, lorsque vous êtes capable, feignez l'incapacité ; actif, la passivité.

19. Proche, faites croire que vous êtes loin, et loin, que vous êtes proche.

20. Appâtez l'ennemi pour le prendre au piège ; simulez le désordre et frappez-le.

Tu Mu : « Le général Li Mu de l'Etat de Chao lâcha des troupeaux de bétail avec leurs gardiens ; lorsque les Hsiung Nu eurent progressé un peu, il feignit de battre en retraite, laissant derrière lui plusieurs milliers d'hommes, comme s'il les abandonnait. Lorsqu'il en fut informé, le Khan, enchanté, s'avança à la tête d'un fort détachement. Li Mu plaça le gros de ses troupes en formation de combat sur les ailes droite et gauche, déclencha une

10. Variante proposée I (以) en I (巳). Les commentateurs ne sont pas d'accord sur l'interprétation de ce verset.

attaque subite, écrasa les Huns et massacra plus de cent mille de leurs cavaliers [11]. »

21. Lorsqu'il se concentre, préparez-vous à lutter contre lui ; là où il est fort, évitez-le.

22. Irritez son général et égarez-le.

Li Chu'an : « Si le général est coléreux, son autorité peut facilement être ébranlée. Son caractère n'est pas stable. »

Chang Yu : « Si le général de l'armée ennemie est obstiné et enclin à la colère, insultez-le et rendez-le furieux, de façon qu'il soit courroucé, qu'il n'y voie plus clair, et qu'il marche étourdiment sur vous, sans plan. »

23. Faites semblant de vous trouver en état d'infériorité et encouragez-le à l'arrogance.

Tu Mu : « Vers la fin de la dynastie des Ch'in, Mo Tun, de la tribu des Hsiung Nu, établit sa puissance pour la première fois. Les Hu de l'Est étaient forts et ils envoyèrent des émissaires pour parlementer. Ils dirent : " Nous souhaitons acheter le cheval de mille li de T'ou Ma. " Mo Tun consulta ses conseillers, qui tous s'écrièrent : " Le cheval de mille li ! L'objet le plus précieux de ce pays ! Ne leur donnez pas cela ! " Mo Tun répondit : " Pourquoi refuser un cheval à un voisin ? " Et il envoya le cheval [12].

« Peu après les Hu de l'Est déléguèrent des envoyés, qui dirent : " Nous désirons avoir une des princesses du Khan. " Mo Tun demanda l'avis de ses ministres. Tous dirent, en colère : " Les Hu de l'Est sont cyniques ! Maintenant ils vont jusqu'à demander une princesse ! Nous

11. Les Hsiung Nu étaient des nomades qui importunèrent les Chinois pendant des siècles. La Grande Muraille fut construite pour protéger la Chine contre leurs incursions.
12. Mo Tun, ou T'ou Ma, ou encore T'ouman, fut le premier dirigeant à faire l'unité des Hsiung Nu. Le cheval de mille li était un étalon réputé capable de parcourir mille li (environ trois cents milles) sans fourrage ni eau. Ce terme désigne un cheval d'une qualité exceptionnelle ; réservé sans aucun doute à la reproduction.

vous supplions de les attaquer ! " Mo Tun dit : " Comment pourrait-on refuser à un voisin une jeune femme ? " Et il donna la femme.

« Peu après, les Hu de l'Est revinrent et dirent : " Vous avez mille li de terre non utilisée que nous désirons. " Mo Tun consulta ses conseillers. Certains dirent qu'il serait raisonnable de céder la terre, d'autres que non. Mo Tun s'emporta et dit : " La terre est le fondement de l'Etat. Comment pourrait-on la donner ? " Tous ceux qui avaient conseillé de céder la terre furent décapités.

« Mo Tun sauta alors en selle, ordonna que ceux qui resteraient en arrière fussent décapités, et lança une attaque surprise contre les Hu de l'Est. Ces derniers, qui le méprisaient, n'avaient fait aucun préparatif. Lorsqu'il les attaqua, il les anéantit. Il se tourna ensuite vers l'ouest et attaqua le Yueh Ti. Au sud, il annexa le Lou Fan... et envahit le Yen. Il reconquit complètement les terres ancestrales de Hsiung Nu conquises antérieurement par le général Meng T'ien, de l'Etat de Ch'in [13]. »

Ch'en Hao : « Donnez à l'ennemi des jeunes garçons et des femmes pour lui tourner la tête, ainsi que du jade et de la soie pour exciter ses ambitions. »

24. Tenez-le sur la brèche et harassez-le.

Li Ch'uan : « Lorsque l'ennemi est au repos, fatiguez-le. »

Tu Mu : ... « Vers la fin de la seconde dynastie des Han, après que Ts'ao Ts'ao eut défait Liu Pei, celui-ci s'enfuit vers Uyan Shao, qui avança avec ses troupes à la rencontre de Ts'ao Ts'ao. T'ien Fang, l'un des officiers d'état-major de Yuan Shao, dit : " Ts'ao Ts'ao est expert dans l'art de mener les troupes. On ne peut marcher sur lui à la légère. Le mieux, c'est de faire traîner les choses et de

---

13. Meng T'ien soumit les nomades de la frontière sous la dynastie des Ch'in, et commença l'édification de la Grande Muraille. Il passe pour avoir inventé le pinceau à calligraphier. C'est probablement inexact, mais il est possible qu'il ait apporté au pinceau déjà en usage une amélioration d'une sorte ou d'une autre.

le tenir à distance. Quant à vous, mon général, vous devriez construire des fortifications le long des montagnes et des fleuves et occuper les quatre préfectures. A l'extérieur, concluez des alliances avec des dirigeants puissants ; à l'intérieur, poursuivez une politique agro-militaire [14]. Ensuite, choisissez des troupes d'élite et faites-en des unités spéciales. Repérez les points où l'ennemi peut être pris au dépourvu, effectuez des sorties répétées et perturbez le pays au sud du fleuve. Lorsqu'il viendra au secours de la droite, attaquez la gauche ; lorsqu'il viendra au secours de la gauche, attaquez la droite ; essoufflez-le en le faisant courir constamment de tous côtés... Maintenant, si vous rejetez cette stratégie victorieuse et si vous décidez, à la place, de tout risquer en une seule bataille, lorsque vous le regretterez, il sera trop tard. " Yua Shao ne suivit pas ce conseil. Aussi fut-il battu [15]. »

25. Lorsqu'il est uni, divisez-le.

Chang Yu : « Tantôt enfoncez un coin entre un souverain et ses ministres ; tantôt détachez de lui ses alliés. Faites naître en eux des soupçons réciproques, de façon à faire régner entre eux la mésentente. Vous pourrez alors comploter contre eux. »

26. Attaquez là où il n'est pas prêt ; faites une sortie lorsqu'il ne s'y attend pas.

Ho Yen Hsi : ... « Li Ching, de la dynastie des T'ang, proposa dix plans à mettre en œuvre contre Hsiao Hsieh, et l'entière responsabilité de commander les armées lui fut confiée. Au cours du huitième mois, il rassembla ses forces à K'uei Chou [16].

---

14. Allusion aux colonies militaires agricoles situées dans des régions reculées, où des soldats étaient installés avec leurs familles. Une partie du temps était consacrée aux cultures, le reste à l'exercice, à l'entraînement et, le cas échéant, au combat. Les Russes ont appliqué la même politique pour coloniser la Sibérie, qui est en fait actuellement limitrophe de la Chine.

15. Pendant la période dite des Trois Royaumes, le Wei au nord et à l'ouest, le Shu au sud-ouest et le Wu dans la vallée du Yang Tse se disputèrent la suprématie.

16. K'uei Chou se trouve dans le Ssu Ch'uan.

« Comme c'était la saison des inondations d'automne, le Yang Tse débordait et les routes passant par les trois gorges étaient dangereuses. Hsiao Hsieh était certain que Li Ching ne marcherait pas sur lui. En conséquence il ne fit aucun préparatif.

« Le neuvième mois Li Ching prit la tête des troupes et s'adressa à elles en ces termes : " Ce qui est de première importance dans la guerre c'est d'être prompt comme la foudre ; on ne peut se permettre de laisser passer une occasion. A présent nos forces se trouvent concentrées et Hsiao Hsieh ne le sait pas encore. Profitons de ce que le fleuve est en crue, nous allons surgir à l'improviste sous les murs de la capitale. Comme il est dit : ' Lorsque le coup de tonnerre éclate, il est trop tard pour se boucher les oreilles. ' Même s'il nous découvre, il ne sera pas en mesure d'imaginer impromptu un plan pour nous arrêter et certainement nous pourrons nous emparer de lui. "

« Il avança jusqu'à I Ling. Hsiao Hsieh commença à avoir peur et demanda des renforts au sud du fleuve, mais ceux-ci ne purent arriver à temps. Li Ching mit le siège devant la ville et Hsieh se rendit.

« Faire une sortie là où il ne s'y attend pas " signifie agir de la même façon que lorsque, vers sa fin, la dynastie des Wei envoya les généraux Chung Hui et Teng Ai à l'attaque du Shu "... En hiver, au cours du dixième mois, Ai partit de Ying P'ing et parcourut une contrée inhabitée, couvrant plus de sept cents li, perçant des routes à travers les montagnes et construisant des ponts suspendus. Les montagnes étaient élevées, les vallées profondes et cette tâche extrêmement difficile et dangereuse. Aussi l'armée, arrivant à bout de vivres, était-elle sur le point de périr. Teng Ai s'enroula dans des tapis de feutre et dévala les pentes abruptes ; les généraux et les officiers grimpèrent en s'agrippant aux branches des arbres. Escaladant les précipices en rangs serrés comme des bancs de poissons, l'armée avança.

« Teng Ai se montra d'abord à Chiang Yu dans le Shu, et Ma Mou, le général chargé de défendre cette ville, se

17. Cette campagne fut menée vers l'an 255 ap. J.-C.

rendit. Teng Ai fit décapiter Chu Ko Chan, qui avait résisté à Mien Chou, et marcha sur Ch'eng Tu. Liu Shan, roi du Shu, se rendit. »

27. Telles sont, pour le stratège, les clefs de la victoire. Il n'est pas possible d'en débattre à l'avance.

Mei Yao Ch'en : « Lorsque vous vous trouvez face à face avec l'ennemi, adaptez-vous aux changements de circonstances et inventez des expédients. Comment serait-il possible de débattre de ceux-ci à l'avance ? »

28. Or, si les estimations effectuées dans le temple avant les hostilités laissent présager une victoire, c'est que les supputations indiquent une puissance supérieure à celle de l'ennemi. Si elles annoncent une défaite, c'est que les supputations révèlent une puissance inférieure. En se livrant à de nombreux calculs, on peut gagner ; si l'on en fait trop peu, la victoire est impossible. Comme il diminue ses chances celui qui n'en fait aucune ! Grâce à ces calculs, j'examine la situation et l'issue devient évidente [18].

18. Verset confus, difficile à rendre en anglais. Dans les supputations préliminaires, des appareils à calculer étaient utilisés. Le caractère signifiant « opérations » indique qu'il s'agit d'un dispositif de ce genre, peut-être d'un boulier compteur primitif (?, N.d.T.). Nous ignorons comment les divers « facteurs » et « éléments » énumérés étaient apppréciés, mais, de toute évidence, le procédé utilisé pour comparer les puissances relatives était rationnel. Il semble en outre que deux supputations distinctes étaient effectuées, la première sur le plan national, la deuxième sur le plan stratégique. Cette dernière comportait la comparaison des cinq éléments de base mentionnés au verset 3 ; nous pouvons supposer que, si les résultats en étaient favorables, les experts militaires comparaient la puissance, l'entraînement, l'équité dans l'attribution des récompenses et des sanctions, etc. (les sept facteurs).

II

LA CONDUITE DE LA GUERRE

Sun Tzu a dit :

1. Généralement, les opérations militaires nécessitent mille chars rapides attelés de quatre chevaux, mille chariots couverts de cuir attelés de quatre chevaux et cent mille soldats portant cuirasse.

Tu Mu : ... « Autrefois dans les combats de chars, " les chars couverts de cuir " étaient soit légers, soit lourds. Les chars lourds étaient utilisés au transport des hallebardes, des armes, du matériel militaire, des objets de valeur et des uniformes. Le Ssu Ma Fa disait : " Un char transporte trois officiers portant cuirasse ; soixante-douze fantassins l'accompagnent. Il s'y ajoute dix cuisiniers et serviteurs, cinq hommes pour prendre soin des uniformes, cinq palefreniers chargés du fourrage et cinq hommes préposés au ramassage du bois de chauffage et au puisage de l'eau. Soixante-quinze hommes par char léger, vingt-cinq par chariot à bagages, de sorte qu'au total cent hommes forment une compagnie [1]. " »

2. Lorsque des approvisionnements sont transportés sur une distance de mille li, les dépenses à l'arrière et sur le théâtre des opérations, les allocations destinées à couvrir les frais d'entretien des conseillers et des visiteurs, le coût des fournitures telles que la colle et la laque et celui

---

1. La proportion des effectifs de combat par rapport aux effectifs de soutien était donc de trois pour un.

des chars et des armures, s'élèveront à mille pièces d'or par jour. Une fois que cette somme est disponible, cent mille hommes de troupe peuvent être levés [2].

Li Ch'uan : « Or, lorsque l'armée progressera en territoire étranger, le trésor se videra à l'intérieur du territoire national. »

Tu Mu : « Dans l'armée, il existe un rituel de visites amicales faites par les seigneurs vassaux. C'est pourquoi Sun Tzu parle de " conseillers et visiteurs ". »

3. La victoire est l'objectif principal de la guerre [3]. Si elle tarde trop, les armes s'émoussent et le moral s'effrite. Lorsque les troupes attaqueront les villes, elles seront à bout de force.

4. Lorsque l'armée s'engagera dans des campagnes prolongées, les ressources de l'Etat ne suffiront pas.

Chang Yu : « ... Les campagnes de l'empereur Wu des Han traînèrent en longueur sans aucun résultat. Une fois le trésor vide, l'Empereur promulgua un édit d'austérité. »

5. Lorsque vos armes auront perdu leur tranchant, que votre ardeur sera éteinte, que vos forces seront épuisées et que votre trésorerie sera réduite à rien, les souverains voisins profiteront de votre détresse pour agir. Et même si vous avez des conseillers avisés, aucun d'entre eux ne sera en mesure de dresser des plans adéquats pour l'avenir.

6. Si donc nous avons déjà entendu parler de précipitations malencontreuses dans la guerre, nous n'avons pas encore vu d'opération habile qui traînât en longueur.

Tu Yu : « Une attaque peut manquer d'ingéniosité, mais il faut absolument qu'elle soit menée avec la vitesse de l'éclair. »

---

2. De la monnaie d'or était frappée dans le Ch'u dès 400 av. J.-C., mais en réalité Sun Tzu n'emploie pas le terme « or ». Celui qu'il utilise signifie « monnaie métallique ».
3. J'insère le caractère Kuei (貴) suivant les *Sept Classiques militaires*. Dans le contexte, ce caractère a le sens de « ce qui a de la valeur » ou « ce qui est apprécié ».

7. Car il ne s'est jamais vu qu'une guerre prolongée profitât à aucun pays.

Li Ch'uan : « Dans les Annales du Printemps et de l'Automne on lit : " La guerre est semblable au feu ; ceux qui ne veulent pas déposer les armes périssent par les armes. "⁻ »

8. Ainsi, ceux qui sont incapables de comprendre les dangers inhérents à l'utilisation des troupes sont également incapables de comprendre la façon de s'en servir avec avantage.

9. Ceux qui sont experts dans l'art de la guerre n'ont pas besoin d'une seconde levée de conscrits et un seul approvisionnement leur suffit [4].

10. Ils emportent leur équipement en partant ; pour les vivres ils comptent sur l'ennemi. L'armée est ainsi abondamment ravitaillée.

11. Lorsqu'un pays est appauvri par les opérations militaires, c'est à cause du prix de revient des transports sur une longue distance ; l'acheminement lointain des approvisionnements laisse le peuple dans le dénuement.

Chang Yu : « ... Si l'armée devait être ravitaillée en céréales à une distance de mille li, les hommes auraient des mines affamées [5]. »

12. Là où se trouve l'armée, les prix sont élevés ; lorsque les prix montent, les richesses du peuple s'épuisent.

---

4. Les commentateurs se laissent aller à d'interminables discussions en ce qui concerne le nombre des approvisionnements. Dans cette version nous lisons : « Il ne leur en faut pas trois », c'est-à-dire, il leur en faut seulement deux, plus précisément un au départ et le second au retour. Entre-temps, ils vivent sur l'ennemi. La version du TPYL (qui suit Ts'ao Ts'ao) donne : « Ils n'ont pas besoin d'être réapprovisionnés », pendant la campagne, s'entend. J'adopte cette version.

5. Ce commentaire figure au chapitre v, verset 10, mais il semble mieux à sa place ici.

Lorsque les richesses du pays sont épuisées, les paysans sont pressurés [6].

Chia Lin : « ... Lorsque les troupes sont rassemblées, le prix de toutes les marchandises s'élève parce que chacun se propose d'en tirer des profits extraordinaires [7]. »

13. A cause de cette usure des forces et des richesses, les foyers des plaines centrales seront appauvris à l'extrême, leurs ressources étant dilapidées aux sept dixièmes.

Li Ch'uan : « Si la guerre s'éternise, les hommes et les femmes seront excédés de ne pouvoir se marier et ils seront réduits à la misère sous le poids des transports. »

14. En ce qui concerne les dépenses du gouvernement, celles entraînées par la détérioration des chars, par l'épuisement des chevaux, par l'équipement en armures et en casques, en flèches et en arbalètes, en lances, en boucliers à main et en boucliers de corps, en bêtes de trait et en véhicules d'approvisionnements, s'élèveront à soixante pour cent du total [8].

15. En conséquence, le général avisé veille à ce que ses troupes se nourrissent sur l'ennemi, car un boisseau de vivres pris à l'ennemi équivaut à une vingtaine des siens ; un demi-quintal du fourrage de l'ennemi à dix quintaux du sien.

Chang Yu : « ... S'il faut transporter des vivres sur une distance de mille li, vingt boisseaux seront consommés pour un seul livré à l'armée... Si le parcours présente des difficultés, des quantités encore plus importantes seront nécessaires. »

---

6. Variante : « Près de l'endroit où se trouve l'armée » (c'est-à-dire dans le secteur opérationnel), « les marchandises coûtent cher ; lorsque les marchandises coûtent cher... » ; ce « pressurage » fait allusion aux impôts spéciaux, aux réquisitions d'animaux et de céréales et au portage.
7. Ce commentaire, qui venait à la suite du verset ci-dessus, a été changé de place.
8. Sun Tzu utilise ici le caractère qui désigne spécifiquement « l'arbalète ».

16. Si les troupes massacrent l'ennemi, c'est parce qu'elles sont poussées à bout [9].

Ho Yen Hsi : « Alors que l'armée Yen encerclait Chi Mo dans le Ch'i, elle trancha le nez à tous les prisonniers Ch'i [10]. Les hommes du Ch'i, hors d'eux-mêmes, se défendirent avec acharnement. T'ien Tan envoya un agent secret dire : " Nous tremblons de peur que vous, gens du Yen, ne tiriez de leurs tombes les corps de nos ancêtres. Ah ! Nous en aurions le sang figé dans les veines ! " »

« Aussitôt l'armée Yen se mit à violer les tombes et à brûler les cadavres. Les défenseurs de Chi Mo assistèrent du haut des murs de la ville, à ce spectacle et, en larmes, ils furent pris du désir de s'élancer au combat, car la rage avait décuplé leur force. T'ien Tan sut alors que les troupes étaient prêtes, et il infligea au Yen une cuisante défaite. »

17. On pille l'ennemi parce que l'on convoite la richesse.

Tu Mu : « ... Sous la seconde dynastie des Han, Tu Hsiang, préfet de Chin Chou, attaqua les rebelles du K'uet Chou, entre autres Pu Yang et P'an Hung. Il pénétra dans le Nan Hai, y détruisit trois camps, et saisit un important butin. Cependant, P'an Hung et ses partisans demeuraient puissants et nombreux, alors que les troupes de Tu Hsiang, à présent riches et arrogantes, n'avaient plus le moindre désir de se battre. »

« Hsiang dit : " Pu Yang et P'an Hung sont des rebelles depuis dix ans. Tous deux sont versés dans l'art d'attaquer et de se défendre. Ce que nous devrions faire, en réalité, c'est unir les forces de toutes les préfectures et ensuite les attaquer. Pour l'instant, il faut inciter les troupes à aller à la chasse. " Là-dessus les soldats de tous rangs s'en allèrent ensemble prendre le gibier au piège.

« Dès qu'ils furent partis, Tu Hsiang envoya en secret des gens pour incendier leur campement. Les trésors qu'ils

9. Ce verset ne semble pas à sa place.
10. Ce siège eut lieu en l'an 279 av. J.-C.

105

avaient accumulés furent complètement détruits. Lorsque les chasseurs rentrèrent, il n'y en eut pas un seul qui ne pleurât.

« Tu Hsiang dit : " Les richesses et les biens de Pu Yang et de ses partisans sont suffisants pour enrichir plusieurs générations. Quant à vous, Messieurs, vous n'avez pas encore donné votre vraie mesure. Ce que vous avez perdu ne représente qu'une petite partie de ce qui est entre leurs mains. Pourquoi vous en soucier ? "

« Lorsque les troupes entendirent ces paroles, prises de fureur, elles voulurent se battre. Tu Hsiang ordonna que les chevaux fussent nourris et que chacun prît son repas au lit, et de bonne heure le matin ils marchèrent sur le camp des rebelles ". Yang et Hung n'avaient fait aucun préparatif. Les troupes de Tu Hsiang les attaquèrent avec fougue et les anéantirent. »

Chang Yu : « ... Sous cette dynastie impériale, lorsque l'Eminent Fondateur ordonna à ses généraux d'attaquer le Shu, il décréta : " Dans toutes les villes et préfectures qui seront prises, vous devrez, en mon nom, vider les trésors et les magasins publics pour divertir les officiers et les hommes. Ce que l'Etat veut, c'est seulement la terre ". »

18. En conséquence, lorsque dans un combat de chars, plus de dix chars sont capturés, récompensez ceux qui se sont emparés du premier. Remplacez les drapeaux et bannières de l'ennemi par les vôtres, mêlez aux vôtres les chars récupérés, et équipez-les en hommes.

19. Traitez bien les prisonniers, et prenez soin d'eux.

Chang Yu : « Tous les soldats faits prisonniers doivent être soignés avec une sincère magnanimité, afin de pouvoir être utilisés par nous. »

20. Voici ce qui s'appelle « gagner une bataille et devenir plus fort ».

---

11. Ils prirent un repas cuit à l'avance afin d'éviter de préparer des feux pour faire chauffer le petit déjeuner.

21. Ce qui est essentiel dans la guerre c'est donc la victoire, et non les opérations prolongées. C'est aussi pourquoi le général qui comprend la guerre est le ministre du destin du peuple et l'arbitre de la destinée de la nation.

Ho Yen Hsi : « Les difficultés inhérentes à la nomination d'un commandant en chef sont les mêmes aujourd'hui qu'autrefois [12]. »

---

12. Ho Yen Hsi écrivit probablement ceci vers l'an 1050.

III

LA STRATEGIE OFFENSIVE

Sun Tzu a dit :

1. Généralement, dans la guerre, la meilleure politique, c'est de prendre l'Etat intact ; anéantir celui-ci n'est qu'un pis-aller.

Li Ch'uan : « N'encouragez pas le meurtre. »

2. Capturer l'armée ennemie vaut mieux que de la détruire ; prendre intact un bataillon, une compagnie ou une escouade de cinq hommes vaut mieux que de les détruire.

3. En effet, remporter cent victoires en cent batailles n'est pas le comble du savoir-faire.

4. Ce qui, donc, est de la plus haute importance dans la guerre, c'est de s'attaquer à la stratégie de l'ennemi [1].

Tu Mu : « ... Le Grand Duc a dit : " Celui qui excelle à résoudre les difficultés les résout avant qu'elles ne surgissent. Celui qui excelle à vaincre ses ennemis triomphe avant que les menaces de ceux-ci ne se concrétisent. " »

Li Ch'uan : « Attaquez-vous aux plans dès leur principe. Sous les Han de la seconde dynastie, K'ou Hsun encercla Kao Chun [2]. Chun envoya son officier chargé

---

1. Et non pas, comme nous lisons dans la traduction de Giles, « déjouer les plans de l'ennemi ».
2. Ceci eut lieu au cours du premier siècle de notre ère.

de la planification, Huang Fu Wen, pour parlementer. Huang Fu Wen était obstiné et grossier. K'ou Hsun le fit décapiter et en informa Kao Chun en ces termes : " Votre officier d'état-major manquait de savoir-vivre. Je l'ai fait décapiter. Si vous souhaitez vous soumettre, faites-le immédiatement, sinon défendez-vous. " Le jour même, Chun rompit ses fortifications et se rendit.

« Tous les généraux de K'ou Hsun dirent : " Comment ! Vous avez tué son envoyé et cependant vous l'avez obligé à remettre les clefs de sa ville ! Est-il possible ? " »

« K'ou Hsun dit : " Huang Fu Wen était le bras droit de Kao Chun, son conseiller privé. Si je l'avais épargné, il aurait mené à bien ses desseins, mais, en le tuant, j'ai privé Kao Chun de son bras droit. Il est dit : ' Le suprême raffinement dans l'art de la guerre, c'est de s'attaquer aux plans de l'ennemi. ' " »

« Tous les généraux dirent : " Ceci dépasse notre entendement. " »

5. Le mieux, ensuite, c'est de lui faire rompre ses alliances [3].

Tu Yu : « Ne laissez pas vos ennemis s'unir. »

Wang Hsi : « ... Examinez la question de ses alliances et provoquez-en la rupture et la dislocation. Si un ennemi possède des alliés, le problème est grave et la position de l'ennemi forte ; s'il n'en a pas, le problème est mineur et sa position faible. »

6. A défaut, le mieux est d'attaquer son armée.

Chia Lin : « Le Grand Duc a dit : " Celui qui se bat pour la victoire l'épée nue n'est pas un bon général. " »

Wang Hsi : « Les batailles sont des affaires dangereuses. »

Chang Yu : « Si vous ne pouvez pas étouffer ses desseins dans l'œuf, ni briser ses alliances lorsqu'elles sont sur le point d'être conclues, aiguisez vos armes afin de remporter la victoire. »

3. Et non pas, comme nous lisons dans la traduction de Giles, « empêcher la jonction des forces ennemies ».

7. La pire politique consiste à attaquer les villes. N'attaquez les villes que lorsqu'il n'y a pas d'autre solution [4].

8. La préparation des véhicules cuirassés et celle des armes et équipements demandent au moins trois mois ; les travaux de remblayage nécessaires pour dresser des talus contre les murs, trois mois encore.

9. Si le général est incapable de contenir son impatience et s'il ordonne à ses hommes de s'agglomérer aux alentours du mur comme un essaim d'abeilles, un tiers d'entre eux seront tués sans que la ville soit prise. Telle est la fatalité qui s'attache à des attaques de ce genre.

Tu Mu : « ... Vers la fin de la dynastie des Wei, l'empereur T'ai Wu conduisit cent mille hommes à l'attaque du général des Sung, Tsang Chih, à Yu T'ai. L'empereur demanda d'abord du vin à Tsang Chih [5]. Tsang Chih scella un pot plein d'urine et le lui envoya. T'ai Wu, fou de rage, attaqua aussitôt la ville, ordonnant à ses troupes d'escalader les murs et d'engager le corps à corps. Les cadavres s'entassèrent jusqu'au haut des murs et au bout de trente jours le nombre des morts représentait plus de la moitié des effectifs Wei. »

10. Ainsi, ceux qui sont experts dans l'art de la guerre soumettent l'armée ennemie sans combat. Ils prennent les villes sans donner l'assaut et renversent un Etat sans opérations prolongées.

Li Ch'uan : « Ils vainquirent par la stratégie. Sous la seconde dynastie des Han, Tsan Kung, marquis de Tsan, encercla les rebelles Yao à Yuan Wu, mais pendant plusieurs mois il fut incapable de prendre la ville [6]. Ses offi-

4. Contrairement à ce que Giles semblait croire, Sun Tzu ne parle pas, dans cette série de versets, de l'art de commander une armée. Il s'agit ici des objectifs à atteindre ou des politiques à faire aboutir — Cheng (政) —, par ordre d'excellence.
5. L'échange de présents et de compliments était un préambule normal au combat.
6. Le caractère Yao (妖) désigne le supra-terrestre. Il a pu être appliqué aux Boxers, qui se croyaient à l'épreuve des balles étrangères.

ciers et ses hommes étaient malades et couverts d'ulcères. Le roi de Tung Hai dit à Tsan Kung : "" A présent, vous avez massé vos troupes et encerclé l'ennemi, qui est décidé à combattre jusqu'à la mort. Ceci, ce n'est pas de la stratégie ! Vous devriez lever le siège. Faites-leur savoir qu'une issue est ouverte ; ils s'enfuiront et se disperseront. Alors il suffira d'un garde champêtre pour les capturer ! Tsan Kung suivit ce conseil et prit Yuan Wu. " »

11. Votre but doit être de prendre intact « Tout ce qui est sous le Ciel ». De cette façon vos troupes resteront fraîches et votre victoire sera totale. Tel est l'art de la stratégie offensive.

12. En conséquence, l'art de mener les troupes au combat consiste en ceci : Lorsque vous possédez la supériorité à dix contre un, encerclez l'ennemi.

13. A cinq contre un, attaquez-le.

Chang Yu : « Si je suis cinq fois plus fort que l'ennemi, je le tiens en alerte sur ses avants, je le surprends sur ses arrières, je l'ébranle à l'est et je le frappe à l'ouest. »

14. A deux contre un, divisez-le [7].

Tu Yu : « ... Si une supériorité de deux contre un ne suffit pas pour avoir la situation en main, nous utilisons la force de diversion pour diviser l'armée. C'est pourquoi le Grand Duc a dit : " Quiconque est incapable d'agir sur l'ennemi pour diviser ses forces ne saurait parler de tactiques d'exception. " »

15. Si vous êtes de force égale, vous pouvez engager le combat.

Ho Yen Hsi : « ... Dans ces conditions, seul le général compétent peut vaincre. »

---

7. D'après certains commentateurs, ce verset signifierait « diviser ses propres forces », mais cette interprétation semble moins satisfaisante, car le caractère Chih (之) utilisé dans les deux versets précédents se rapporte à l'ennemi.

16. Lorsque, numériquement, vous avez le dessous, soyez capable de battre en retraite.

Tu Mu : « Si vos troupes sont en état d'infériorité, évitez temporairement de laisser l'ennemi prendre l'initiative de l'attaque. Par la suite, vous pourrez probablement tirer parti d'un point faible. Vous réveillerez alors toutes vos énergies et rechercherez la victoire avec une ferme détermination. »

Chang Yu : « Si l'ennemi est fort et moi faible, je me retire momentanément et je me garde de tout engagement [8] — ceci lorsque les compétences des généraux et l'efficacité des troupes sont à égalité.

« Si je suis en possession de tous mes moyens et l'ennemi dans le désarroi, si mes troupes ont du ressort et si les siennes sont apathiques, alors, même s'il est supérieur en nombre, je peux livrer bataille. »

17. Et si vous êtes inférieur en tous points, soyez capable de vous dérober, car une petite armée est une proie facile pour une plus puissante [9].

Chang Yu : « ... Mencius a dit : " Le petit ne peut certainement pas égaler le grand, non plus que le faible se mesurer au fort, ni les peu nombreux à la multitude [10]. " »

18. Or le général est le protecteur de l'Etat. Si cette protection s'étend à tout, l'Etat sera sûrement fort ; si elle présente des lacunes, l'Etat sera certainement faible.

Chang Yu : « ... Le Grand Duc a dit : " Un souverain qui arrive à mettre la main sur la personne qualifiée

8. Tu Mu et Chang Yu recommandent tous deux le retrait « temporaire », faisant ressortir la nécessité de revenir à l'action offensive lorsque les circonstances sont favorables.
9. Littéralement « les moyens d'une petite armée sont... ». Apparemment, il s'agit ici des armes et de l'équipement.
10. CC II (MENCIUS), I, chapitre 7.

connaît la prospérité. Celui qui n'y parvient pas sera anéanti. " »

19. Il faut savoir que, pour un souverain, il existe trois moyens d'attirer l'infortune sur son armée. C'est de procéder comme suit [11] :

20. Ignorant que l'armée ne doit pas avancer, ordonner une avance ou bien, ignorant qu'elle ne doit pas reculer, ordonner un recul. C'est ce qu'on appelle « mettre l'armée dans un mauvais pas ».

Chia Lin : « L'avance et le retrait de l'armée peuvent être soumis aux décisions prises par le général selon les circonstances. Il n'est pas de pire calamité que des ordres émanant du souverain qui siège à la cour. »

21. Ignorant tout des affaires militaires, participer à leur administration. Ceci désoriente les officiers.

Ts'ao Ts'ao : « ... Une armée ne peut pas être régie par des règles de bienséance. »

Tu Mu : « En ce qui concerne les convenances, les lois et les décrets, l'armée a son propre code, qu'elle respecte généralement. Si l'on aligne celui-ci sur les règles qui président au gouvernement d'un Etat, les officiers seront tout déroutés. »

Chang Yu : « La bonté et la justice peuvent servir au gouvernement d'un Etat mais non à l'administration d'une armée. La promptitude et la souplesse servent à administrer une armée mais ne peuvent servir à gouverner un Etat. »

22. Ignorant tout des problèmes de commandement, avoir part à l'exercice des responsabilités. Ceci tue la confiance dans l'esprit des officiers [12].

11. J'ai ici interverti les caractères signifiant respectivement « souverain » et « armée ». Autrement ce verset voudrait dire qu'il existait, pour une armée, trois moyens d'attirer l'infortune sur le souverain.
12. Littéralement « ne sachant pas (ou " ne comprenant pas " ou " ignorant ") où réside l'autorité de l'armée », ou bien

Wang Shi : « ... Si une personne ignorante des questions militaires est envoyée pour prendre part à la gestion de l'armée, chaque mouvement éveillera désaccord et frustration réciproque et l'armée tout entière sera paralysée. C'est pourquoi Pei Tu présenta une requête au trône pour faire révoquer le Contrôleur de l'armée ; c'est seulement ensuite qu'il fut en mesure de pacifier Ts'ao Chou [13]. »

Chang Yu : « Récemment, des courtisans se sont vu confier les fonctions de Contrôleur de l'armée et c'est là que précisément réside l'erreur. »

23. Si l'armée est désemparée et défiante, les souverains des pays voisins susciteront des difficultés. C'est le sens du proverbe : « La confusion dans l'armée aboutit à la victoire de l'adversaire [14]. »

Meng : « ... Le Grand Duc a dit : " Celui qui n'a pas clairement conscience de ses objectifs ne sait pas riposter à l'ennemi." »

Li Ch'uan : « ... Il ne faut pas se tromper sur le choix de la personne à qui le commandement est confié... Lin Hsiang Ju, Premier ministre du Chao, a dit : " Chao Kua ne sait que lire les livres de son père, et jusqu'à présent il est absolument incapable d'établir des corrélations entre les changements de circonstances. Or Votre Majesté, à cause de son nom, le désigne comme commandant en chef. Agir ainsi, c'est coller les chevilles d'un luth et essayer ensuite de l'accorder. " »

24. Il faut savoir qu'il existe cinq cas dans lesquels la victoire est prévisible :

« ignorant " des questions relatives à l'exercice " de l'autorité militaire... » Le caractère signifie « autorité » ou « puissance ».
13. Les « Contrôleurs de l'armée » de la dynastie des T'ang étaient en réalité des commissaires politiques. Pei Tu devint Premier ministre en 815 de notre ère et, en 817, il demanda au trône de révoquer le contrôleur qui avait été affecté auprès de lui, lequel, sans doute, s'immisçait dans les opérations militaires.
14. « Seigneurs féodaux » est rendu par « souverains voisins ». Les commentateurs sont d'accord pour déclarer qu'une armée, lorsqu'elle est dans la confusion, se prive elle-même de la victoire.

25. Celui qui sait quand il faut combattre et quand il ne le faut pas sera victorieux.

26. Celui qui sait comment utiliser une armée importante et une armée restreinte sera victorieux.

Tu Yu : « Au cours d'un conflit, il est des cas où ceux qui ont pour eux le nombre ne peuvent pas attaquer une poignée d'hommes, et d'autres où le faible peut avoir raison du fort. Celui qui est capable d'agir sur cette sorte de circonstances sera victorieux. »

27. Celui dont les troupes sont unies autour d'un objectif commun sera victorieux.

Tu Yu : « C'est pourquoi Mencius a dit : " La saison appropriée compte moins que les avantages offerts par le terrain ; ceux-ci, à leur tour, comptent moins que l'harmonie des relations humaines [15]. " »

28. Celui qui est prudent et attend un ennemi qui ne l'est pas sera victorieux.

Ch'en Hao : « Constituez une armée invincible et attendez le moment où l'ennemi sera vulnérable. »

Ho Yen Hsi : « ... Un noble a dit : " Compter sur des paysans et ne pas faire de préparatifs est le plus grand des crimes ; être prêt d'avance à toute éventualité est la plus grande des vertus. " »

29. Celui qui a des généraux compétents et à l'abri de l'ingérence du souverain sera victorieux.

Tu Yu : « ... C'est pourquoi maître Wang a dit : " Prendre des rendez-vous, c'est du ressort du souverain ; décider en matière de combat, c'est du ressort du général. " »

Wang Hsi : « ... Un souverain doué d'une personnalité et d'une intelligence supérieures doit être capable de reconnaître l'homme qui convient, il doit lui confier les responsabilités, et attendre les résultats. »

Ho Yen Hsi : « ... Or, dans la guerre, il peut se pro-

15. CC II (MENCIUS), II, chapitre I, p. 85.

duire cent changements au cours de chaque étape. Lorsqu'on voit que c'est possible on avance ; lorsqu'on voit que les choses sont difficiles, on se retire. Dire qu'un général doit attendre les ordres d'un souverain dans ces circonstances, c'est comme informer un supérieur que vous voulez éteindre un feu. Avant que n'arrive l'ordre s'y rapportant les cendres sont froides. Et il est dit que dans de telles circonstances on doit consulter l'inspecteur général de l'armée ! C'est comme si, pour construire une maison le long de la route, on prenait conseil des passants. Evidemment, le travail ne serait jamais achevé [16] !

« Serrer la bride à un général compétent tout en lui demandant de supprimer un ennemi rusé, c'est attacher le Lévrier Noir des Han et ensuite lui donner l'ordre d'attraper des lièvres insaisissables. Où est la différence ? »

30. Voilà les cinq cas précis où la route de la victoire est connue.

31. C'est pourquoi je dis : « Connaissez l'ennemi et connaissez-vous vous-même ; en cent batailles vous ne courrez jamais aucun danger. »

32. Quand vous ne connaissez pas l'ennemi mais que vous vous connaissez vous-même, vos chances de victoire ou de défaite sont égales.

33. Si vous êtes à la fois ignorant de l'ennemi et de vous-même, vous êtes sûr de vous trouver en péril à chaque bataille.

Li Ch'uan : « De tels hommes s'appellent des " fous criminels ". A quoi peuvent-ils s'attendre sinon à la défaite ? »

---

16. Paraphrase d'une ode que Legge traduit comme suit :

« Ils sont semblables à quelqu'un qui consulte les passants sur la construction d'une maison ;

Celle-ci, en conséquence, ne sera jamais achevée » (CC IV, II, p. 332, ode I).

IV

DISPOSITIONS [1]

Sun Tzu a dit :

1. Dans les temps anciens les guerriers habiles commençaient par se rendre invincibles, puis ils attendaient que l'ennemi fût vulnérable.

2. Notre invincibilité dépend de nous, la vulnérabilité de l'ennemi, de lui.

3. Il s'ensuit que ceux qui sont versés dans l'art de la guerre peuvent se rendre invincibles mais ne peuvent rendre à coup sûr l'ennemi vulnérable.

Mei Yao Ch'en : « Ce qui dépend de moi, je peux le faire ; ce qui dépend de l'ennemi n'est jamais assuré. »

4. C'est pourquoi il est dit qu'il est possible de savoir comment vaincre, mais sans nécessairement vaincre pour autant.

---

1. Le caractère Hsing (形) signifie « forme », « aspect » ou « apparence », ou encore, dans un sens plus restreint, « disposition » ou « formation ». Dans l'édition des *Classiques militaires* qui — semble-t-il — suivait Ts'ao Ts'ao, ce chapitre s'intitulait « Chun Hsing » (軍形), « Forme ou " Dispositions " de l'Armée ». Comme on pourra s'en rendre compte ce caractère désigne plus que de simples dispositions concrètes.

5. L'invincibilité réside dans la défense, les chances de victoire dans l'attaque [2].

6. On se défend lorsqu'on dispose de moyens suffisants ; on attaque lorsqu'on dispose de moyens plus que suffisants.

7. Ceux qui sont experts dans l'art de se défendre se dissimulent sous la terre aux neuf replis : ceux qui sont habiles dans l'art d'attaquer se déplacent comme s'ils fondaient du neuvième ciel. Ainsi ils sont capables à la fois de se protéger et de s'assurer une victoire totale [3].

Tu Yu : « Ceux qui sont experts dans l'art de préparer la défense estiment essentiel de compter sur la force d'obstacles tels que les montagnes, les fleuves et les vallonnements. Ils font en sorte que l'ennemi ne puisse savoir où attaquer. Ils se terrent comme sous le sol aux neuf replis.

« Ceux qui sont experts dans l'art d'attaquer considèrent comme essentiel de compter sur les saisons et sur les avantages du terrain ; ils utilisent les inondations et le feu selon les circonstances. Ils font en sorte que l'ennemi ne puisse savoir où se préparer. Ils déclenchent l'attaque comme un coup de foudre jailli du neuvième ciel. »

8. Prévoir une victoire que le premier venu peut prévoir n'est pas le comble de l'habileté.

Li Ch'uang : « ... Lorsque Han Hsin anéantit l'Etat de Chao, il partit de la Gorge du Puits avant le petit déjeuner. Il dit : " Nous allons anéantir l'armée Chao, puis nous nous retrouverons pour le repas. " Les généraux, qui étaient découragés, firent semblant d'être d'accord. Han Hsin rangea son armée en ligne de bataille, le dos au fleuve. En les observant du haut de leurs parapets, les

---

2. « L'invincibilité, c'est (signifie) la défense ; la capacité de vaincre, c'est (signifie) l'attaque. »
3. L'idée que le Ciel et la Terre se composent chacun de « couches » ou « étages » remonte à l'Antiquité.

118

troupes Chao éclatèrent d'un rire bruyant et se gaussèrent de lui en ces termes : " Le général des Han ne sait pas conduire une armée ! " Han Hsin procéda alors à l'écrasement de l'armée Chao et, après avoir pris son petit déjeuner, il fit décapiter le Seigneur Ch'eng An.

« Voici un exemple de ce qui échappe au commun des mortels [4]. »

9. Triompher au combat et être universellement proclamé « Expert » n'est pas le comble de l'habileté, car soulever un duvet d'automne ne demande pas beaucoup de force ; distinguer le soleil de la lune n'est pas une preuve de clairvoyance ; entendre un coup de tonnerre ne prouve pas qu'on a l'ouïe fine [5].

Chang Yu : « Par " duvet d'automne " Sun Tzu désigne le duvet de lapin qui, l'automne venu, est d'une extrême légèreté. »

10. Dans les temps anciens, ceux que l'on disait experts dans l'art de la guerre l'emportaient sur un ennemi facile à vaincre [6].

11. Et c'est pourquoi les victoires remportées par un maître de l'art militaire ne valaient à celui-ci ni une réputation de sagesse, ni le mérite de la vaillance.

Tu Mu : « Elle échappe à l'entendement du commun, la victoire qui est remportée avant que la situation ne se soit cristallisée. Qui s'en fait l'artisan n'y gagne donc point une réputation de sagacité. Avant même qu'il n'ensanglante sa lame, le pays ennemi s'est rendu. »

Ho Yen Hsi : « ... Lorsque vous soumettez votre ennemi sans combat, qui proclamera votre vaillance ? »

---

4. Han Hsin plaça son armée en « terrain mortel ». Il brûla ses bateaux et réduisit en miettes ses ustensiles de cuisine. Le fleuve était derrière, l'armée Chao devant. Pour Han Hsin, il fallait vaincre ou se noyer.
5. Remporter une victoire grâce à un dur combat ou grâce à la chance n'est pas un signe d'habileté.
6. L'ennemi fut vaincu facilement parce que les experts avaient préalablement créé des conditions favorables.

12. Car il remporte ses victoires sans errements. « Sans errements » signifie que, quoi qu'il fasse, il s'assure la victoire ; il vainc un ennemi déjà défait.

Chen Hao : « En matière de planification, jamais de mouvement inutile ; en matière de stratégie, nul pas en vain. »

13. C'est pourquoi un commandant en chef habile fait en sorte d'occuper une position qui le mette à l'abri de la défaite et il ne perd pas une occasion de se rendre maître de l'ennemi.

14. Ainsi une armée victorieuse l'est avant de chercher le combat ; une armée vouée à la défaite se bat sans l'espoir de vaincre.

Tu Mu : « ... Le duc Li Ching de Wei a dit : " Or, les qualités indispensables à un général sont avant tout la clairvoyance, l'art de faire régner l'harmonie au sein de son armée, une stratégie réfléchie doublée de plans à longue portée, le sens des saisons et la faculté de saisir les facteurs humains. Car un général inapte à évaluer ses possibilités ou à concevoir ce que sont la promptitude et la souplesse avancera, lorsque se présentera l'occasion d'attaquer, d'un pas trébuchant et hésitant, les yeux tournés avec anxiété d'abord à droite, puis à gauche, et il sera incapable de mettre sur pied un plan. S'il est crédule, il se fiera à des rapports indignes de foi, croyant tantôt ceci et tantôt cela. Aussi craintif qu'un renard dans le recul et dans l'avance, il laissera ses rangs s'éparpiller. En quoi cette façon d'agir diffère-t-elle de l'action de conduire des innocents dans l'eau bouillante ou dans le feu ? N'est-ce pas exactement la même chose que de mener des vaches et des moutons en pâture à des loups ou à des tigres ? " »

15. Ceux qui sont experts dans l'art de la guerre pratiquent le « Tao » et font respecter les lois ; ils sont donc en mesure d'énoncer une politique victorieuse.

Tu Mu : « Le Tao est la voie de l'humanité et de la justice ; " les lois " sont des règles et des institutions. Ceux qui excellent dans l'art de la guerre cultivent d'abord leur propre justice et ils protègent leurs lois et leurs institutions. De cette manière, ils rendent leur gouvernement invincible. »

16. Or, les éléments de l'art militaire sont : Premièrement, l'appréciation de l'espace ; deuxièmement, l'estimation des quantités ; troisièmement, les calculs ; quatrièmement, les comparaisons et, cinquièmement, les chances de victoire.

17. L'appréciation de l'espace est fonction du terrain.

18. Les quantités découlent de l'appréciation, les chiffres des quantités, les comparaisons des chiffres et la victoire des comparaisons.

Ho Yen Hsi [7] : « Par " terrain " il faut entendre à la fois les distances et le type du terrain ; par " appréciation " le calcul. Avant que l'armée ne soit mise en mouvement, des études sont effectuées en ce qui concerne le **degré** de difficulté présenté par le territoire ennemi, la rectitude et la tortuosité de ses routes, le chiffre des effectifs de l'ennemi, l'importance de son équipement de guerre et l'état de son moral. Des calculs sont effectués en vue de se rendre compte si l'ennemi peut être attaqué et c'est seulement ensuite qu'il est procédé à la mobilisation de la population et à la levée des troupes. »

19. Ainsi une armée victorieuse est semblable à un demi-quintal faisant contrepoids à un grain ; une armée défaite est semblable à un grain faisant contrepoids à un demi-quintal.

20. C'est grâce à l'art de disposer ses troupes qu'un général victorieux est en mesure de les faire combattre avec l'effet des eaux contenues qui, soudain libérées, se précipitent dans un gouffre sans fond.

---

7. Ce commentaire figure dans le texte à la suite de V, 18. Les facteurs énumérés sont des qualités de la « forme ».

Chang Yu : « Il est dans la nature de l'eau d'éviter les hauteurs et de se presser vers les terres basses. Lorsqu'un barrage est rompu, l'eau se rue avec une force irrésistible. Or, la forme d'une armée ressemble à l'eau. Prenez avantage du défaut de préparation de l'ennemi, attaquez-le au moment où il s'y attend le moins, évitez sa force et frappez son inconsistance et, pas plus qu'à l'eau, nul ne pourra vous résister. »

V

ENERGIE [1]

Sun Tzu a dit :

1. D'une façon générale, commander de nombreuses personnes c'est la même chose que d'en commander quelques-unes. C'est une question d'organisation [2].

Chang Yu : « Pour diriger une armée il faut d'abord confier les responsabilités aux généraux et à leurs seconds et fixer les effectifs des diverses formations...

« Un homme, c'est un simple soldat ; deux hommes, une paire ; trois, un trio. Une paire plus un trio forment une bande de cinq [3], c'est-à-dire une escouade ; deux escouades forment une section ; cinq sections font un peloton ; deux pelotons, une compagnie ; deux compagnies, un bataillon ; deux bataillons, un régiment ; deux régiments, un groupe de combat ; deux groupes de combat, une brigade ; deux brigades, une armée [4]. Chacun de ces

---

1. Le caractère Shih (勢), qui sert de titre à ce chapitre, signifie « forces », « influence », « autorité », « énergie ». Les scoliastes le prennent dans le sens d' « énergie » ou de « potentiel » dans certains passages et de « situation » ailleurs.
2. Fen Shu (分 數) signifie littéralement « division de (ou par) nombres », ou bien « division et numération ». La traduction adoptée ici est « organisation ».
3. Donnerait à penser que la « paire » et le « trio » étaient porteurs d'armes différentes.
4. Une section de dix hommes : cent par compagnie, deux cents par bataillon, quatre cents par régiment, huit cents par demi-brigade, seize cents par brigade, trois mille deux cents par armée.

éléments est subordonné à celui qui le précède dans la hiérarchie et a autorité sur celui qui lui est immédiatement inférieur. Chacun d'entre eux est convenablement entraîné. De la sorte, il est possible de diriger une armée d'un million d'hommes exactement comme s'il s'agissait de quelques individus. »

2. Et commander à un grand nombre, c'est la même chose que de commander à quelques-uns. C'est une question de disposition et de signaux.

Chang Yu : « ... Or, il est certain que les troupes, lorsqu'elles sont très nombreuses, s'étalent sur de vastes espaces, que ni l'œil ni l'oreille ne saurait percer avec une acuité suffisante. C'est pourquoi l'ordre d'avancer ou de battre en retraite est transmis aux officiers et aux hommes au moyen de drapeaux et de pavillons, et celui de se déplacer ou de faire halte au moyen de sonneries de cloches et de roulements de tambour. Ainsi le brave ne progressera pas seul, et le poltron ne s'enfuira pas. »

3. La possibilité, pour l'armée, de soutenir l'attaque de l'ennemi sans être défaite est assurée par des opérations de la force « extraordinaire » et de la force « normale [5] ».

Li Ch'uang : « La force qui affronte l'ennemi, c'est la force normale ; celle qui le prend de flanc, c'est la force extraordinaire. Aucun chef d'armée ne peut arracher l'avantage à l'ennemi sans le secours des forces extraordinaires. »

Ho Yen Hsi : « Je fais en sorte que l'ennemi prenne ma force normale pour l'extraordinaire et ma force

Ceci semble correspondre à l'organisation existant à l'époque où Chang Yu écrivait. Les termes utilisés en anglais pour désigner les diverses unités sont arbitraires.

5. L'idée exprimée par les caractère Cheng (正), « normal » ou « direct » et Ch'i (奇), « extraordinaire » ou « indirect » présente une importance capitale. La force normale (Cheng) fixe ou distrait l'ennemi ; les forces extraordinaires (Ch'i) entrent en action en temps et lieu où leur intervention n'est pas prévue. Si l'ennemi subodore une manœuvre Ch'i et y riposte de façon à la neutraliser, cette manœuvre se transforme automatiquement en manœuvre Cheng.

extraordinaire pour la normale. En outre, la normale est susceptible de devenir l'extraordinaire et vice versa. »

4. Des troupes lancées contre l'ennemi comme une meule contre des œufs sont un exemple d'action massive contre du néant.

Ts'ao Ts'ao : « Contre ce qui est le plus inconsistant, lancez ce que vous avez de plus solide. »

5. En règle générale, dans la bataille, utilisez la force normale pour engager le combat ; utilisez la force extraordinaire pour remporter la victoire.

6. Or, les ressources de ceux qui sont experts dans l'utilisation des forces extraordinaires sont aussi illimitées que les cieux et la terre, aussi inépuisables que le flot des grands fleuves [6].

7. En effet, elles s'achèvent puis se reforment, cycliques comme sont les mouvements du soleil et de la lune. Elles expirent, puis renaissent à la vie, se répétant comme font les saisons qui passent.

8. Les notes de musique sont seulement au nombre de cinq, mais leurs combinaisons sont si nombreuses qu'il est impossible de les entendre toutes.

9. Les couleurs fondamentales sont seulement au nombre de cinq, mais leurs combinaisons sont si innombrables qu'il est impossible à l'œil de les percevoir toutes.

10. Les saveurs sont seulement au nombre de cinq, mais elles donnent des mélanges si variés qu'il est impossible de les goûter tous.

11. Au combat, seules existent la force normale et la force extraordinaire, mais leurs combinaisons sont illimitées ; nul esprit humain ne peut les saisir toutes.

---

6. Sun Tzu utilise les caractères Chiang (江) et Ho (河), que j'ai traduits par l'expression « les grands fleuves ».

12. Car ces deux forces se reproduisent l'une sur l'autre ; leur interaction est sans fin, comme celle d'anneaux entrelacés. Qui peut dire où commence l'un et où finit l'autre ?

13. Lorsque l'eau du torrent fait rouler les galets, c'est grâce à son impétuosité.

14. Si d'un coup le faucon brise le corps de sa proie, c'est qu'il frappe exactement au moment voulu [7].

Tu Yu : « Frappez l'ennemi aussi vivement qu'un faucon frappe au but. Infailliblement, il brise les reins à sa proie parce qu'il attend le bon moment pour frapper. Son geste est calculé [8]. »

15. Ainsi, celui qui est expert dans l'art militaire possède une force d'impulsion irrésistible et son attaque est réglée avec précision.

16. Son potentiel est celui d'une arbalète bandée au maximum, son temps d'action celui du déclenchement du mécanisme [9].

17. Dans le tumulte et le vacarme, la bataille paraît confuse, mais il n'y a pas de désordre ; les troupes ont l'air de tourner en rond, mais elles ne peuvent être vaincues [10].

Li Ch'uang : « Dans la bataille, tout paraît être tumulte et confusion. Mais les drapeaux et les pavillons répondent à des dispositifs précis, le son des cymbales à des règles fixes. »

---

7. C'est-à-dire imposé par la distance qui le sépare de sa proie.
8. Suivant Tu Mu.
9. De nouveau Sun Tzu utilise ici le caractère qui désigne spécifiquement « l'arbalète ».
10. Les onomatopées utilisées par Sun Tzu évoquent le bruit et la confusion de la bataille.

18. La confusion apparente résulte de l'ordre, la lâcheté apparente du courage, la faiblesse apparente de la force [11].

Tu Mu : « Ce verset signifie que, si l'on désire feindre le désordre pour attirer un ennemi, il faut être soi-même bien discipliné. C'est seulement alors qu'on peut feindre la confusion. Celui qui désire simuler la lâcheté et se tenir à l'affût de l'ennemi doit être courageux, car c'est seulement alors qu'il sera capable de simuler la peur. Celui qui désire paraître faible afin de rendre son ennemi arrogant doit être extrêmement fort. C'est seulement à cette condition qu'il pourra feindre la faiblesse. »

19. L'ordre ou le désordre dépendent de l'organisation, le courage ou la lâcheté des circonstances, la force ou la faiblesse des dispositions.

Li Ch'uang : « Or, lorsque les troupes parviennent à se placer dans une situation favorable, le lâche est brave ; que la situation devienne désespérée, et les braves deviendront des lâches. Dans l'art de la guerre, il n'existe pas de règles fixes. Ces règles ne peuvent être établies que selon les circonstances. »

20. Ainsi, ceux qui s'entendent à provoquer un mouvement de l'ennemi y réussissent en créant une situation à laquelle celui-ci doit se plier ; ils l'attirent par l'appât d'une prise assurée et, tout en lui faisant miroiter une apparence de profit, ils l'attendent en force.

21. C'est pourquoi un chef d'armée qualifié demande la victoire à la situation et non à ses subordonnés.

Ch'en Hao : « Les experts en l'art militaire se fient tout particulièrement à l'opportunité et à la rapidité d'exécution. Ils ne font pas reposer sur leurs seuls hommes le fardeau de l'œuvre à accomplir. »

22. Il choisit ses hommes qui, eux, tirent parti de la situation [12].

11. Suivant Tu Mu.
12. Le texte est libellé comme suit : « Ainsi il est capable de choisir des hommes... » C'est-à-dire, des hommes capables

Li Ch'uan : « ... Or, le vaillant sait se battre ; le prudent, se défendre ; et le sage, conseiller. Il n'est donc personne dont le talent soit gaspillé. »

Tu Mu : « ... Ne demandez aucune réalisation à ceux qui n'ont pas de talent. »

Lorsque Ts'ao Ts'ao attaqua Chang Lu dans le Han Chung, il laissa les généraux Chang Liao, Li Tien et Lo Chin à la tête de plus de mille hommes pour défendre Ho Fei. Ts'ao Ts'ao envoya des instructions à Hsieh Ti, chef d'état-major de l'armée, dans une enveloppe sur laquelle il avait écrit : « A ouvrir seulement à l'arrivée des rebelles. » Peu après, Sun Ch'uan de Wu, accompagné de cent mille hommes, assiégea Ho Fei. Les généraux décachetèrent l'enveloppe et lurent : « Si Sun Ch'uan arrive, les généraux Chang et Li monteront au combat. Le général Lo défendra la ville. Le chef d'état-major de l'armée ne participera pas à la bataille [13]. Tous les autres généraux devront attaquer l'ennemi. »

Chang Liao a dit : « Notre Seigneur fait campagne au loin et, si nous attendons l'arrivée des renforts, les rebelles nous anéantiront certainement. C'est pourquoi les instructions nous enjoignent, avant que les forces ennemies ne se trouvent rassemblées, de les attaquer immédiatement afin d'émousser leur mordant et de raffermir le moral de nos propres troupes. Ensuite nous pourrons défendre la ville. Les chances de victoire ou de défaite résident toutes dans cette action. »

Li Tien et Chang Liao se portèrent à l'attaque de Sun Ch'uan et, effectivement, le défirent, ce qui annihila le moral de l'armée Wu. Ils rentrèrent et préparèrent leurs lignes de défense, et les troupes se sentirent en sécurité. Sun Ch'uan assaillit la ville pendant dix jours, mais il ne réussit pas à la prendre et il se retira.

A propos de cet épisode, l'historien Sun Sheng a noté :

---

de tirer parti de toute situation quelle qu'elle soit. Ceci implique un système de sélection qui ne soit basé ni sur le népotisme, ni sur le favoritisme.

13. Ts'ao Ts'ao a pris grand soin de tenir l'officier politique à l'écart.

« Or la guerre est une affaire de ruse. En ce qui concerne la défense de Ho Fei, elle était flottante, faible et privée de renforts. Si l'on se fie à de braves généraux qui aiment se battre, il s'ensuivra des difficultés. Si l'on se repose uniquement sur ceux qui sont prudents, ces derniers se laisseront décontenancer et auront du mal à garder la situation en main. »

Chang Yu : « Or, la vraie méthode, lorsqu'on a des hommes sous ses ordres, consiste à utiliser l'avare et le sot, le sage et le vaillant et à donner à chacun une responsabilité dans des situations qui lui conviennent. Ne confiez pas aux gens des tâches qu'ils sont incapables d'accomplir. Opérez une sélection et donnez à chacun des responsabilités proportionnées à ses compétences. »

24. Celui qui compte sur la situation utilise ses hommes dans le combat comme on fait rouler des bûches ou des pierres. Or, il est dans la nature des bûches et des pierres d'être en équilibre sur un sol ferme et mobiles sur un sol instable. Si elles sont carrées, elles s'arrêtent, si elles sont rondes, elles roulent.

25. Ainsi, le potentiel des troupes qui, au combat, sont dirigées avec adresse, peut se comparer à celui des galets ronds qui descendent en roulant du haut de la montagne.

Tu Mu : « ... Ainsi, il ne faut que peu de force pour réaliser beaucoup. »

Chang Yu : « ... Li Chang a dit : " Dans la guerre il y a trois sortes de situations :

« " Lorsque le général méprise l'ennemi et que ses officiers aiment se battre, que les ambitions de ceux-ci sont aussi élevées que les nuages de l'azur et leur ardeur aussi farouche que les ouragans, on est en présence d'une situation créée par le moral.

« " Lorsqu'un seul homme défend un étroit défilé montagneux ressemblant au tube digestif d'un mouton ou à la porte d'une niche à chien, il peut tenir tête à un millier de soldats. On se trouve alors en présence d'une situation créée par le terrain.

« " Lorsqu'on tire avantage du relâchement de l'ennemi, de sa lassitude, de sa faim ou de sa soif ou lorsqu'on frappe tandis que ses postes avancés ne sont pas solidement établis ou que son armée est à mi-chemin de la traversée d'un fleuve, on se trouve en présence d'une situation créée par l'ennemi. ''

« Aussi doit-on, quand on commande des troupes, tirer parti de la situation, exactement comme lorsqu'on fait rouler une balle le long d'une pente abrupte. La force fournie est minime mais les résultats sont énormes. »

VI

POINTS FAIBLES ET POINTS FORTS

Sun Tzu a dit :

1. Généralement, celui qui occupe le terrain le premier et attend l'ennemi est en position de force ; celui qui arrive sur les lieux plus tard et se précipite au combat est déjà affaibli.

2. Et c'est pourquoi ceux qui sont experts dans l'art militaire font venir l'ennemi sur le champ de bataille et ne s'y laissent pas amener par lui.

3. Celui qui est capable de faire venir l'ennemi de son plein gré y parvient en lui offrant quelque avantage. Et celui qui est capable de l'empêcher de venir y parvient en entamant ses forces.

Tu Yu : « ... Si vous êtes en mesure de tenir certains points vitaux situés sur ses routes stratégiques, l'ennemi ne peut passer. C'est pourquoi maître Wang a dit : " Lorsqu'un chat se tient à l'entrée du trou du rat, dix mille rats ne se hasardent pas à en sortir ; lorsqu'un tigre garde le gué, dix mille cerfs ne peuvent le traverser. " »

4. Lorsque l'ennemi est en position de force, sachez l'entamer, lorsqu'il est bien nourri, l'affamer, lorsqu'il est au repos, le pousser à l'action.

5. Surgissez aux endroits qu'il lui faut atteindre ; transportez-vous rapidement là où il ne vous attend pas.

6. Si vous faites des marches de mille li sans vous fatiguer, c'est que vous suivez des voies d'où l'ennemi est absent.

Ts'ao Ts'ao : « Foncez dans le néant, ruez-vous sur les vides, contournez ce qu'il défend, atteignez-le là où il ne vous attend pas. »

7. Etre assuré de prendre ce que vous attaquez, c'est attaquer un point que l'ennemi ne protège pas. Etre assuré de tenir ce que vous défendez, c'est défendre un point que l'ennemi n'attaque pas.

8. C'est pourquoi contre ceux qui sont experts dans l'art d'attaquer, un ennemi ne sait pas où se défendre ; contre les experts de la défense, l'ennemi ne sait pas où attaquer.

9. Impalpable et immatériel, l'expert ne laisse pas de trace ; mystérieux comme une divinité, il est inaudible. C'est ainsi qu'il met l'ennemi à sa merci.

Ho Yen Hsi : « ... Je fais en sorte que l'ennemi prenne mes points forts pour des points faibles, mes points faibles pour des points forts, tandis que je transforme en points faibles ses points forts et que je découvre ses failles... Je dissimule mes traces de façon à les rendre indécelables ; j'observe le silence afin que nul ne puisse m'entendre. »

10. Celui dont l'avance est irrésistible fond sur les points faibles de l'ennemi ; celui qui, lorsqu'il bat en retraite, ne peut être poursuivi, se déplace si promptement qu'il ne peut être rejoint.

Chang Yu : « ... Arrivez comme le vent et partez comme l'éclair. »

11. Lorsque je souhaite livrer bataille, l'ennemi, même protégé par de hautes murailles et par des douves profondes, est forcé d'engager le combat, car j'attaque une position qu'il est obligé de secourir.

12. Lorsque je souhaite éviter le combat, il se peut que je me défende simplement en traçant une ligne sur le sol ;

l'ennemi ne pourra pas m'attaquer parce que je le détourne de la direction qu'il désire suivre.

Tu Mu : « Chu Ko Liang, ayant installé son camp à Yanh P'ing, donna à Wei Yen et à divers généraux l'ordre de grouper leurs effectifs et de descendre vers l'Est. Chu Ko Liang ne laissa que dix mille hommes pour défendre la ville en attendant des nouvelles. Ssu Ma I dit : " Chu Ko Liang est dans la ville ; ses troupes sont réduites ; il n'est pas en position de force. Ses généraux et ses officiers ont perdu courage. " Dans le même temps, Chu Ko Liang débordait d'entrain, comme toujours. Il ordonna de déposer les étendards et de faire taire les tambours. Il empêcha les hommes de sortir puis, ouvrant les quatre portes, il lança ses soldats par les rues, où ils se répandirent.

« Ssu Ma I craignit une embuscade et, en hâte, conduisit son armée vers les Montagnes du Nord.

« Chu Ko Liang fit cette réflexion à son chef d'état-major : " Ssu Ma I a cru que je lui avais tendu un piège et il s'est enfui au pied des chaînes montagneuses. " Lorsque, par la suite, il en eut connaissance, Ssu Ma I fut accablé par le regret [1]. »

13. Si je suis capable de déterminer les dispositions de l'ennemi tout en dissimulant les miennes, dans ce cas je peux me concentrer et lui doit se disperser. Et si je me concentre alors qu'il se disperse, je peux utiliser la totalité de mes forces pour attaquer une fraction des siennes [2]. J'aurai donc la supériorité numérique. Alors, si je peux utiliser le grand nombre pour frapper une poignée d'hommes à l'endroit choisi, ceux qui ont affaire à moi se trouveront réduits à la dernière extrémité [3].

---

1. Ce récit fournit l'intrigue d'un opéra populaire chinois. Chu Ko Liang s'assit sur la tour de la porte et joua de son luth, tandis que les gardes parcouraient les rues et s'y répandaient et que l'armée de Ssu Ma I rôdait dans les faubourgs. Ssu Ma I avait déjà été joué par Chu Ko Liang et il devait l'être encore.

2. Littéralement « une partie des siennes ».

3. Karlgren, GS, 1120 m pour « dernière extrémité ».

Tu Mu : « ... J'utilise tantôt des troupes légères et des cavaliers vigoureux pour attaquer là où il n'est pas prêt, tantôt de robustes arbalétriers et des archers puissants pour arracher des positions clefs, pour agiter sa gauche, déborder sa droite, l'alerter sur ses avants et le frapper soudain sur ses arrières.

« En plein jour, je l'abuse par le jeu des drapeaux et des étendards, et, le soir, je l'égare par des battements de tambours. Alors, tremblant de frayeur, il divisera ses forces par mesure de précaution. »

14. L'ennemi doit ignorer où je compte livrer bataille. Car, s'il l'ignore, il devra se tenir prêt en de multiples points. Et, s'il se tient prêt en de multiples points, les opposants que je trouverai en l'un quelconque de ces points seront peu nombreux.

15. Car, s'il se prépare en première ligne, son arrière-garde sera faible et, si c'est à l'arrière, ses premiers rangs seront fragiles. S'il se prépare à gauche, sa droite sera vulnérable et, si c'est à droite, sa gauche sera démunie. Et, s'il se prépare partout, il sera faible partout [4].

Chang Yu : « Il sera incapable de découvrir où les chars vont surgir réellement, ni de quel point ma cavalerie fera irruption, ni encore à quel endroit mon infanterie doit réellement poursuivre à fond et c'est pourquoi il se dispersera et se divisera et devra se garder contre moi de tous côtés. En conséquence, sa puissance se trouvera éparpillée et affaiblie, ses forces seront scindées et gaspillées et, à l'endroit où je l'attaque, je pourrai lancer une armée d'envergure contre ses unités isolées. »

16. Qui dispose d'effectifs réduits doit se tenir prêt contre l'ennemi ; qui possède des effectifs nombreux pousse l'ennemi à se préparer contre lui.

17. Si l'on sait où et quand aura lieu une bataille, on peut faire effectuer aux troupes une marche de mille

---

4. Littéralement « s'il n'est pas d'endroit où il ne se prépare, il n'est pas d'endroit où il ne soit pas vulnérable ». La double négation renforce l'affirmation.

li et les rassembler sur le champ de bataille. Mais si l'on ne connaît ni le jour ni le lieu du combat, la gauche ne pourra pas prêter assistance à la droite ni la droite à la gauche ; l'avant-garde ne pourra pas soutenir les arrières, ni les arrières l'avant-garde. A plus forte raison en est-il ainsi lorsque les divers éléments se trouvent à des dizaines de li les uns des autres, ou même à quelques li seulement !

Tu Yu : « Or, les experts en matière de guerre doivent savoir où et quand il sera livré bataille. Ils mesurent les itinéraires et fixent la date. Ils divisent l'armée et se mettent en route par détachements séparés. Ceux qui sont loin partent les premiers, ceux qui sont à proximité partent ensuite. Ainsi la jonction des divers éléments — fussent-ils à mille li les uns des autres — s'effectuera en un instant, tout comme se rassemblent les acheteurs qui affluent au marché du bourg [5]. »

---

5. Pour illustrer ce point, Tu Mu raconte cette intéressante anecdote : « L'empereur Wu, de la dynastie des Sung, envoya Chu Ling Shih attaquer Ch'iao Tsung dans le Shu. L'empereur Wu dit : " L'année dernière Liu Ching Hsuan est parti du territoire à l'intérieur du fleuve *, se dirigeant vers Huang Wu. N'étant parvenu à aucun résultat, il est revenu. Maintenant les rebelles pensent que je devrais venir du territoire extérieur au fleuve *, mais ils supposent que je veux les surprendre en venant de l'intérieur du fleuve *. S'il en est ainsi ils vont certainement défendre Fu Ch'eng par des troupes lourdes et garder les routes de l'intérieur. Si je me rends à Huang Wu, je tomberai tout droit dans leur piège. Eh bien ! Je vais conduire le gros de l'armée à l'extérieur du fleuve * et prendre Ch'eng Tu, et envoyer des troupes de diversion vers l'intérieur du fleuve *. Voici un plan mirifique pour placer l'ennemi en mon pouvoir. »

« Cependant, il craignit que ce plan ne fût connu et que les rebelles ne découvrissent où il était faible et où il était fort. Il remit donc une lettre dûment cachetée à Ling Shih. Sur l'enveloppe il avait tracé ces mots : " A ouvrir lorsque vous atteindrez Pai Ti ". » A ce moment l'armée ignorait comment elle devait être divisée et à partir d'où elle se mettrait en marche.

« Lorsque Ling Shih atteignit Pai Ti, il ouvrit la lettre, qui était libellée comme suit : " Le gros de l'armée avancera en bloc à partir de l'extérieur du fleuve * pour prendre Ch'eng Tu. Tsang Hsi et Chu Lin, partant de la route du centre du fleuve *, prendront Kuang Han. Embarquez les troupes faibles sur plus

18. Bien que j'estime nombreux les effectifs du Yueh, quel avantage peut-il tirer de cette supériorité quant à l'issue du conflit [6] ?

19. Donc, je dis que la victoire peut être créée. Car, même si l'ennemi est en nombre, je peux l'empêcher d'attaquer.

Chia Lin : « Même si l'ennemi est en nombre, s'il ne connaît pas ma situation militaire, je peux toujours le pousser à s'affairer d'urgence à ses propres préparatifs, en sorte qu'il n'aura pas le loisir d'établir des plans de combat contre moi. »

20. Percez donc à jour les plans de l'ennemi et vous saurez quelle stratégie sera efficace et laquelle ne le sera pas.

21. Agitez-le et découvrez le schéma général de ses mouvements.

22. Déterminez ses dispositions et ainsi assurez-vous du lieu du combat [7].

23. Eprouvez-le et rendez-vous compte des points sur lesquels il est en force et de ceux où il est déficient.

24. Le fin du fin, lorsqu'on dispose ses troupes, c'est de ne pas présenter une forme susceptible d'être définie clairement. Dans ce cas, vous échapperez aux indiscrétions des espions les plus perspicaces et les esprits les plus sagaces ne pourront établir de plan contre vous.

25. C'est d'après les formes que j'établis les plans qui mènent à la victoire, mais ceci échappe au commun des

de dix hauts navires et envoyez-les à partir d'en deçà du fleuve * vers Huang Wu. ”

« En fait Chiao Tsung utilisa des troupes lourdes pour se défendre en deçà du fleuve * et Ling Shih l'extermina. »

(* : Traduction littérale, *N.D.T.*)

6. Ces allusions au Wu et au Yueh sont retenues par certains critiques comme des indications permettant de dater la rédaction du texte. Ce point est développé dans l'Introduction.

7. Littéralement « le champ de la vie et de la mort ».

mortels. Bien que chacun ait des yeux pour saisir les apparences, nul ne comprend comment j'ai créé la victoire.

26. C'est pourquoi, lorsque j'ai remporté une victoire, je n'utilise pas une seconde fois la même tactique mais, pour répondre aux circonstances, je varie ma manière à l'infini.

27. Or, une armée peut être comparée exactement à de l'eau car, de même que le flot qui coule évite les hauteurs et se presse vers les terres basses, de même une armée évite la force et frappe la faiblesse.

28. Et, de même que le flot épouse les accidents du terrain, de même une armée, pour parvenir à la victoire, adapte son action à la situation de l'ennemi.

29. Et, de même que l'eau n'a pas de forme stable, il n'existe pas dans la guerre, de conditions permanentes.

30. En conséquence, celui qui sait remporter la victoire en modifiant sa tactique selon la situation de l'ennemi mérite de passer pour divin.

31. Sur les cinq éléments, aucun ne prédomine constamment, sur les quatre saisons, aucune ne dure éternellement ; parmi les jours, les uns sont longs et les autres courts ; et la lune croît et décroît.

VII

MANŒUVRE [1]

Sun Tzu a dit :

1. Normalement, lorsqu'il est fait usage de la force armée, le général reçoit d'abord les ordres du souverain. Il rassemble les troupes et mobilise la population. Il fait de l'armée un tout homogène et harmonieux et l'installe dans son camp [2].

Li Ch'uan : « Il reçoit le mandat du souverain et, se conformant aux délibérations tenues en vue de la victoire par les conseils du temple, assure respectueusement l'exécution des châtiments ordonnés par le Ciel. »

2. Rien n'est plus difficile que l'art de la manœuvre. La difficulté en cette manière consiste à faire d'une voie tortueuse la route la plus directe et à changer la malchance en avantage.

3. Ainsi, avancez par des voies détournées et distrayez l'ennemi en l'appâtant. Grâce à ce procédé, il se peut que,

---

1. Littéralement « lutte » ou « combat entre les deux armées », chacune s'efforçant d'acquérir une position avantageuse.
2. Ce verset peut se traduire soit comme je le fais ici, conformément à Li Ch'uan et à Chia Lin, soit, conformément à Ts'ao Ts'ao et à Tu Mu : « Il dresse le camp de l'armée de façon que les Portes de l'Harmonie se trouvent l'une en face de l'autre. » Après avoir réuni une armée, la première tâche d'un commandant en chef serait de l'organiser, c'est-à-dire d'en « harmoniser » les divers éléments.

parti après lui, vous arriviez avant. Qui est capable d'agir ainsi comprend la stratégie du direct et de l'indirect.

Ts'ao Ts'ao : « ... Donnez l'impression d'être éloigné. Vous pouvez vous mettre en route après l'ennemi et arriver avant lui parce que vous savez comment estimer et calculer les distances. »

Tu Mu [3] : « Celui qui veut marquer un point suit un itinéraire long et tortueux et il le transforme en voie courte. Il tourne l'infortune à son avantage. Il trompe et abuse l'ennemi, afin de l'inciter à la temporisation et à la négligence, puis il avance promptement. »

4. Or, l'avantage et le danger sont tous deux inhérents à la manœuvre [4].

Ts'ao Ts'ao : « Le spécialiste en tirera profit ; pour celui qui ne l'est pas, elle est dangereuse. »

5. Celui qui lance l'armée tout entière à la poursuite d'un avantage ne l'obtiendra pas.

6. S'il abandonne le camp afin de disputer l'avantage, le matériel sera perdu.

Tu Mu : « Si l'on se déplace avec tous les impedimenta, le matériel voyagera lentement et on ne gagnera pas l'avantage. Si on laisse derrière soi les bagages lourds et que l'on avance à marches forcées avec les troupes légères, il est à redouter que les bagages ne soient perdus. »

7. Il s'ensuit que, lorsqu'on enroule l'armure et qu'on se met en route à grande allure, ne s'arrêtant ni jour ni

---

3. Ce commentaire figure à la suite du verset n° 2 dans le texte.
4. Giles, se basant sur le TT, a traduit : « Manœuvrer une armée c'est avantageux ; avec une multitude indisciplinée, c'est des plus dangereux. » Sun Hsing Yen a compris ce verset de la même façon. Cette traduction trop littérale laisse complètement de côté l'essentiel. L'interprétation de Ts'ao Ts'ao est certainement plus satisfaisante. Ce verset exprime une généralité servant d'introduction à ce qui suit. Une ligne de conduite comporte généralement, sous des apparences parfois avantageuses, des germes de désavantage. L'inverse est vrai également.

nuit, et que l'on parcourt cent li en brûlant une étape sur deux, les trois chefs d'armée seront capturés. Car les troupes robustes arriveront les premières et les faibles traîneront derrière en débandade, en sorte que, si cette méthode est utilisée, un dixième seulement de l'armée arrivera [5].

Tu Mu : « ... Normalement une armée parcourt trente li par jour, ce qui constitue une étape. Lors d'une marche forcée correspondant à deux fois cette distance, elle franchit deux étapes. L'on ne peut franchir cent li qu'en ne se reposant ni jour ni nuit. Si l'avance s'effectue à ce rythme, les hommes seront faits prisonniers... Lorsque Sun Tzu dit que, si cette méthode est appliquée, seul un soldat sur dix arrivera, il veut dire que, lorsqu'il n'y a pas d'autre solution et qu'on doit à tout prix se battre pour gagner une position avantageuse, on choisit un homme sur dix, le plus vigoureux, pour l'envoyer à l'avant, tandis que les neuf autres suivent à l'arrière-garde. Ainsi, sur dix mille hommes vous en choisissez mille, qui arriveront à l'aube. Les autres arriveront sans discontinuer, les uns à la fin de la matinée et les autres au milieu de l'après-midi, en sorte qu'aucun ne sera épuisé et que tous, les uns après les autres, viendront rejoindre les premiers arrivés. Leur pas résonne sans interruption. Lorsqu'on se bat pour l'avantage, ce doit être pour un point stratégique vital. Dans ce cas, un millier d'hommes à peine suffira pour défendre celui-ci en attendant qu'arrive le reste de l'armée. »

8. Si l'on progresse par une marche forcée de cinquante li, le commandant de l'avant-garde tombera et seule la moitié de l'armée arrivera. Dans le cas d'une marche forcée de trente li, les deux tiers seulement arriveront [6].

5. Par « enrouler l'armure », Sun Tsu signifie sans aucun doute que l'équipement individuel lourd doit être empaqueté et laissé à la base.

6. Ce passage peut être également rendu de la façon suivante : « Le général de l'armée supérieure, en tant que distinct des généraux commandant les armées moyenne et inférieure, sera vaincu » ou « mis en échec ». Ici l'armée supérieure désignerait l'avant-garde dans le cas d'une progression en colonne des trois divisions de l'Armée.

9. Il s'ensuit qu'une armée qui manque d'équipement lourd, de fourrage, de nourriture et de matériel sera perdue [7].

Li Ch'uan : « ... La protection à l'aide de cloisons métalliques est moins importante que le grain et la nourriture. »

10. Ceux qui ignorent les conditions géographiques — montagnes et forêts, défilés périlleux, marais et marécages — ne peuvent conduire la marche d'une armée.

11. Ceux qui n'ont pas recours aux guides locaux sont dans l'impossibilité de tirer parti du terrain.

Tu Mu : « Le Kuan Tzu dit : " D'une façon générale le chef d'armée doit à l'avance se familiariser à fond avec les cartes de façon à connaître les passages dangereux pour les chars et pour les chariots, ceux où l'eau est trop profonde pour les véhicules, les cols des montagnes connues [8], les principaux fleuves, l'emplacement des hautes terres et des collines, les endroits où les joncs, les forêts et les roseaux sont luxuriants, la longueur des routes, l'importance des cités et des villes, les cités bien connues et celles qui sont abandonnées, et les lieux où existent des vergers luxuriants. Toutes ces données, il faut les connaître, de même que le tracé exact des lignes de démarcation. Tous ces faits, le général doit les emmagasiner dans sa mémoire ; c'est seulement à cette condition qu'il ne perdra pas l'avantage du terrain. " »

Li Ch'ing a dit : « ... Nous devons choisir les officiers les plus courageux et ceux qui sont les plus intelligents et les plus zélés et, recourant à des guides locaux, franchir en secret les montagnes et les forêts sans bruit et en dissimulant nos traces. Tantôt nous fabriquons des pattes

---

Autrement dit, les avantages et les désavantages des marches forcées doivent être soigneusement pesés, et on doit examiner la question de savoir ce qu'il faut emporter ou laisser dans une base sûre.

7. Le verset qui suit celui-ci reprend un verset antérieur et n'a pas sa place ici. Il a été sauté.

8. « Connues » pour leur importance stratégique.

d'animaux artificielles et nous les chaussons, tantôt nous adaptons à nos couvre-chefs des oiseaux factices et nous nous cachons tranquillement dans des buissons épais. Ensuite nous prêtons l'oreille aux sons lointains et nous clignons des yeux pour mieux voir. Nous gardons l'esprit attentif à toute occasion qui serait bonne à saisir. Nous observons les indices atmosphériques, nous cherchons dans les cours d'eau d'éventuelles traces d'un passage à gué de l'ennemi et nous guettons l'agitation des arbres qui dénote son approche. »

Ho Yen Hsi : « ... Or si, ayant reçu l'ordre d'entrer en campagne, nous nous hâtons vers une terre inconnue où l'influence de la civilisation n'a pas pénétré et où les communications sont coupées, et si nous nous engouffrons dans ces défilés, n'est-ce pas difficile ? Si j'avance avec une armée isolée l'ennemi m'attend, sur ses gardes. Car les situations respectives de l'attaquant et de celui qui se défend diffèrent considérablement. A plus forte raison lorsque l'ennemi s'applique tout entier à la ruse et emploie de nombreux stratagèmes ! Si nous n'avons pas établi de plan, nous fonçons tête baissée. En bravant les périls et en pénétrant dans des endroits dangereux, nous nous exposons au désastre d'être pris au piège ou inondés. Avançant comme des hommes ivres, nous risquons de nous trouver plongés dans un combat imprévu. Lorsque nous faisons halte, le soir, nous sommes inquiétés par de fausses alertes ; si nous avançons en hâte et sans préparation, nous tombons dans des embuscades. C'est ce qui s'appelle précipiter une armée d'ours et de tigres dans le pays de la mort. Comment pouvons-nous venir à bout des fortifications des rebelles ou chasser l'ennemi de ses repaires trompeurs ?

« C'est pourquoi, sur le territoire de l'ennemi, les montagnes, les fleuves, les hautes terres, les basses terres et les collines qu'il peut défendre en tant que points stratégiques, les forêts, les roseaux, les joncs et les herbes plantureuses où il peut se dissimuler, la longueur des routes et des sentiers, la superficie des cités et des villes, l'étendue des villages, la fertilité ou l'aridité des champs, la profondeur des ouvrages d'irrigation, l'importance du matériel, l'ampleur de l'armée adverse, le tranchant des armes, tout cela doit être parfaitement connu. Alors nous avons l'œil sur l'ennemi et il peut être pris facilement. »

12. Or, la guerre est fondée sur la tromperie. Déplacez-vous lorsque c'est votre intérêt et créez des changements de situation par des dispersements et des concentrations de forces [9].

13. En campagne, soyez rapide comme le vent ; lorsque vous avancez par petites étapes, majestueux comme la forêt ; dans l'incursion et le pillage, semblable au feu ; à l'arrêt, inébranlable comme les montagnes [10]. Aussi insondable que les nuages, déplacez-vous comme la foudre.

14. Lorsque vous pillez une région, répartissez vos forces [11]. Lorsque vous conquérez un territoire, répartissez les profits [12].

15. Pesez la situation puis agissez.

16. Celui qui connaît l'art de l'avance directe et indirecte sera victorieux. Tel est l'art de la manœuvre.

17. Le Livre de l'Administration militaire dit : « Comme la voix humaine est inaudible pendant le combat, on utilise des tambours et des cloches. Comme les troupes ne peuvent se voir clairement pendant le combat, on utilise des drapeaux et des étendards [13].

18. Or, les gongs et les tambours, les drapeaux et les étendards sont utilisés pour faire converger en un point

9. Mao Tse Tung paraphrase ce verset plusieurs fois.
10. Adopté comme devise par le guerrier japonais Takeda Shingen.
11. Yang P'ing An propose ici la variante : « Ainsi, partout où apparaissent vos bannières, l'ennemi est divisé. » Rien ne semble justifier une telle modification.
12. Au lieu de « répartissez les profits », Yang P'ing An dit : « Défendez-le au mieux de votre intérêt. » Le texte ne vient pas à l'appui de cette interprétation.
13. Ce verset est intéressant parce que Sun Tzu y cite un ouvrage antérieur au sien.

l'attention des troupes. Lorsque les troupes peuvent être unies de cette façon, le brave ne peut avancer seul, ni le poltron reculer. Tel est l'art de conduire une armée.

Tu Mu : « ... La Loi militaire déclare : " Ceux qui, lorsqu'ils doivent avancer, ne le font pas et ceux qui, lorsqu'ils doivent se retirer, ne le font pas, sont décapités ".

« Alors que Wu Ch'i se battait contre le Ch'in, il y avait un officier qui, avant le choc des armées, ne put contenir son ardeur. Il s'avança, trancha une paire de têtes et fit demi-tour. Wu Ch'i ordonna qu'il fût décapité.

« Le Chef d'état-major de l'armée le réprimanda en ces termes : " Cet homme est un officier de talent ; vous ne devriez pas le faire décapiter. " Wu Ch'i répliqua : " Je ne mets pas en doute ses talents d'officier, mais il est désobéissant. "

« Là-dessus il le fit décapiter. »

19. Pour le combat de nuit, utilisez un grand nombre de torches et de tambours ; pour le combat de jour, un grand nombre de drapeaux et d'étendards, afin de frapper les yeux et les oreilles de nos troupes [14].

Tu Mu : « ... De même que les formations importantes en comprennent de plus petites, de même les camps importants en englobent de plus petits. L'avant-garde, l'arrière-garde, l'aile droite et l'aile gauche ont chacune leur camp propre. Tous ces camps distincts sont disposés en cercle autour du quartier général du commandant en chef, situé au centre. Les divers angles s'imbriquent les uns dans les autres, de telle façon que le camp, dans son ensemble, rappelle par sa forme la constellation de Pi Lei [15].

« La distance qui sépare les différents camps ne dépasse pas cent pas et n'est pas inférieure à cinquante. Les routes et les sentiers se rejoignent de manière à permettre aux troupes d'évoluer. Les fortifications se font face, de

---

14. Ou « de l'ennemi », ou peut-être des deux. Le sens n'est pas clair. Le commentaire de Tu Mu ne s'applique pas particulièrement à ce verset, mais il a été inséré ici parce qu'il dénote une technique des plus poussées dans l'art d'établir un plan.

15. Markal ? Pi est Alpharatz.

sorte que chacun peut aider les autres en fournissant arcs et arbalètes.

« A chaque croisement se dresse un petit fort ; au sommet est empilé du bois de chauffage ; à l'intérieur sont dissimulés des tunnels. Par des échelles on accède au sommet où sont postées des sentinelles. Si l'une d'elles, après la nuit tombée, entend le roulement du tambour des quatre côtés du camp, elle allume le feu d'alarme. C'est pourquoi, si l'ennemi attaque de nuit, il peut arriver qu'il force les portes, mais partout il existe de petits camps, chacun fortement défendu, et à l'est, à l'ouest, au nord et au sud, il ne sait pas lequel attaquer.

« Dans le camp du commandant en chef ou dans les camps de moindre envergure, ceux qui les premiers savent que l'ennemi est là le laissent entrer avec toutes ses troupes. Ensuite ils battent du tambour et tous les camps répondent. A tous les petits forts s'allument des feux d'alarme, grâce auxquels il fait clair comme en plein jour. Là-dessus les officiers et les hommes ferment les portes des camps ; ils se postent aux fortifications et, du haut de cet observatoire, surveillent l'ennemi. Des arcs et arbalètes de grande puissance tirent dans toutes les directions...

« Pour nous, il n'y a qu'une ombre à ce tableau, c'est que l'ennemi n'attaquera pas la nuit, car, s'il le fait, il est sûr d'avoir le dessous. »

20. Or, il peut arriver qu'une armée soit dépouillée de son moral et son chef privé de son courage [16].

Ho Yen Hsi : « ... Wu Ch'i a dit : " La responsabilité d'une armée d'un million de soldats repose sur un seul homme. C'est lui qui est le ressort de son moral. " »

Mei Yao Ch'en : « ... Si une armée a été dépouillée de son moral, son général, à son tour, perdra la foi. »

Chang Yu : « La foi est ce par quoi le général domine. Or, l'ordre et la confusion, le courage et la lâcheté sont autant de qualités régies par la foi. C'est pourquoi celui

---

16. Ou « de son entendement ». J'hésite entre les deux interprétations.

qui est expert dans l'art de tenir l'ennemi sous sa coupe le contrecarre, puis il se porte contre lui. Il le pousse à bout pour l'égarer et le harcèle pour le rendre craintif. Ainsi, il lui fait perdre la foi, et toute aptitude à former des plans. »

21. Le matin de bonne heure, on se sent plein de fougue ; au cours de la journée, le zèle se ralentit et, le soir, les pensées se tournent vers le pays [17].

22. Et c'est pourquoi les spécialistes de l'art militaire évitent l'ennemi lorsqu'il est ardent ; ils l'attaquent lorsqu'il est amolli et que ses soldats ont le mal du pays. Voici ce qui s'appelle avoir en main le facteur « moral ».

23. En bon ordre ils attendent un ennemi désordonné, et dans la sérénité un ennemi vociférant. Voici ce qui s'appelle avoir en main le facteur « esprit ».

Tu Mu : « Dans la sérénité et la fermeté ils ne sont pas abattus par les événements. »

Ho Yen Hsi : « Pour le général qui doit seul, avec subtilité, exercer son autorité sur une armée d'un million d'hommes contre un ennemi dont la férocité égale celle des tigres, les avantages et les désavantages s'entremêlent. En face d'innombrables changements, il doit être prudent et souple ; il doit garder présentes à l'esprit toutes les possibilités. A moins d'avoir le cœur ferme et le jugement clair, comment pourrait-il faire face aux circonstances sans perdre la tête ? Et comment régler les affaires sans se laisser dérouter ? Lorsque inopinément il se heurte à de graves difficultés, comment pourrait-il ne pas s'alarmer ? Comment pourrait-il, sans s'embrouiller, avoir la haute main sur une infinité de problème ? »

24. Près du champ de bataille, ils attendent un ennemi qui vient de loin, au repos un ennemi épuisé, avec des troupes bien nourries, des troupes affamées. C'est ce qui

17. Mei Yao Ch'en déclare que les mots « matin », « jour » et « soir » représentent les différentes phases d'une longue campagne.

s'appelle avoir en main le facteur « conditions maté-
rielles ».

25. Ils n'attaquent pas un ennemi qui avance avec des
étendards bien rangés, ni celui dont les formations s'ali-
gnent dans un ordre impressionnant. C'est ce qui s'appelle
avoir en main le facteur « opportunité [18] ».

26. L'art de commander consiste donc, lorsque l'ennemi
occupe des positions élevées, à ne pas l'affronter et, lorsqu'il est adossé aux collines, à ne pas s'opposer à lui.

27. Lorsqu'il fait semblant de fuir, ne poursuivez pas.

28. N'attaquez pas ses troupes d'élite.

29. Ne vous jetez pas goulûment sur les appâts qui
vous sont offerts.

Mei Yao Ch'en : « Le poisson qui convoite l'appât est
pris ; les troupes qui convoitent l'appât sont défaites. »

Chang Yu : « Selon les *Trois Stratégies* : " Sous l'appât
parfumé il y aura certainement un poisson pris à l'ha-
meçon ". »

30. Ne barrez pas la route à un ennemi qui regagne
ses foyers.

31. A un ennemi cerné il faut laisser une issue.

Tu Mu : « Montrez-lui qu'il lui reste une planche de
salut et ainsi mettez-lui dans l'esprit qu'il existe une solution autre que la mort. Puis frappez. »

Ho Yen Hsi : « Alors que Ts'ao Ts'ao investissait
Hu Kuan, il donna cet ordre : " Lorsque la ville sera
prise, les défenseurs seront enterrés. " Mois après mois la
ville tenait bon. Ts'ao Jen dit : " Lorsqu'une ville est
investie, il est essentiel de laisser entrevoir aux assiégés
une possibilité de survie. Or, Monseigneur, comme vous
leur avez dit de combattre jusqu'à la mort, chacun se
battra pour sauver sa peau. La ville est puissante et

18. Ou bien « le facteur circonstances ». Dans ces versets le
pronom « ils » désigne les experts en matière militaire.

elle possède d'abondantes réserves de nourriture. Si nous l'attaquons, un grand nombre d'officiers et d'hommes seront blessés. Si nous persévérons dans cette voie, cela prendra de longs jours. Dresser le camp sous les murs d'une ville puissante et attaquer des rebelles décidés à se battre jusqu'à la mort, ce n'est pas un plan judicieux ! " Ts'ao Ts'ao suivit ce conseil, et la ville se soumit. »

32. Ne poussez pas à bout un ennemi aux abois.

Tu Yu : « Le prince Fu Ch'ai a dit : " Les bêtes sauvages, lorsqu'elles sont aux abois, se battent avec l'énergie du désespoir. Combien ceci est plus vrai encore, s'agissant des hommes ! S'ils savent qu'il n'y a pas d'autre solution, ils se battront jusqu'à la mort. "

« Pendant le règne de l'empereur Hsuan de la dynastie Han, Chao Ch'ung Kuo réprimait un soulèvement de la tribu des Ch'iang. Les Ch'iang virent son armée nombreuse ; ils se débarrassèrent de leurs bagages lourds et partirent pour passer à gué le fleuve Jaune. La route traversait d'étroits défilés et Ch'ung Kuo poussait devant lui les Ch'iang, sans excès.

« Quelqu'un dit : " Nous poursuivons un grand avantage mais nous avançons lentement. "

« Ch'ung Kuo répondit : " Ils sont dans une situation désespérée. Je ne peux pas les talonner. Si je les pousse avec modération, ils s'en iront sans tourner la tête. Si je les serre de près, ils se retourneront contre nous et se battront jusqu'à la mort. "

« Tous les généraux dirent : " Merveille ! " »

33. Voici comment il faut conduire les troupes.

VIII

LES NEUF VARIABLES

Sun Tzu a dit :

1. D'une manière générale, lorsqu'il est fait usage de la force armée, la pratique veut que le commandant en chef reçoive son mandat du Souverain pour mobiliser la population et rassembler l'armée [1].

2. Il ne faut pas dresser le camp sur un terrain en contrebas.

3. Sur un terrain propice aux communications, unissez-vous à vos alliés.

4. Sur un terrain dénudé, ne vous attardez pas.

5. Sur un terrain clos, l'ingéniosité est requise.

6. Sur un terrain mortel, battez-vous.

---

1. Comme Sun Tzu emploie une formule presque identique pour introduire le chapitre VII, Yang P'ing An, quant à lui, supprimerait ce passage, ainsi que les versets 2-6 inclus, qui reviennent plus loin dans l'exposé des « neuf terrains » et qu'il remplacerait par les versets 26-32 inclus au chapitre VII. Puisque Sun Tzu emploie une négation dans les versets 2-6, nous n'avons plus l'affirmation absolue exprimée par lui antérieurement. C'est pourquoi je ne me sens pas fondé à accepter les modifications proposées. Les « Neuf Variables » sont donc exposées dans les versets 2-7 inclus.

7. Il est des routes à ne pas prendre, des troupes à ne pas frapper, des villes à ne pas assaillir et des terrains à ne pas disputer.

Wang Hsi : « A mon avis, les troupes exposées en guise d'appât, les troupes d'élite et un ennemi aux formations bien ordonnées et impressionnantes ne doivent pas être attaqués. »

Tu Mu : « Il s'agit ici d'un ennemi retranché sur une position stratégique, derrière des murs élevés et des fossés profonds, et disposant d'abondantes provisions de grain et autres vivres, dont le but est de retenir mon armée. Si j'attaque la ville et si je la prends, je n'en tirerai aucun avantage digne d'être mentionné. Si je ne la prends pas, l'assaut réduira certainement en miettes la puissance de mon armée. Je ne dois donc pas l'attaquer. »

8. Il existe des cas où les ordres du Souverain n'ont pas besoin d'être exécutés [2].

Ts'ao Ts'ao : « Lorsque cela est opportun au cours des opérations, le général n'a pas besoin d'être bridé par les ordres du Souverain. »

Tu Mu : « Le Wei Liao Tzu déclare : " Les armes sont des outils de mauvais augure et la lutte contraire à la vertu ; le général est le ministre de la Mort, qui n'est pas responsable devant le ciel en haut, ni devant la terre en bas, ni devant l'ennemi en face, ni devant le Souverain à l'arrière. " »

Chang Yu : « Or, le roi Fu Ch'ai a dit : " Lorsque vous voyez la conduite à adopter, agissez ; n'attendez pas les instructions. " »

9. Un général qui possède une connaissance parfaite des neuf facteurs variables sait comment mener les troupes.

Chia Lin : « Le général doit être sûr de pouvoir dominer la situation à son avantage, selon que les circonstances l'exigent. Il n'est pas lié par des procédures fixes. »

---

2. Formule ramassée qui englobe les circonstances variables énumérées antérieurement.

10. Le général qui ne comprend pas les avantages des neuf facteurs variables ne sera pas en mesure de tirer avantage du terrain, même s'il connaît bien celui-ci.

Chia Lin : « ... Un général évalue les changements de circonstances opportuns. »

11. Dans la direction des opérations militaires, celui qui ne comprend pas la tactique adaptée aux neuf situations variables sera incapable d'utiliser ses troupes efficacement, même s'il comprend les « cinq avantages [3] ».

Chia Lin : « ... Les " cinq variations " sont les suivantes : une route, même étant la plus courte, ne doit pas être prise si l'on sait qu'elle est dangereuse et qu'il existe un risque d'embuscade.

« Une armée, bien qu'elle puisse être attaquée, ne doit pas l'être si les circonstances sont désespérées et si l'ennemi est susceptible de se battre jusqu'à la mort.

« Une ville, même isolée et se prêtant à être attaquée, ne doit pas l'être s'il y a lieu de supposer qu'elle est bien fournie en provisions, défendue par des troupes de première force tenues bien en main par un général avisé, que ses ministres sont loyaux et leurs plans insondables.

« Un terrain, même si sa propriété est contestable, ne doit pas faire l'objet d'une bataille si l'on sait qu'une fois pris il sera difficile à défendre, ou qu'il n'y a aucun avantage à tirer de sa conquête, mais qu'on sera probablement contre-attaqué et qu'il y aura des pertes à déplorer.

« Les ordres d'un Souverain, bien qu'il faille les exécuter, ne doivent pas être suivis si le général sait qu'ils comportent le danger d'un contrôle nuisible de la capitale sur les affaires.

« Il faut s'accommoder de ces cinq éventualités au moment où elles se présentent et conformément aux circonstances, car il n'est pas possible d'en décider à l'avance. »

---

3. Verset obscur, qui déconcerte tous les scoliastes. Si Chia Lin voit juste, les « cinq avantages » doivent être les situations énumérées aux versets 2-6 inclus.

12. Et, pour cette raison, le général avisé doit, dans ses délibérations, tenir compte à la fois des facteurs favorables et défavorables [4].

Ts'ao Ts'ao : « Il pèse les dangers inhérents aux avantages et les avantages inhérents aux dangers. »

13. En prenant en considération les facteurs favorables, il rend son plan viable ; en prenant en considération les facteurs défavorables, il résoudra peut-être les difficultés [5].

Tu Mu : « ... Si je souhaite prendre l'avantage sur l'ennemi, je ne dois pas envisager uniquement l'avantage que j'y trouverai, mais je dois d'abord considérer les façons dont il peut me nuire si j'agis ainsi. »

Ho Yen Hsi : « L'avantage et le désavantage ont l'un sur l'autre une action réciproque. Le chef éclairé délibère. »

14. Celui qui se fait craindre de ses voisins y parvient en leur causant du tort.

Chia Lin : « Les plans et les projets destinés à nuire à l'ennemi ne sont pas cantonnés dans le cadre d'une méthode particulière. Tantôt écartez de son entourage les sages et les vertueux, afin qu'il n'ait pas de conseillers. Ou envoyez des traîtres dans son pays pour saper son administration. Tantôt, grâce à de sournoises duperies, détachez du Souverain ses ministres. Ou bien dépêchez d'habiles artisans pour inciter la population à dilapider ses richesses. Ou bien offrez-lui des musiciens et des danseurs licencieux pour changer ses habitudes. Ou bien donnez-lui de belles femmes pour lui faire perdre la tête. »

15. Il les use en les maintenant constamment sur la brèche et les pousse à courir çà et là en leur présentant de prétendus avantages.

---

4. Sun Tzu dit que ceux-ci sont « mixtes ».
5. Sun Tzu dit qu'en tenant compte des facteurs favorables, on rend le plan « digne de confiance » ou « sûr ». « Viable » (ou « réalisable ») est le sens le plus proche que je puisse trouver.

16. C'est un principe, en matière d'art militaire, de ne pas supposer que l'ennemi ne viendra pas, mais de compter plutôt sur sa promptitude à lui faire face, de ne pas escompter qu'il n'attaquera pas, mais plutôt de se rendre invincible.

Ho Yen Hsi : « ... Dans les *Stratégies de Wu* on lit : " Lorsque le monde est en paix, un homme de bien garde son épée à son côté. " »

17. Cinq qualités sont dangereuses chez un général.

18. S'il est téméraire, il peut être tué.

Tu Mu : « Un général stupide et courageux est une calamité. Wu Ch'i a dit : " Lorsque les gens parlent d'un général, ils attachent toujours de l'importance à son courage. En ce qui concerne un général, le courage n'est qu'une qualité parmi d'autres. En effet, un vaillant général ne manquera pas de s'engager à la légère et, s'il s'agit ainsi, il n'appréciera pas ce qui est avantageux. " »

19. S'il est lâche, il sera capturé.

Ho Yen Hsi : « Dans le *Ssu Ma Fa* on lit : " Celui qui place la vie au-dessus de toute chose sera paralysé par l'irrésolution. L'irrésolution chez un général est une grande calamité. " »

20. S'il est emporté, on peut le berner.

Tu Yu : « Un homme impulsif peut être excité à la fureur et amené à mourir. Celui qui se met facilement en colère est irritable, entêté ; et il agit à la hâte. Il ne tient pas compte des difficultés. »

Wang Hsi : « Ce qui est essentiel chez un général, c'est la constance. »

21. S'il possède un sens de l'honneur trop chatouilleux, on peut le calomnier.

Mei Yao Ch'en : « Celui qui est jaloux de défendre sa réputation ne prête attention à rien d'autre. »

22. S'il a une âme compatissante, on peut le tourmenter.

Tu Mu : « Celui qui possède des sentiments d'humanité et de commisération et ne craint que les pertes en hommes ne peut renoncer à un avantage temporaire pour un profit à long terme et il est incapable d'abandonner ceci afin de s'emparer de cela. »

23. Or, ces cinq traits de caractère sont de graves défauts chez un général et, dans les opérations militaires, ils sont catastrophiques.

24. L'anéantissement de l'armée et la mort du général résultent inévitablement de ces points faibles. Ceux-ci doivent être pesés mûrement.

IX

MARCHES

Sun Tzu a dit :

1. En règle générale, lorsque vous occupez une position et que vous affrontez l'ennemi, après avoir franchi les montagnes, restez à proximité des vallées. Dressez votre camp sur un terrain élevé faisant face au versant ensoleillé [1].

2. Battez-vous en descendant. N'attaquez pas en montant [2].

3. Ceci vaut lorsque vous occupez une position en montagne.

4. Après avoir traversé un fleuve, vous devez vous en éloigner quelque peu.

5. Lorsqu'un ennemi qui progresse franchit un cours d'eau, ne l'affrontez pas au bord de l'eau. Il est avantageux de laisser la moitié de ses forces traverser, puis d'attaquer.

---

1. Littéralement « face à la direction de ce qui croît, campez dans un endroit élevé ». Les commentateurs expliquent que Sheng (生), « croissance », signifie Yang (陽), « ensoleillé », c'est-à-dire le sud.
2. Si l'on adopte la version du TT. Autre interprétation : « Dans la guerre de montagne, n'attaquez pas en montant. »

Ho Yen Hsi : « Pendant la période Printemps et Automne, le duc de Sung arriva au fleuve Hung pour attaquer l'armée Ch'u. L'armée Sung s'était déployée avant que les troupes Ch'u n'aient fini de franchir le fleuve. Le ministre de la Guerre dit : " Les ennemis sont en nombre, nous ne sommes qu'une poignée. Je sollicite la permission d'attaquer avant qu'ils n'aient achevé la traversée. " Le duc de Sung répondit : " Vous ne le pouvez pas. " Lorsque l'armée Ch'u se trouva à pied sec, mais avant qu'elle n'ait aligné ses rangs, le ministre demanda de nouveau la permission d'attaquer et le duc répondit : " Pas encore. Lorsque leur armée sera déployée en bon ordre, nous attaquerons. "

« L'armée Sung fut vaincue, le duc blessé à la cuisse et les officiers de l'avant-garde anéantis [3]. »

6. Si vous désirez livrer bataille, n'affrontez pas l'ennemi près de l'eau [4]. Installez-vous sur un terrain élevé face au soleil. Ne vous installez pas en aval.

7. Ceci vaut lorsque vous établissez vos positions près d'un fleuve.

8. Traversez à vive allure les marais salants. Ne vous y attardez pas. Si vous vous trouvez face à l'ennemi au milieu d'un marais salant, vous devez vous établir à proximité de l'herbe et de l'eau, adossé à des arbres [5].

9. Ceci s'applique lorsqu'on occupe une position dans des marais salants.

10. En terrain plat, occupez une position qui facilite votre action. Les montagnes étant dans votre dos et sur

3. D'où la réflexion de Mao Tse Tung : « Nous ne sommes pas comme le duc de Sung. »
4. Selon les commentateurs, il faut s'éloigner des berges et des rivages pour inciter l'ennemi à tenter de passer à gué.
5. Il s'agit peut-être de plaines salées inondées de temps en temps, comme on en voit dans le nord et dans l'est de la Chine, et non pas des marais salants qui, franchissables en bateau exclusivement, nous sont mieux connus.

votre droite, le champ de bataille est en avant et vos arrières assurés [6].

11. C'est ainsi qu'il faut s'installer en terrain plat.

12. D'une façon générale, ces principes sont avantageux à appliquer pour dresser votre camp dans les quatre situations citées [7]. C'est grâce à eux que l'empereur Jaune vainquit quatre souverains [8].

13. Une armée préfère le terrain élevé au terrain situé en contrebas ; elle apprécie le soleil et déteste l'ombre. Ainsi, tout en préservant sa santé, elle occupe une position solide. Une armée qui ne souffre pas d'innombrables maladies passe pour être assurée de la victoire [9].

14. Lorsqu'on se trouve à proximité de monticules, de vallonnements, de remblais ou autres terrassements, il faut établir ses positions au soleil, les arrières et la droite appuyés à ces obstacles.

15. Ces méthodes sont toutes avantageuses pour l'armée et permettent de tirer parti du terrain [10].

16. Dans le cas de torrents à pic, de « Puits du Ciel », de « Prisons du Ciel », de « Filets du Ciel », de « Pièges du Ciel » et de « Crevasses du Ciel », vous devez vous en éloigner vivement. Ne vous en approchez pas.

6. Sun Tzu dit : « Devant, la vie ; derrière, la mort. » Le flanc droit était le plus vulnérable ; le bouclier se portait sur le bras gauche.

7. En d'autres termes, les méthodes décrites doivent être utilisées pour dresser le camp de l'armée. Selon Chang Yu, ce verset concerne l'installation du camp. Cependant, le même Chang Yu cite Chu Kuo Liang à propos de la façon de combattre en de tels endroits.

8. Censé avoir régné de 2697 à 2596 av. J.-C.

9. Littéralement « d'une centaine de maladies ».

10. Voici le verset qui suit immédiatement celui-ci dans le texte : « Lorsque la pluie tombe dans le cours supérieur d'un fleuve et que l'eau descend, tout écumante, ceux qui veulent passer à gué doivent attendre que le niveau baisse. » De toute évidence il n'est pas à sa place ici. Je le soupçonne de faire partie des commentaires qui se sont glissés dans le texte.

Ts'ao Ts'ao : « Les eaux furieuses des montagnes escarpées sont " des torrents à pic ". Un endroit entouré de hauteurs qui présente au centre un terrain en contrebas est appelé " Puits du Ciel ". Lorsque, franchissant des montagnes, on se trouve dans un passage qui ressemble à une cage couverte, c'est une " Prison du Ciel ". Les endroits où les troupes peuvent être prises au piège et avoir la route coupée s'appellent " Filets du Ciel ". Un affaissement du sol, c'est un " Piège du Ciel ". Là où les gorges montagneuses sont étroites et la route effondrée sur plusieurs dizaines de pieds, c'est une " Crevasse du Ciel ". »

17. Je me tiens à distance de ces lieux et j'attire l'ennemi vers ceux-ci. Je me place face à ceux-ci et je le pousse à s'y adosser.

18. Lorsqu'il existe de part et d'autre d'une armée des défilés ou des étangs dangereux couverts d'herbes aquatiques, parmi lesquelles poussent des roseaux et des joncs, ou bien des montagnes boisées couvertes d'épaisses broussailles enchevêtrées, il faut y pratiquer des fouilles approfondies, car c'est dans ces endroits que se tendent les embuscades et que se cachent les espions.

19. Lorsque l'ennemi est proche, mais placé en contrebas, il est tributaire d'une position favorable. Lorsqu'il vous provoque au combat de loin, il souhaite vous entraîner à avancer, car, lorsqu'il se trouve sur un terrain facile, il occupe une position avantageuse [11].

20. Lorsqu'on voit les arbres s'agiter, l'ennemi avance.

21. Lorsque de nombreux obstacles ont été placés dans les broussailles, il s'agit d'une ruse.

22. Un envol d'oiseaux indique que l'ennemi se tient en embuscade ; lorsque les animaux sauvages, effrayés, s'enfuient, il essaie de vous prendre par surprise.

---

11. Variante : « ... offre un prétendu avantage. »

23. La poussière qui s'élève soudain verticalement en hautes colonnes signale l'approche des chars. Celle qui reste suspendue à faible altitude et se répand en nappes annonce l'approche de l'infanterie.

Tu Mu : « Lorsque les chars et la cavalerie se déplacent rapidement, ils arrivent l'un derrière l'autre comme un chapelet de poissons et c'est pourquoi la poussière s'élève en colonnes hautes et minces. »

Chang Yu : « ... Or lorsque l'armée est en marche elle doit être précédée de patrouilles d'observation. Si celles-ci voient de la poussière soulevée par l'ennemi, elles doivent promptement signaler ce fait au général commandant en chef. »

24. Lorsque de la poussière s'élève çà et là, l'ennemi rentre du bois à brûler ; lorsqu'on voit de nombreuses petites taches qui semblent aller et venir, il dresse le camp [12].

25. Lorsque les envoyés de l'ennemi tiennent des discours pleins d'humilité, mais qu'il continue ses préparatifs, il va avancer.

Chang Yu : « Lorsque T'ien Tan défendait Chi Mo, le général Ch'i Che, de l'Etat du Yen, investit cette ville. T'ien Tan saisit lui-même la pelle et participa au travail des troupes. Il envoya ses épouses et ses concubines s'enrôler dans l'armée et partagea ses propres vivres pour régaler ses officiers. Il envoya aussi des femmes sur les remparts de la ville pour demander des conditions de reddition. Le général de l'Etat du Yen fut très satisfait. T'ien Tan réunit en même temps vingt-quatre mille onces d'or et fit envoyer par les riches habitants au général du Yen une lettre rédigée en ces termes : " La ville est sur le point de se rendre immédiatement. Notre unique désir est que vous ne fassiez pas prisonnières nos femmes ni

---

12. Version conforme à celle de Li Ch'uan « rentre du bois à brûler ». Ils traînent des fagots de bois. Les commentaires qui coupent ce verset sont consacrés à des considérations sur la façon de ramasser le bois de chauffage !

nos concubines. " L'armée du Yen se relâcha et devint de plus en plus négligente. T'ien Tan fit alors une sortie hors de la ville et infligea à l'ennemi une défaite écrasante. »

26. Lorsque les paroles de ses envoyés sont trompeuses mais que l'ennemi avance avec ostention, il va battre en retraite.

27. Lorsque ses envoyés parlent en termes flatteurs, cela veut dire que l'ennemi souhaite une trêve [13].

28. Lorsque, sans entente préalable, l'ennemi demande une trêve, il complote.

Ch'en Hao : « ... Si, sans raison, il implore une trêve, c'est à coup sûr parce que ses affaires intérieures sont dans un état dangereux, qu'il est inquiet et souhaite établir un plan pour obtenir un répit. Ou bien alors il nous sait, de par notre situation, vulnérables à ses intrigues et il veut prévenir nos soupçons en demandant une trêve. Ensuite il tirera profit de notre manque de préparation. »

29. Lorsque les chars légers commencent à sortir et se mettent en place sur les flancs de l'ennemi, celui-ci se range en ordre de bataille.

Chang Yu : « Dans la " Formation en Ecailles de Poisson ", les chars viennent d'abord, puis l'infanterie. »

30. Lorsque ses troupes avancent à vive allure et qu'il passe en revue ses chars de combat, il prévoit d'établir une jonction avec des renforts [14].

31. Lorsque la moitié de ses effectifs avance et que l'autre recule, il tente de vous attirer dans un piège.

32. Lorsque les hommes s'appuient sur leurs armes, les troupes sont affamées.

---

13. Ce verset, qui n'était pas à sa place dans le texte, a été réinséré dans le présent contexte.
14. Ceci n'est pas absolument clair. Il compte établir la jonction avec des troupes de secours ? Ou bien ses détachements dispersés sont-ils en train de se regrouper ?

33. Lorsque les porteurs d'eau boivent avant de livrer l'eau au camp, les troupes souffrent de la soif.

34. Lorsque l'ennemi voit un avantage, mais n'avance pas pour le saisir, c'est qu'il est las [15].

35. Lorsque les oiseaux se rassemblent au-dessus de l'emplacement de son camp, c'est que celui-ci est vide.

Ch'en Hao : « Sun Tzu explique comment distinguer le vrai du faux dans les apparences de l'armée ennemie. »

36. Lorsque le camp de l'ennemi retentit de clameurs la nuit, il a peur [16].

Tu Mu : « Ses soldats sont terrifiés et éprouvent un sentiment d'insécurité. Ils font du tapage pour se rassurer. »

37. Lorsque ses troupes sont désordonnées, le général n'a pas de prestige.

Ch'en Hao : « Lorsque les ordres du général ne sont pas stricts et que son comportement manque de dignité, les officiers sont turbulents. »

38. Lorsque ses drapeaux et ses étendards se déplacent constamment de-ci de-là, il est désorganisé.

Tu Mu : « Le duc Chuang, de l'Etat de Lu, vainquit Ch'i à Ch'ang Sho. Tsao Kuei sollicita la permission de poursuivre l'ennemi. Le duc lui demanda pourquoi. Il répliqua : " Je vois que les ornières laissées par leurs chars ne sont pas nettes et que leurs drapeaux et leurs étendards pendent lamentablement. C'est pourquoi je désire les poursuivre. " »

39. Si les officiers s'emportent facilement, c'est qu'ils sont épuisés.

---

15. Le fait que cette série de versets soit rédigée en termes élémentaires n'arrête pas les commentateurs, qui se complaisent à les expliquer longuement, l'un après l'autre.
16. Voir dans l' « Alexandre » de Plutarque la description du camp des Perses la nuit qui précède la bataille de Gaugemala.

Ch'en Hao : « Lorsque le général établit des plans inutiles, chacun est fatigué. »

Chang Yu : « Lorsque l'administration et les ordres manquent de fermeté, le moral des hommes est bas et les officiers enragent. »

40. Lorsque l'ennemi nourrit ses chevaux de grains et ses hommes de viande, et que les hommes ne raccrochent pas leurs marmites et ne regagnent pas leurs abris, l'ennemi est dans une situation désespérée [17].

Wang Hsi : « L'ennemi nourrit de grains les chevaux et de viande les hommes afin d'accroître la force et l'endurance des uns et des autres. Si l'armée n'a pas de marmites, elle ne mangera plus. Si les hommes ne regagnent pas leurs abris, ils ne songent pas au pays et ils ont l'intention d'engager une bataille décisive. »

41. Lorsque les hommes se rassemblent constamment par petits groupes et se parlent à l'oreille, le général a perdu la confiance de l'armée [18].

42. Des récompenses trop fréquentes indiquent que le général est à bout de ressources, des sanctions trop fréquentes qu'il est au comble de la détresse [19].

43. Si les officiers traitent d'abord les hommes avec violence et ensuite ont peur d'eux, la limite de l'indiscipline est atteinte [20].

17. Chang Yu dit que lorsqu'une armée « brûle ses bateaux » et « détruit ses marmites », elle est aux abois et prête à se battre jusqu'à la mort.
18. Les commentaires qui suivent ce verset sont surtout consacrés à expliquer les termes utilisés. La plupart des scoliastes sont d'accord pour déclarer que, lorsque les hommes se réunissent et se parlent à l'oreille, ils critiquent leurs officiers. Mei Yao Ch'en fait remarquer qu'ils sont probablement en train de projeter une désertion. Le verset qui suit immédiatement étant une paraphrase de celui-ci, il a été sauté.
19. Ho Yen Hsi fait observer que, dans l'accomplissement de sa tâche, le général doit chercher l'équilibre entre l'indulgence et la sévérité.
20. Ou bien : « Fanfaronner d'abord, mais ensuite avoir peur de l'armée ennemie ? » Ici Ts'ao Ts'ao, Tu Mu, Wang Hsi et

44. Lorsque les troupes ennemies ont un moral élevé et, bien que vous faisant face, tardent à vous livrer bataille, sans quitter pour autant le terrain, vous devez examiner la situation à fond.

45. Dans la guerre, le nombre seul ne procure aucun avantage. N'avancez pas en vous reposant exclusivement sur la puissance militaire [21].

46. Il suffit d'estimer correctement la situation de l'ennemi et de concentrer vos forces pour vous emparer de lui [22]. Un point, c'est tout. Celui qui manque de prévoyance et sous-estime son ennemi sera certainement pris par lui.

47. Si les troupes sont punies avant que leur fidélité ne soit assurée, elles seront désobéissantes. Si elles n'obéissent pas, il est difficile de les utiliser. Si les troupes sont fidèles, mais que les sanctions ne sont pas appliquées, on ne peut pas les utiliser.

48. Commandez donc avec courtoisie et enflammez-les tous d'une même ardeur belliqueuse ; on pourra dire que la victoire est assurée.

Chang Yu comprennent tous le Ch'i (其) comme se rapportant à l'ennemi, mais cette idée ne cadre pas trop bien avec le verset précédent. L'interprétation de Tu Yu, que j'adopte, semble préférable.

21. « Car ce n'est pas au nombre des combattants, mais à l'ordre impeccable de leurs rangs et à leur vaillance, que se mesurent généralement les exploits guerriers. » Procope, *Histoire des Guerriers*, p. 347.

22. Ici Ts'ao Ts'ao interprète de façon erronée le Tsu (足) du Tsu I (足 以) expression qui signifie « il suffit ». Cette erreur a, de toute évidence, égaré les scoliastes et aucun d'entre eux n'a voulu être en désaccord avec Ts'ao Ts'ao. Wang Hsi commence assez courageusement par déclarer : « Je crois que ceux qui s'entendent à créer des changements de situation par la concentration ou la dispersion n'ont qu'à rassembler leurs forces et à exploiter une faille de la défense de l'ennemi pour remporter la victoire », mais, pour finir, il laisse le prestige de Ts'ao Ts'ao l'emporter sur son propre jugement, fût-il meilleur.

49. Si les ordres sont sans exception efficaces, les troupes seront obéissantes. Si les ordres ne sont pas toujours efficaces, elles seront désobéissantes.

50. Si les ordres sont en toutes circonstances justifiés et exécutés, les rapports existant entre le commandant en chef et ses troupes sont satisfaisants.

X

LE TERRAIN [1]

Sun Tzu a dit :

1. Le terrain peut se classer, suivant sa nature, en accessible, insidieux, sans influence, resserré, accidenté et « distant [2] ».

2. Un terrain aussi facilement traversable par chacune des deux parties en présence est dit accessible. Sur un tel terrain, celui qui le premier occupe au soleil une position élevée appropriée à l'acheminement de ses approvisionnements peut se battre à son avantage.

3. Un terrain d'où il est facile de sortir, mais où il est difficile de revenir, est insidieux. La nature en est telle que, si l'ennemi n'est pas prêt et si l'on effectue une sortie, la victoire est possible. Si l'ennemi est prêt et si l'on sort pour attaquer, mais qu'on ne parvienne pas à vaincre, il sera difficile de revenir. On ne saurait tirer profit de ce terrain.

---

1. « Topographie » ou « Configuration du terrain ».
2. Mei Yao Ch'en appelle « accessible » le terrain sur lequel les routes se rencontrent et se croisent, « insidieux » celui qui ressemble à un filet, « sans influence » celui dans lequel on se fait enfermer avec l'ennemi, « resserré » celui sur lequel une vallée s'allonge entre deux montagnes, « accidenté » celui qui comporte des montagnes, des rivières, des vallonnements et des crêtes et « distant » celui qui présente une surface plane. Sun Tzu utilise l'épithète « distant » pour indiquer un éloignement considérable des deux camps adverses.

4. Un terrain où il est également désavantageux de pénétrer pour l'ennemi et pour nous-mêmes est sans influence. La nature en est telle que, bien que l'ennemi tende un appât, je ne vais pas de l'avant, mais je tente de l'entraîner en me retirant. Une fois que j'ai attiré au-dehors la moitié de ses effectifs, je peux le frapper avec avantage.

Chang Yu : « ... Dans *L'Art de la Guerre* de Li Ching, on lit : " Sur un terrain qui n'offre d'avantage ni à une partie ni à l'autre, il faut attirer l'ennemi en feignant de se retirer, attendre que la moitié de ses effectifs soit sortie et lancer une attaque pour lui barrer la route. " »

5. Si le premier j'occupe un terrain resserré, je dois bloquer les accès et attendre l'ennemi. Si c'est l'ennemi qui le premier occupe un tel terrain et bloque les défilés, je ne dois pas le suivre ; s'il ne les bloque pas complètement, je peux le faire.

6. En terrain accidenté, je dois établir mes positions sur les hauteurs ensoleillées et attendre l'ennemi[3]. S'il est le premier à occuper un tel terrain, je l'attire en me retirant. Je ne le suis pas.

Chang Yu : « Si l'on doit être le premier à s'installer en terrain plat, à plus forte raison en est-il ainsi dans les endroits difficiles et dangereux[4] ! Comment pourrait-on donner un tel terrain à l'ennemi ? »

7. Lorsqu'on se trouve éloigné d'un ennemi d'une puissance égale à la sienne propre, il est difficile de le provoquer au combat et il n'y a rien à gagner à l'attaquer sur les positions qu'il s'est choisies[5].

---

3. D'une façon générale, j'ai traduit le Yang du groupe Yin Yang par « sud » ou « ensoleillé » et Yin par « nord » ou « ombragé ». Dans le contexte Sun Tzu ces termes n'ont pas d'implications cosmiques.

4. Hsien (險) signifie « passage étroit », d'où le sens de « dangereux » et, par extension, « stratégique ».

5. L'expression qui suit le verbe « attaquer » a été ajoutée pour rendre plus explicite la pensée de Sun Tzu.

8. Tels sont les principes relatifs à six différents types de terrain. C'est la responsabilité suprême du général de s'en informer avec le plus grand soin.

Mei Yao Ch'en : « Or, la nature du terrain est le facteur fondamental pour aider l'armée à s'assurer la victoire. »

9. Or, lorsque les troupes s'enfuient, qu'elles sont insubordonnées[6] ou en détresse, qu'elles s'effondrent en pleine confusion ou sont mises en déroute, c'est la faute du général. Aucun de ces désastres ne peut être attribué à des causes naturelles.

10. Les autres circonstances étant à égalité, si une armée en attaque une autre dont les effectifs sont dix fois supérieurs aux siens, on aboutit à la déroute.

Tu Mu : « Lorsqu'on attaque à un contre dix, il faut d'abord comparer la sagacité et la stratégie des généraux en présence, la vaillance et la lâcheté des troupes, les conditions météorologiques, les avantages offerts par le terrain, et apprécier si les troupes, dans chaque camp, sont bien nourries ou affamées, lasses ou fraîches. »

11. Lorsque les troupes sont fortes et les officiers faibles, l'armée est insubordonnée.

Tu Mu : « Ce verset parle de soldats et de sous-officiers[7] indisciplinés et arrogants, et de généraux et de chefs d'armée timorés et faibles.

« Au début de la période Ch'ang Ch'ing[8], sous la dynastie alors régnante, T'ien Pu reçut l'ordre de prendre le commandement dans le Wei afin d'attaquer Wang T'ing Ch'ou. Pu avait été élevé dans le Wei, où la population le

---

6. Le caractère traduit ici par « insubordonné » est Shih (弛), « débander un arc », d'où le sens de « relâché », « non-chalant », « non assujetti ». Les commentateurs font ressortir que dans ce contexte il faut comprendre « insubordonné ».
7. Wu (伍) signifie un groupe de cinq hommes ou le chef d'un tel groupe, un caporal, un sous-officier.
8. En 820-825 de notre ère.

méprisait, et plusieurs dizaines de milliers d'hommes sillonnèrent le camp à dos d'âne. Pu ne parvint pas à les refouler. Il resta à son poste plusieurs mois durant et, lorsqu'il voulut livrer bataille, les officiers et les hommes de troupe se dispersèrent et s'éparpillèrent dans toutes les directions. Pu se trancha la gorge. »

12. Lorsque les officiers sont courageux et les troupes inefficaces, l'armée est en détresse[9].

13. Lorsque les officiers supérieurs sont furieux et insubordonnés et que, se trouvant face à l'ennemi, ils se précipitent dans la bataille sans se demander si l'engagement a des chances d'aboutir et sans attendre les ordres du commandant en chef, l'armée s'effondre.

Ts'ao Ts'ao : « " Officiers supérieurs " désigne des généraux subordonnés. Si..., pris de fureur, ils attaquent l'ennemi sans mesurer les forces en présence, alors l'armée assurément s'effondre. »

14. Lorsque le général est moralement faible et que son autorité n'est pas rigoureuse, lorsque ses ordres et ses directives ne sont pas éclairés, lorsqu'il n'existe pas de règles fermes pour guider les officiers et les hommes et que les formations manquent de tenue, l'armée est désorientée[10].

Chang Yu : « ... Chaos né de lui-même. »

15. Lorsqu'un commandant en chef incapable de jauger l'adversaire utilise une force restreinte contre une force importante, ou des troupes faibles pour frapper des troupes fortes, ou bien lorsqu'il omet de choisir des troupes de choc pour l'avant-garde, on aboutit à la déroute.

Ts'ao Ts'ao : « Dans ces conditions il commande des troupes " vouées à la fuite ". »

---

9. Embourbée ou en train de s'enliser, comme dans une fondrière. Il faut comprendre que, si les troupes sont faibles, les efforts des officiers sont aussi vains que si elles étaient prises dans un bourbier.

10. Le terme rendu par « manquent de tenue » signifie littéralement « verticalement et horizontalement ».

Ho Yen Hsi : « ... Sous la dynastie de **Han**, les " Braves des Trois Fleuves " étaient des " compagnons d'armes " d'un talent peu commun. Sous les Wu, les troupes de choc étaient appelées " Abolisseurs d'obstacles ", sous les Ch'i " Les Maîtres du Destin ", sous les T'ang " Sauteurs et agitateurs ". Tels sont les divers noms donnés aux troupes de choc. Rien n'est plus important que l'utilisation de celles-ci dans la tactique que l'on met en œuvre pour gagner les batailles [11].

« Généralement, lorsque l'ensemble des troupes est installé dans un même lieu, le général sélectionne dans chaque camp les officiers ardents et courageux qui se distinguent par l'agilité et la force et se classent, par leurs exploits guerriers, au-dessus du commun. Il les groupe pour constituer un corps spécial. Sur dix hommes, il n'en prend qu'un et, sur dix mille, mille. »

Chang Yu : « ... D'une manière générale, il est essentiel, dans le combat, d'utiliser des troupes d'élite comme fer de lance de l'avant-garde. D'abord, parce que ceci renforce notre propre détermination, ensuite parce que ces troupes émoussent le mordant de l'ennemi. »

16. Lorsque l'une quelconque de ces conditions est remplie, l'armée est sur la voie de la défaite. C'est la responsabilité suprême du général d'examiner attentivement ces six conditions.

17. La configuration des lieux peut être un atout majeur dans le combat. C'est pourquoi estimer la situation de l'ennemi et calculer les distances, ainsi que le degré de difficultés du terrain de façon à se rendre maître de la victoire, c'est l'art du général éminent. Celui qui se bat en possédant une connaissance parfaite de ces facteurs est sûr de la victoire ; dans le cas contraire, la défaite est assurée.

11. Malheureusement les fonctions des « sauteurs et agitateurs » ne sont pas précisées. Sans aucun doute, ils devaient, entre autres choses, exciter l'ardeur des troupes en exécutant de sauvages danses tournantes et d'acrobatiques jeux de sabre, pour lesquels les Chinois sont justement réputés et peut-être, en même temps, impressionner l'ennemi par leur adresse et leur férocité.

18. Si la situation est de celles qui favorisent la victoire, mais que le Souverain ait donné l'ordre de ne pas attaquer, il peut passer outre.

19. Et c'est pourquoi le général qui, en avançant, ne recherche pas sa gloire personnelle et, en reculant, ne se préoccupe pas d'éviter une sanction, mais a pour seul but de protéger la population et de servir l'intérêt supérieur de son Souverain, est pour l'Etat un joyau précieux.

Li Ch'uan : « ... Un tel général n'est pas intéressé. »

Tu Mu : « ... Il s'en trouve fort peu de cette trempe. »

20. Parce qu'un tel général considère ses hommes comme ses enfants, ceux-ci l'accompagneront dans les vallées les plus profondes. Il les traite comme ses fils bien-aimés et ils sont prêts à mourir avec lui.

Li Ch'uan : « S'il chérit ses hommes de cette façon il obtiendra d'eux le maximum. Ainsi, le vicomte de Ch'u n'avait qu'un mot à dire pour que les soldats se sentent vêtus de chauds vêtements de soie [12]. »

Tu Mu : « A l'époque des Royaumes Combattants, lorsque Wu Ch'i était général, il se nourrissait et s'habillait comme le plus humble de ses hommes. Son lit n'avait pas de natte ; pendant les marches, il ne montait pas à cheval ; il portait lui-même ses rations de réserve. Il partageait avec ses troupes l'épuisement et l'effort le plus rude. »

Chang Yu : « ... C'est pourquoi le Code militaire déclare : " Le général doit être le premier à prendre sa part des tâches pénibles et des corvées de l'armée. Dans la chaleur de l'été, il n'ouvre pas son parasol et, dans le froid de l'hiver, n'endosse pas de vêtements épais. Dans les endroits dangereux, il doit mettre pied à terre et aller à pied. Il attend que les puits de l'armée aient été creusés, et alors seulement il boit ; il attend pour manger que le

_____

12. Le vicomte compatissait avec ceux qui souffraient du froid. Ses paroles suffisaient à réconforter les hommes et à relever leur moral chancelant.

repas de l'armée soit cuit et, pour s'abriter, que les fortifications de l'armée soient achevées [13] ". »

21. Si un général se montre trop indulgent envers ses hommes, mais est incapable de les employer, s'il les aime, mais ne peut pas faire exécuter ses ordres, si les troupes sont désordonnées et s'il ne sait pas les prendre en main, elles peuvent être comparées à des enfants gâtés et elles sont inutiles.

Chang Yu : « ... Si l'on ne montre que de la bienveillance, les troupes deviennent semblables à des enfants arrogants et sont inutilisables. C'est la raison pour laquelle Ts'ao Ts'ao se coupa les cheveux pour s'infliger un châtiment [14]... Les chefs de valeur sont à la fois aimés et craints.

« C'est aussi simple que cela. »

22. Si je sais que mes troupes sont capables de frapper l'ennemi, tout en ignorant que celui-ci est invulnérable, mes chances de victoire ne sont que de cinquante pour cent.

23. Si je sais que l'ennemi est vulnérable, tout en ignorant que mes troupes sont incapables de le frapper, mes chances de victoire ne sont que de cinquante pour cent.

24. Si je sais que l'ennemi peut être attaqué et que mes troupes sont capables de l'attaquer, mais sans me rendre compte qu'à cause de la configuration du terrain je ne dois pas attaquer, mes chances de victoire ne sont que de cinquante pour cent.

---

13. Les mémoires et codes militaires étaient généralement intitulés Ping Fa. Chang Yu ne précise pas lequel de ces ouvrages est cité ici.

14. Après avoir interdit à ses troupes de détériorer les céréales sur pied, Ts'ao Ts'ao laissa, par négligence, piétiner les champs par son propre cheval à la pâture. Il se condamna alors à être décapité. Ses officiers ayant protesté, éplorés, Ts'ao Ts'ao s'infligea ce châtiment symbolique pour prouver que même un commandant en chef est justiciable de la loi et de la discipline militaires.

25. C'est pourquoi lorsque ceux qui ont l'expérience de la guerre passent à l'action, ils ne commettent pas d'erreur ; lorsqu'ils agissent, leurs moyens sont illimités.

26. Et c'est pourquoi je dis : « Connaissez l'ennemi, connaissez-vous vous-même, votre victoire ne sera jamais menacée. Connaissez le terrain, connaissez les conditions météorologiques, votre victoire sera alors totale. »

XI

LES NEUF SORTES DE TERRAIN[1]

Sun Tzu a dit :

1. Par rapport à l'usage qu'il permet de faire des troupes, le terrain peut être classé en « terrain de dispersion, terrain frontière, terrain clef, terrain de communication, terrain de convergence, terrain sérieux, terrain difficile, terrain encerclé et terrain mortel[2].

2. Lorsqu'un seigneur se bat sur son propre territoire, il est en terrain de dispersion.

Ts'ao Ts'ao : « Ici les officiers et les hommes ont hâte de regagner leurs foyers tout proches. »

3. Lorsqu'il ne pénètre que peu profondément en territoire ennemi, il est sur un terrain frontière[3].

---

1. La disposition primitive de ce chapitre laisse beaucoup à désirer. Un grand nombre de versets ne se trouvent pas dans le contexte approprié. D'autres se répètent ; ce sont peut-être des commentaires qui se sont glissés dans le texte. J'ai changé de place certains versets et éliminé ceux qui semblent avoir été ajoutés.

2. Ce passage présente une certaine confusion. Le terrain « accessible » du chapitre précédent est défini dans les mêmes termes que le terrain « de communication ».

3. Littéralement terrain « léger », peut-être parce qu'il est facile de s'en retirer ou parce que les officiers et les hommes font peu de cas d'une désertion qui se produit tout au début d'une expédition.

4. Un terrain également avantageux pour les deux parties est un terrain clef[4].

5. Un terrain également accessible pour les deux parties est un terrain de communication.

Tu Mu : « Il s'agit d'un terrain plat et vaste sur lequel on peut aller et venir, offrant une superficie suffisante pour livrer bataille et pour dresser des obstacles fortifiés. »

6. Lorsqu'un Etat se trouve limité par trois autres, son territoire est un terrain de convergence. Celui qui le premier s'en rendra maître obtiendra le soutien de « Tout sous le Ciel[5] ».

7. Lorsque l'armée a pénétré profondément en territoire ennemi, laissant loin derrière elle de nombreuses villes et cités ennemies, elle se trouve en terrain sérieux.

Ts'ao Ts'ao : « C'est un terrain d'où il est difficile de revenir. »

8. Lorsque l'armée franchit des montagnes, des forêts, une région accidentée, ou bien progresse à travers des défilés, des marais, marécages, ou autres lieux difficilement pénétrables, elle se trouve en terrain difficile[6].

9. Un terrain où l'on accède par un goulot, d'où l'on sort par des voies tortueuses, et permettant à une force ennemie réduite de frapper la mienne plus importante est appelé « encerclé[7] ».

Tu Mu : « ... Ici, il est facile de tendre des embuscades et on risque d'être battu à plate couture. »

---

4. Il s'agit d'un terrain à disputer ou, comme dit Tu Mu, « présentant une importance stratégique ».
5. L'empire est toujours désigné par l'expression « Tout sous le Ciel ».
6. Les commentateurs se complaisent quelque peu à discuter l'interprétation du caractère rendu ici par l'adjectif « difficile ». Plusieurs d'entre eux veulent en restreindre le sens à celui d'un terrain inondable.
7. L'idée verbale rendue ici pourrait être traduite par « immobiliser » plutôt que par « frapper ».

10. Un terrain sur lequel l'armée ne peut survivre qu'en se battant avec l'énergie du désespoir est dit « mortel ».

Li Ch'uan : « Arrêté par des montagnes devant et par des fleuves derrière, à bout de réserves. Dans cette situation, il est avantageux d'agir promptement et dangereux de temporiser. »

11. C'est pourquoi je vous le dis : ne combattez pas en terrain de dispersion ; ne vous arrêtez pas dans les régions frontières.

12. N'attaquez pas un ennemi qui occupe un terrain clef ; en terrain de communication, veillez à ce que vos formations ne se trouvent pas séparées [8].

13. En terrain de convergence, alliez-vous aux Etats voisins ; en terrain « profond », pillez [9].

14. En terrain difficile, pressez le pas ; en terrain encerclé, inventez des stratagèmes, en terrain mortel, battez-vous.

15. En terrain de dispersion, je ferais de l'armée un seul bloc fermement déterminé [10].

16. En terrain frontière, je maintiendrais mes forces étroitement reliées.

Mei Yao Ch'en : « Pendant les marches, les diverses unités sont en liaison ; à l'arrêt, les camps et les postes fortifiés sont reliés les uns aux autres. »

17. En terrain clef, je presserais mes arrières.

Ch'en Hao : « Ce que signifie ce verset, c'est que, si... l'ennemi, confiant en sa supériorité numérique, vient me

8. Ts'ao Ts'ao dit qu'elles doivent êtré en « jonction ».
9. Li Ch'uan pense que le second membre de phrase doit se lire « ne pillez pas », car le principal objectif, lorsqu'on se trouve en territoire ennemi, est de gagner l'attachement et le soutien de la population.
10. Ce verset et les neuf suivants ont été replacés dans ce contexte. Dans le texte original, ils figurent plus bas, dans le même chapitre.

disputer un tel terrain, j'emploie des effectifs nombreux pour le pousser sur ses arrières [11]. »

Chang Yu : « ... Quelqu'un a dit que cette expression signifiait " partir après l'ennemi et arriver avant lui [12] ". »

18. En terrain de communication, j'accorderais une attention rigoureuse à mon système de défense.

19. En terrain de convergence, je renforcerais mes alliances.

Chang Yu : « Je m'attache des alliés en puissance en offrant des objets précieux et de la soie, et je les lie par des pactes solennels. Je respecte fermement les traités ; ainsi mes alliés me prêteront certainement assistance. »

20. En terrain sérieux, je m'assurerais un afflux constant d'approvisionnement.

21. En terrain difficile, je brûlerais les étapes.

22. En terrain encerclé, je bloquerais les points d'accès et les issues.

Tu Mu : « La doctrine militaire veut qu'une force qui en encercle une autre laisse une brèche pour montrer aux troupes cernées qu'il existe une échappée, de sorte qu'elles ne soient pas décidées à se battre jusqu'à la mort. Ensuite, tirant parti de cette situation, frappez. Supposons à présent que ce soit moi qui me trouve en terrain encerclé. Si l'ennemi ouvre une voie afin de donner à mes troupes la tentation de s'y engager, je ferme cette issue de façon que mes officiers et mes hommes aient la volonté de se battre jusqu'à la mort [13]. »

---

11. Il s'agit de savoir de quels « arrières » Sun Tzu parle. Ch'en Hao ajoute quelque chose à ce verset tel qu'il figure dans le présent contexte.
12. Ce « quelqu'un » est Mei Yao Ch'en qui prend Hou (後) dans le sens d' « après », préposition de temps.
13. D'après un long récit, Shen Wu, qui vivait sous les Wei postérieurs, placé dans une telle situation, fit couper par les

23. En terrain mortel, je pourrais montrer qu'il n'y a aucune chance de survie. Car il est dans la nature des soldats de résister lorsqu'ils sont cernés, de combattre jusqu'à la mort lorsqu'il n'existe pas d'autre solution, et, lorsqu'ils sont aux abois, d'obéir aveuglément.

24. Les modifications tactiques appropriées aux neuf types de terrain, les avantages inhérents à l'emploi des formations compactes ou largement déployées et les principes qui régissent le comportement humain sont des questions que le général doit étudier avec le plus grand soin [14].

25. Autrefois, ceux qui passaient pour experts dans l'art militaire empêchaient dans le camp ennemi la jonction entre avant et arrière-gardes, la coopération réciproque entre éléments importants et éléments de moindre envergure, l'asistance des troupes de valeur aux médiocres et le soutien mutuel entre supérieurs et subordonnés [15].

26. Lorsque les forces ennemies sont dispersées, il les empêche de se regrouper ; lorsqu'elles sont concentrées, il y sème le désordre.

Meng : « Lancez de nombreuses opérations propres à l'abuser. Montrez-vous à l'ouest et progressez à partir de l'est ; attirez-le au nord et frappez-le au sud. Affolez-le et faites-lui perdre l'esprit au point qu'il disperse ses troupes dans la confusion. »

Chang Yu : « Prenez-le au dépourvu en déclenchant des attaques surprises là où il n'est pas prêt. Faites-le assaillir soudain par des troupes de choc. »

troupeaux de l'armée la seule retraite laissée à ses troupes. Ses forces se battirent alors avec l'énergie du désespoir et défirent une armée de deux cent mille hommes.

14. Ce verset est suivi de sept courts versets qui donnent une nouvelle définition des termes déjà expliqués aux versets 2 à 10 inclus. Il semble qu'il s'agisse de commentaires qui se sont glissés dans le texte.

15. Il faut comprendre ici que, même si l'ennemi était capable de se concentrer, des dissensions internes provoquées par le général expérimenté le mettraient hors d'état de combattre efficacement.

27. Ils se concentraient et s'ébranlaient lorsque tel était leur avantage [16] ; dans le cas contraire, ils faisaient halte.

28. Qu'on me demande : « Comment puis-je venir à bout d'une armée ennemie bien ordonnée qui est sur le point de m'attaquer ? » Je réponds : « Emparez-vous d'une chose à laquelle il tient et vous ferez de lui ce que vous voudrez [17]. »

29. La promptitude est l'essence même de la guerre. Tirez parti du manque de préparation de l'ennemi ; empruntez des itinéraires imprévus et frappez-le là où il ne s'est pas prémuni.

Tu Mu : « Ainsi se résume la nature profonde de la guerre... et le sommet de l'art dans la conduite d'une armée. »

Chang Yu : « Ici Sun Tzu explique de nouveau... que, s'il est une chose qui compte, c'est bien la divine célérité. »

30. Dans le cas d'une force d'invasion, le principe général à retenir, c'est qu'une fois entrée profondément en territoire ennemi, l'armée est unie et le pays qui se défend ne peut triompher d'elle.

31. Pillez les régions fertiles pour approvisionner l'armée abondamment.

32. Veillez à la nourriture des troupes ; ne leur imposez pas d'inutiles corvées. Faites en sorte qu'elles soient animées d'un même esprit et que leur force demeure intacte. En ce qui concerne les mouvements de l'armée, établissez des plans insondables.

33. Jetez les troupes dans une situation sans issue, telle que, même face à la mort, elles ne s'enfuiront pas. Car, si elles sont prêtes à mourir, de quels exploits ne seront-elles pas capables ? Alors, en effet, officiers et

16. Littéralement « ils se sont concentrés là où c'était leur intérêt, puis ils sont passés à l'action. Lorsque ce n'était pas leur intérêt, ils sont restés sur place. » Dans un autre commentaire, Shih Tzu Mei dit de ne pas se mettre en mouvement à moins qu'il n'y ait avantage à le faire.

17. Commentaire entre question et réponse omis.

hommes, ensemble, tirent d'eux-mêmes le maximum. Dans une situation désespérée, ils ne craignent rien ; lorsqu'il n'y a pas de retraite possible, ils sont inébranlables. Lorsqu'ils sont profondément enfoncés en territoire ennemi, ils sont liés les uns aux autres et, là où il n'y a pas d'autre solution, ils engageront avec l'ennemi le corps à corps [18].

34. Donc, de telles troupes n'ont pas besoin d'être encouragées à la vigilance. Sans avoir à leur arracher leur soutien, le général l'obtient ; sans qu'il le recherche, leur attachement lui est acquis ; sans la demander, il gagne leur confiance [19].

35. Mes officiers n'ont pas d'excédent de richesses, mais ce n'est pas par mépris des biens terrestres ; ils ne s'attendent pas à vivre vieux, mais non par haine de la longévité.

Wang Hsi : « ... Lorsque les officiers et les hommes ne se soucient que des richesses terrestres, ils aiment la vie par-dessus tout. »

36. Le jour où l'armée reçoit l'ordre de se mettre en marche, les larmes de ceux qui sont assis inondent leur revers ; les larmes de ceux qui sont allongés ruissellent le long de leurs joues.

Tu Mu : « Tous ont signé un pacte avec la mort. Avant le jour de la bataille, cet ordre est lancé : " Ce qui va se disputer aujourd'hui dépend de ce coup unique. Les corps de ceux qui refusent de mettre leur vie en jeu engraisseront les champs et deviendront des charognes livrées en pâture aux oiseaux et aux bêtes féroces. " »

37. Mais jetez-les dans une situation sans issue et ils montreront le courage immortel de Chuan Chu et de Ts'ao Kuei [20].

18. Il existe en chinois plusieurs caractères exprimant l'idée de « combattre ». Celui qui est utilisé ici implique la notion de « corps à corps ».
19. Ceci s'applique aux troupes d'un général qui sait les nourrir, les animer d'un même esprit et ménager leurs forces, tout en établissant, par ailleurs, des plans insondables.
20. Les exploits de ces héros sont narrés dans le S.C., chapitre 68.

38. Or, les troupes de ceux qui sont experts dans l'art militaire sont utilisées comme le Serpent « qui riposte de tous ses anneaux à la fois » du mont Ch'ang. Lorsqu'on le frappe à la tête, c'est sa queue qui attaque ; lorsqu'on le frappe à la queue, c'est sa tête qui attaque ; lorsqu'il est frappé en son centre, il attaque à la fois de la tête et de la queue [21].

39. Que l'on me demande : « Est-il possible de rendre des troupes capables d'une coordination aussi instantanée ? » Je réponds : « C'est possible. » Car, bien que les hommes du Wu et du Yueh se haïssent, s'ils se trouvaient ensemble à bord d'un bateau ballotté par les vents, ils collaboreraient comme la main droite avec la gauche.

40. Donc, il ne suffit pas de placer sa confiance dans des chevaux entravés ou dans les roues de chars enterrées [22].

41. Entretenir un niveau uniforme de bravoure, c'est l'objet du commandement militaire [23]. Et c'est par l'usage approprié du terrain que les forces de choc et les forces souples sont toutes deux utilisées au mieux [24].

Chang Yu : « Si l'on acquiert l'avantage du terrain, alors même des troupes faibles et sans consistance pourront vaincre. A plus forte raison des troupes aguerries

---

21. Cette montagne était appelée autrefois le mont Heng. Sous le règne de l'empereur Wen (Liu Heng), de la dynastie des Han (179-159 avant J.-C.) on lui donna le nom de « Ch'ang » afin d'éviter l'usage irrévérencieux du nom de l'Empereur. Dans tous les ouvrages existants, « Heng » fut remplacé par « Ch'ang ».

22. De tels expédients du style « ligne Maginot » ne suffisent pas par eux-mêmes à empêcher de fuir des troupes placées en position de défense.

23. Littéralement « niveler le courage '' de tous '' pour qu'il devienne celui d'un seul, voici comment il faut commander ».

24. Chang Yu précise les raisons pour lesquelles le terrain doit être pris en considération lorsqu'on dispose les troupes. La diversité de qualité des troupes peut être compensée par l'affectation réfléchie des positions. Les troupes faibles seront capables de tenir un terrain fort mais elles « craqueront » peut-être si elles sont placées dans une position moins forte.

et fortes ! Si, dans un cas comme dans l'autre, les troupes peuvent être utilisées efficacement, c'est parce qu'elles sont disposées conformément aux conditions du terrain. »

42. Il incombe au général d'être serein et impénétrable, impartial et maître de lui [25].

Wang Hsi : « S'il est serein, il est insensible aux contrariétés ; s'il est impénétrable, il est insondable ; s'il est juste, il agit comme il convient ; s'il est maître de lui, il ne tombe pas dans la confusion. »

43. Il doit savoir maintenir ses officiers et ses hommes dans l'ignorance de ses plans.

Ts'ao Ts'ao : « ... Ses troupes peuvent s'associer à la joie de l'action accomplie mais non à l'établissement de ses plans. »

44. Il interdit les pratiques superstitieuses et ainsi libère l'armée du doute. Alors, jusqu'à l'heure de la mort, il ne saurait y avoir de difficulté [26].

Ts'ao Ts'ao : « Interdisez les oracles et les présages de mauvais augure. Débarrassez les plans du doute et de l'incertitude. »

Chang Yu : « Le *Ssu Ma Fa* déclare : " Exterminez les superstitions. " »

45. Il change ses méthodes et modifie ses plans afin que l'on n'ait pas connaissance de ce qu'il fait.

---

25. Giles a traduit : « Il incombe au général de garder le silence et ainsi d'assurer le secret, d'être droit et juste et ainsi de maintenir l'ordre. » Les commentateurs ne sont pas d'accord mais aucun d'entre eux ne prend ce passage dans ce sens et le texte ne vient pas non plus à l'appui de cette interprétation. J'ai suivi Ts'ao Ts'ao et Wang Hsi.
26. Le Chih (之) qui se trouve à la fin de la phrase a été remplacé par Tsai (災) qui désigne une calamité naturelle ou « envoyée par le Ciel ». Une partie du commentaire de Ts'ao Ts'ao, qui a été omise, indique que plusieurs textes différents étaient répandus de son temps.

Chang Yu : « Les procédés déjà utilisés antérieurement et les plans anciens qui ont été menés à bien dans le passé doivent être modifiés. »

46. Il change l'emplacement de ses camps et avance par des voies détournées, rendant ainsi ses desseins impénétrables [27].

47. Rassembler l'armée et la jeter dans une situation désespérée c'est l'affaire du général.

48. Il fait entrer l'armée profondément en territoire ennemi et là, presse la détente [28].

49. Il brûle ses vaisseaux et casse ses marmites ; il presse l'armée comme un troupeau de moutons, tantôt dans une direction, tantôt dans l'autre, et nul ne sait où il va [29].

50. Il fixe une date pour le rassemblement et, une fois la jonction effectuée, il coupe la retraite aux troupes, tout comme s'il leur retirait une échelle de dessous les pieds.

---

27. Ou peut-être « place l'ennemi dans l'impossibilité d'avoir connaissance de ses plans ». Mais, pour Mei Yao Ch'en, il faut comprendre que l'ennemi sera ainsi rendu incapable d'établir des plans. Giles laisse entendre que le général, en changeant l'emplacement de ses camps et en avançant par des voies détournées, peut empêcher l'ennemi de « deviner ses intentions », ce qui semble être la meilleure interprétation. Les commentaires n'apportent pas de lumière sur ce point controversé.

28. « Déclenchement » d'un ressort ou d'un mécanisme, tel est le sens habituel de l'expression Fa Chi (發 機). Cette locution a été traduite : « mettre à exécution ses plans bien appropriés ». Wang Hsi dit que, lorsque le mécanisme est déclenché, « il n'y a pas de retour possible » (de la flèche ou du carreau d'arbalète). Littéralement, ce verset signifie : « Il fait pénétrer l'armée profondément dans le territoire des seigneurs féodaux et là déclenche le mécanisme » (ou « met en œuvre ses plans bien appropriés »). Giles traduit l'expression en question par « montre son bras », c'est-à-dire prend des mesures irréversibles.

29. Ni ses propres troupes, ni son ennemi ne peuvent percer son dessein final.

51. Qui ignore les plans des Etats voisins ne peut nouer à temps des alliances ; si l'on ignore les conditions géographiques concernant les montagnes, les forêts, les défilés dangereux, les marais et les marécages, on ne peut mener une armée ; si l'on omet de recourir aux guides indigènes, on ne peut acquérir l'avantage du terrain. Il suffit qu'un général néglige l'un de ces trois facteurs pour ne pas être apte à commander les armées d'un Roi Dominateur [30].

Ts'ao Ts'ao : « Ces trois points ont été traités plus haut. La raison pour laquelle Sun Tzu y revient est qu'il désapprouve fortement ceux qui sont incapables d'utiliser les troupes convenablement. »

52. Or, lorsqu'un Roi Dominateur attaque un Etat puissant, il place l'ennemi dans l'impossibilité de se concentrer. Il en impose à l'ennemi et empêche ses alliés de se joindre à lui [31].

Mei Yao Ch'en : « Lorsque vous attaquez un Etat important, si vous pouvez diviser les forces ennemies, vos moyens seront plus que suffisants. »

53. Il s'ensuit qu'il ne se mesure pas à de puissantes coalitions et qu'il ne favorise pas la puissance des autres Etats. Pour atteindre ses objectifs, il compte sur son aptitude à en imposer à ses adversaires. Et de cette façon, il peut prendre à l'ennemi ses villes et renverser son gouvernement [32].

---

30. En remplaçant Ssu Wu Che (四 五 者), « ces " quatre ou cinq " points » par Tz'u San Che (此 三 者), « ces " trois " points ».

31. Ce verset et le suivant posent des problèmes. Selon Chang Yu, ce verset signifie que, si les troupes d'un Roi Dominateur (ou de tout autre souverain qui ambitionne de le devenir) attaquent précipitamment (ou témérairement, ou de façon irréfléchie), *ses* alliés ne se portent pas à *son* secours. Les autres commentateurs ont donné à ce verset la même interprétation que moi.

32. Les scoliastes ne sont pas d'accord quant à l'interprétation de ce verset. Giles traduit : « Donc, il ne s'efforce pas de

Ts'ao Ts'ao : « On entend par " Roi Dominateur " celui qui ne s'allie pas avec les seigneurs féodaux. Il rompt les alliances de " Tout sous le Ciel " et s'adjuge l'autorité. Il utilise le prestige et la vertu pour arriver à ses fins[33]. »

Tu Mu : « Ce verset déclare que, si l'on ne s'assure pas, par des pactes, de l'assistance des Etats voisins, et que l'on ne forme pas des plans basés sur l'opportunité, mais que, poursuivant ses propres objectifs, on compte uniquement sur sa propre force militaire pour en imposer à l'ennemi, alors on risque de voir capturer ses propres villes et renverser son propre gouvernement[34]. »

54. Accordez des récompenses sans égard aux usages courants ; donnez des ordres sans tenir compte des précédents[35]. Ainsi vous pourrez employer l'armée tout entière comme s'il s'agissait d'un seul homme.

Chang Yu : « ... Si le code relatif aux récompenses et aux châtiments est clairement rédigé et appliqué de façon expéditive, alors vous pourrez utiliser la multitude comme s'il s'agissait d'une poignée d'hommes. »

55. Mettez les troupes à l'ouvrage sans faire part de vos desseins, utilisez-les pour acquérir l'avantage sans dévoiler les dangers encourus. Jetez-les dans une situation

s'allier avec tous sans exception et il ne favorise pas la puissance d'autres Etats. Il mène à bien ses propres desseins secrets, tenant ses antagonistes en respect. Ainsi, il est en mesure de leur prendre leurs villes et de renverser leurs royaumes. » Mais, à mon avis, Sun Tzu a voulu dire que le « Roi Dominateur » n'a pas besoin de se mesurer à « de puissantes coalitions », parce qu'il sépare ses ennemis. Il ne les laisse pas constituer « de puissantes coalitions ».

33. Peut-être Giles tira-t-il son interprétation de ce commentaire.

34. Autre interprétation qui peut se justifier également et qui montre à quel point les scoliastes divergent souvent radicalement.

35. Ce verset qui, de toute évidence, a été retiré de son contexte, met en relief que le général, sur le terrain, n'est pas astreint à suivre les procédures en vigueur pour reconnaître des services méritoires, mais doit accorder des récompenses avec à-propos. Le général n'a pas besoin de se conformer aux coutumes établies en ce qui concerne la gestion de son armée.

périlleuse, elles en réchappent ; placez-les en terrain mortel, et elles subsisteront. Car, lorsque l'armée est placée dans une telle situation, elle peut, acculée à la défaite, arracher la victoire.

56. Or, ce qui est capital dans les opérations militaires, c'est de faire croire que l'on s'ajuste aux desseins de l'ennemi [36].

57. Concentrez vos forces contre l'ennemi et, à mille li de distance, vous pourrez tuer son général [37]. C'est ce qu'on appelle pouvoir atteindre son but par la ruse et l'ingéniosité.

58. Le jour où le système d'attaque est mis en branle, obturez les passages, annulez les sauf-conduits [38], cessez toutes relations avec les envoyés de l'ennemi et exhortez le conseil du temple à exécuter les plans [39].

59. Lorsque l'ennemi fournit une occasion, saisissez-la sans délai [40]. Devancez-le en vous emparant d'une chose à

36. Traduction trop libre peut-être, mais les commentateurs sont d'accord pour déclarer que telle est l'idée que Sun Tzu cherche à exprimer. J'ai suivi Tu Mu.
37. Je suis ici Ts'ao Ts'ao. Un stratège digne de ce nom vainc son ennemi à mille li de distance en devinant les plans de celui-ci.
38. Littéralement « rend caducs les laissez-passer ». Ceux-ci étaient portés par les voyageurs et examinés par les gardiens des passages. Sans un laissez-passer adéquat, personne ne pouvait légalement entrer dans un pays ni en sortir.
39. Le texte manque de clarté. Littéralement il semble vouloir dire : « " De la tribune " du temple, exhortez " l'armée ? " " la population ? " à exécuter les plans. » Les commentateurs n'apportent aucune lumière.
40. Encore un verset difficile. Selon certains scoliastes, il faudrait comprendre : « Lorsque l'ennemi envoie des espions, laissez-les entrer immédiatement. » La difficulté réside dans le sens de la locution K'ai Ho (開 闔), qui signifie littéralement « ouvrir le battant d'une porte », c'est-à-dire « offrir une occasion " d'entrer " ». Selon Ts'ao Ts'ao, cette expression veut dire « une fissure », « une ouverture » ou « un espace ». Ts'ao Ts'ao ajoute : « Vous devez entrer promptement. » Selon d'autres commentateurs, la locution en question signifie « espions » ou « agents secrets ». J'ai suivi Ts'ao Ts'ao.

laquelle il attache du prix et passez à l'action à une date fixée secrètement.

60. La doctrine militaire enseigne de suivre de près la situation militaire de l'ennemi afin de décider du combat [41].

61. Pour cette raison, soyez donc, tout d'abord, timide comme une vierge. Lorsque l'ennemi présente une faille, soyez prompt comme le lièvre, et il sera incapable de vous résister.

41. Les commentateurs sont de nouveau en désaccord : les versets 58-61 se prêtent à différentes traductions ou interprétations.

XII

L'ATTAQUE PAR LE FEU

Sun Tzu a dit :

1. Il existe cinq méthodes pour attaquer par le feu. La première, c'est de brûler le personnel ; la deuxième, de brûler les stocks ; la troisième, de brûler le matériel ; la quatrième, de brûler les arsenaux et la cinquième, d'utiliser des projectiles incendiaires [1].

2. Pour utiliser le feu il faut s'appuyer sur certains moyens.

Ts'ao Ts'ao : « Appuyez-vous sur des traîtres qui se trouvent dans les rangs ennemis [2]. »

Chang Yu : « Toutes les attaques par le feu dépendent des conditions atmosphériques. »

3. Le matériel incendiaire doit toujours être disponible.

Chang Yu : « L'outillage et les matériaux combustibles doivent toujours être préparés à l'avance. »

1. Il y a ici une erreur dans le texte. Tu Yu apporte une modification et explique que des flèches à la pointe enflammée sont tirées sur le cantonnement ou sur le camp de l'ennemi par de vigoureux arbalétriers. D'autres commentateurs proposent des interprétations différentes, mais la modification apportée par Tu Yu est logique.

2. L'expression « dans les rangs ennemis » a été ajoutée. Ch'en Hao fait remarquer que l'on ne compte pas uniquement sur des traîtres.

4. Il existe des époques favorables et des jours appropriés pour allumer des feux.

5. Par « époques » il faut entendre « lorsqu'il fait une chaleur torride », par « jours » « lorsque la lune est dans les constellations du Sagittaire, d'Alpharatz, d'I ou de Chen », car à ces moments-là, les vents se lèvent [3].

6. Or, en cas d'attaque par le feu, il faut réagir aux changements de situation.

7. Lorsque l'incendie se déclare dans le camp ennemi, coordonnez immédiatement l'ensemble des opérations de l'extérieur. Mais si ses troupes demeurent calmes, patientez et n'attaquez pas.

8. Lorsque l'incendie atteint son paroxysme, poursuivez si possible. Sinon attendez.

9. Si vous pouvez allumer des incendies à l'extérieur du camp ennemi, il n'est pas nécessaire d'attendre qu'ils se soient déclarés à l'intérieur. Allumez les incendies au moment propice [4].

10. Lorsque le feu a pris au vent, n'attaquez pas sous le vent.

11. Lorsque le vent souffle le jour, il tombera le soir [5].

12. Or, l'armée doit connaître les cinq différents cas d'attaque par le feu et demeurer dans un état de vigilance constante [6].

13. Ceux qui utilisent l'incendie pour soutenir leurs attaques ont pour eux l'intelligence, ceux qui utilisent l'inondation ont pour eux la force.

---

3. Sun Hsing Yen a modifié le texte original conformément au TT et au YL, mais l'original semble préférable et je l'ai suivi. Je ne suis pas en mesure de situer les constellations d'I et de Chen.
4. La dernière phrase implique une mise en garde : ne pas être brûlé par l'incendie que l'on a soi-même allumé.
5. D'après Chang Yu.
6. D'après Tu Mu.

14. L'eau peut isoler un ennemi, mais ne peut détruire ses approvisionnements ou son matériel [7].

15. Or, gagner des batailles et s'emparer des objectifs qu'on s'est fixés, mais ne pas réussir à tirer parti de ces résultats, c'est de mauvais augure et cela s'appelle « gaspillage de temps » [8].

16. Et c'est pourquoi il est dit que les souverains éclairés délibèrent sur les plans et que les bons généraux les exécutent.

17. Si ce n'est dans l'intérêt de l'Etat, n'agissez pas. Si vous n'êtes pas en mesure de réussir, n'ayez pas recours à la force armée. Si vous n'êtes pas en danger, ne vous battez pas [9].

18. Un souverain ne peut pas lever une armée sous le coup de l'exaspération ni un général se battre sous le coup du ressentiment. Car, s'il est possible à un homme irrité de recouvrer la sérénité et à un homme ulcéré de se sentir satisfait de nouveau, un Etat qui a été anéanti ne peut être rétabli, ni les morts rendus à la vie.

19. C'est pourquoi le souverain éclairé est prudent et le bon général prévenu contre les mouvements inconsidérés [10]. C'est ainsi que l'Etat est sauvegardé et l'armée épargnée.

---

7. D'après Ts'ao Ts'ao.
8. Mei Yao Ch'en est le seul commentateur à avoir saisi ce que Sun Tzu a voulu dire. Les situations doivent être exploitées.
9. Les scoliastes font ressortir qu'il ne faut recourir à la guerre qu'en dernière ressource.
10. Les trois derniers mots ont été ajoutés. La rage et le ressentiment poussent à agir inconsidérément.

XIII

L'UTILISATION DES AGENTS SECRETS [1]

Sun Tzu a dit :

1. Or, lorsqu'une armée de cent mille hommes sera levée et envoyée en campagne lointaine, les dépenses supportées par la population, jointes aux sommes déboursées par le trésor, s'élèveront à mille pièces d'or par jour. Il régnera une agitation constante tant à l'intérieur du pays qu'à l'extérieur, la population sera épuisée par les exigences des transports et les affaires de sept cent mille familles seront désorganisées [2].

Ts'ao Ts'ao : « Autrefois, huit familles formaient une collectivité. Lorsqu'une d'entre elles envoyait un homme à l'armée, les sept autres contribuaient à l'entretien du foyer affecté. Ainsi, lorsqu'une armée de cent mille hommes était levée, les familles qui n'étaient pas en mesure d'assurer pleinement leur part des labours et des semailles étaient au nombre de sept cent mille. »

2. Celui qui fait face à l'ennemi durant de longues années afin de lutter pour la victoire dans un combat

1. Le caractère qui figure dans le titre signifie « l'espace entre » deux objets (par exemple une fente entre deux portes) et, de là, « fissure », « division » ou « diviser ». Il signifie également « espions », « espionner » ou « espionnage ».
2. J'ai traduit « à mille li de distance » par « en campagne lointaine ». Cette indication numérique n'a pas besoin d'être prise à la lettre.

décisif, mais qui, parce qu'il rechigne à accorder des grades, des honneurs et quelques centaines de pièces d'or, demeure dans l'ignorance de la situation de l'ennemi, est totalement dépourvu d'humanité. Un tel homme n'a rien d'un général ; il n'est d'aucun soutien pour son souverain ; il n'est nullement maître de la victoire.

3. Or, si le prince éclairé et le général avisé défont l'ennemi chaque fois qu'ils passent à l'action, si leurs réalisations surpassent celles du commun, c'est grâce à l'information préalable.

Ho Yen Hsi : « Le chapitre des *Rites de la dynastie des Chou* intitulé " Officiers militaires " mentionne " Le directeur de l'Espionnage national ". Cet officier dirigeait des opérations secrètes à l'étranger, probablement [3]. »

4. Ce qu'on appelle « information préalable » ne peut pas être tiré des esprits, ni des divinités, ni de l'analogie avec des événements passés, ni de calculs. Il faut l'obtenir d'hommes qui connaissent la situation de l'ennemi.

5. Or, il existe cinq sortes d'agents secrets à utiliser, soit : les agents indigènes, intérieurs, doubles, liquidables et volants [4].

6. Lorsque ces cinq types d'agents sont tous à l'ouvrage simultanément et que personne ne connaît leurs procédés, ils sont appelés « le divin écheveau » et ils constituent le trésor d'un souverain [5].

7. Les agents indigènes sont les ressortissants du pays ennemi que nous employons.

8. Les agents intérieurs sont des fonctionnaires ennemis que nous employons.

---

3. Il est fait appel ici, probablement, à l'autorité de la tradition pour appuyer la légitimité de l'espionnage et de la subversion, qui sont contraires à l'esprit du confucianisme.
4. Je traduis par « liquidables » un terme qui signifie « mort ».
5. Il faut comprendre que les informations peuvent être ramassées, comme on le fait des poissons, en tirant sur une seule corde et en resserrant les diverses mailles d'un filet.

Tu Mu : « La classe des fonctionnaires compte des hommes de mérite qui ont été destitués ; il en est d'autres qui, ayant commis des erreurs, ont été châtiés. Il y a des sycophantes et des mignons qui convoitent la richesse. Il y a ceux qui, à tort, ont été longtemps maintenus dans des fonctions modestes, ceux qui ne sont pas parvenus à des postes de responsabilité et ceux dont l'unique désir est de profiter des périodes troublées pour élargir leurs pouvoirs personnels. Il y a ceux qui sont à double face, inconstants et fourbes, et qui, toujours, attendent de voir d'où viendra le vent. En ce qui concerne tous ceux-ci, vous pouvez vous enquérir secrètement de leur situation matérielle, les couvrir d'or et de soie, et ainsi vous les attacher. Ensuite vous pourrez compter sur eux pour faire la lumière sur la situation telle qu'elle se présente effectivement dans leur pays et pour s'informer des plans que ledit pays forme contre vous. Ils peuvent également causer des dissensions entre le souverain et ses ministres de sorte qu'entre eux ne règne pas une entente parfaite. »

9. Les agents doubles sont des espions ennemis que nous employons.

Li Ch'uan : « Lorsque l'ennemi envoie des espions pour fureter dans ce que j'accomplis ou n'accomplis pas, je leur dispense libéralement les pots-de-vin, je les retourne, et je fais d'eux mes propres agents. »

10. Les agents liquidables sont ceux de nos espions à qui nous donnons délibérément des informations forgées de toutes pièces.

Tu Yu : « Nous laissons échapper des informations qui sont réellement fausses et nous faisons en sorte que nos agents en aient connaissance. Lorsque ces agents, travaillant sur le territoire de l'ennemi, seront pris par celui-ci, ils feront état, à coup sûr, de ces informations fausses. L'ennemi y ajoutera foi et fera des préparatifs en conséquence. Mais naturellement nous agirons dans un tout autre sens, et l'ennemi mettra à mort les espions. »

Chang Yu : « ... Sous notre dynastie, le chef d'état-major Ts'ao grâcia un jour un condamné, le déguisa en moine, lui fit avaler une boulette de cire et l'envoya chez les Tangouts. A son arrivée, le faux moine fut emprisonné. Il parla à ceux qui l'avaient capturé de la boulette de cire, qu'il rejeta bientôt dans ses selles. Ouvrant la boulette, les Tangouts lurent la lettre adressée par le chef d'état-major Ts'ao à leur directeur de la planification stratégique. Le chef des barbares, hors de lui, fit exécuter son ministre, ainsi que le moine espion. Tel est le procédé. Mais les agents liquidables ne sont pas confinés dans un seul emploi. Parfois, j'envoie des agents trouver l'ennemi pour signer la paix et ensuite j'attaque. »

11. Les agents vivants sont ceux qui rapportent des informations.

Tu Yu : « Nous choisissons des hommes intelligents, doués, prudents et capables de se frayer un chemin vers ceux qui, dans le camp ennemi, sont sur un pied d'intimité avec le souverain et les membres de la noblesse. Ainsi, ils sont en mesure d'observer les mouvements de l'ennemi et d'avoir connaissance de son action et de ses plans. Une fois renseignés sur la situation réelle, ils reviennent nous en informer. C'est pourquoi ils sont appelés " agents volants ". »

Tu Mu : « Ce sont des gens qui peuvent aller et venir et transmettre des rapports. Comme espions volants nous devons recruter des hommes intelligents mais qui ont l'air stupide et des hommes intrépides en dépit de leur air inoffensif, des hommes lestes, vigoureux, hardis et braves, rompus aux tâches humbles et capables d'endurer la faim, le froid, la malpropreté et l'humiliation. »

12. Parmi tous ceux qui dans l'armée font partie de l'entourage du commandant en chef, nul n'est plus proche de celui-ci que l'agent secret ; de toutes les rétributions, aucune n'est plus large que celle des agents secrets ; de toutes les questions, aucune n'est plus confidentielle que celles qui ont trait aux opérations secrètes.

Mei Yao Ch'en : « Les agents secrets reçoivent leurs instructions sous la tente du général ; ils sont proches de lui et sur un pied d'intimité avec lui. »

Tu Mu : « Ce sont des questions " bouche à oreille ". »

13. Qui n'est pas avisé et prudent, humain et juste, ne peut utiliser des agents secrets. Et qui n'est pas fin et subtil ne peut leur arracher la vérité.

Tu Mu : « Ce qu'il faut avant tout, c'est apprécier le caractère de l'espion et déterminer s'il est sincère, digne de foi et réellement intelligent. Ensuite il peut être employé... Parmi les agents, il en est dont le seul but est de s'enrichir sans chercher à connaître vraiment la situation de l'ennemi et qui ne répondent à mes exigences que par des paroles creuses [6]. En pareil cas, je dois faire preuve d'astuce et de subtilité. Ensuite je pourrai apprécier la véracité ou le caractère mensonger des dires de l'espion et distinguer entre ce qui est conforme aux faits et ce qui ne l'est pas. »

Mei Yao Ch'en : « Prenez des précautions contre l'espion qui a été manipulé. »

14. Sujet délicat en vérité ? Vraiment délicat ! Il n'est point de lieu où l'espionnage ne soit utilisé.

15. Si des plans relatifs à des opérations secrètes sont divulgués prématurément, l'agent et tous ceux à qui il a parlé devront être mis à mort [7].

Ch'en Hao : « ... On peut les tuer afin de leur fermer la bouche et d'empêcher l'ennemi de les entendre. »

16. En général, si vous voulez frapper des armées, attaquer des villes et assassiner des personnes, il faut connaître le nom du commandant de la garnison, des officiers d'état-major, des huissiers, des gardiens des portes et des gardes du corps. Il faut donner à vos agents l'ordre de se renseigner à ce sujet en détail.

6. De tels agents sont maintenant qualifiés à juste titre de « moulins à papier ».

7. Giles a traduit : « Si une nouvelle secrète est divulguée par un espion avant qu'il ne soit temps... » Sun Tzu ne parle pas de « nouvelles », mais de faits, affaires ou plans intéressant l'espionnage.

Tu Mu : « Si l'on souhaite mener l'offensive, on doit connaître les hommes qu'emploie l'ennemi. Sont-ils avisés ou stupides, fins ou balourds ? Une fois ces qualités évaluées, on effectue des préparatifs appropriés. Lorsque le roi des Han envoya Han Hsin, Ts'ao Ts'an et Kuan Ying attaquer Wei Pao, il demanda : " Qui est le commandant en chef de l'Etat de Wei ? " " Po Chih ", lui fut-il répondu. Le Roi dit : " Sa bouche sent encore le lait maternel. Il ne saurait égaler Han Hsin. Qui commande la cavalerie ? " " Feng Ching ", lui fut-il répondu. Le Roi dit : " C'est le fils du général Feng Wu Che de Ch'in. Bien qu'il soit homme de valeur, il ne vaut pas Kuan Ying. Et qui commande l'infanterie ? " " Hsiang T'o ", lui fut-il répondu. Le Roi dit : " Il n'y a pas de commune mesure entre lui et Ts'ao Ts'an. Je n'ai nulle raison de m'inquiéter. " »

17. Il est primordial de repérer les agents de l'ennemi qui viennent mener des activités d'espionnage contre vous et de les soudoyer afin qu'ils passent à votre service. Donnez-leur des instructions et prenez soin d'eux [8]. C'est ainsi que les agents doubles sont recrutés et utilisés.

18. C'est par l'intermédiaire des agents doubles que les agents indigènes et intérieurs peuvent être recrutés et employés.

Chang Yu : « La raison en est que l'agent double connaît, parmi ses compatriotes, ceux qui sont cupides, ainsi que les fonctionnaires qui se sont acquittés de leurs tâches avec négligence. Et ce sont ces personnes que nous pouvons attirer à notre service. »

19. Et c'est de cette façon que l'agent liquidable, muni de fausses informations, peut être envoyé chez l'ennemi pour les lui transmettre.

Chang Yu : « C'est parce que les agents doubles savent dans quels domaines l'ennemi peut être abusé que

8. Ces agents doivent être, selon la traduction de Giles, « alléchés par des pots-de-vin, détournés et logés confortablement ».

les agents liquidables peuvent être envoyés pour transmettre des informations fausses. »

20. Et c'est également de cette façon que les agents volants peuvent être utilisés au moment opportun.

21. Le souverain doit avoir l'entière connaissance des activités des cinq sortes d'agents. Cette connaissance doit provenir des agents doubles, et c'est pourquoi il est indispensable de traiter ceux-ci avec une extrême libéralité.

22. Jadis, l'ascension de la dynastie des Yin fut due à I Chih, qui avait autrefois servi les Hsia ; les Chou parvinrent au pouvoir grâce à Lu Yu, serviteur des Yin [9].

Chang Yu : « I Chih était un ministre des Hsia qui passa au service des Yin. Lu Wang était un ministre des Yin qui passa au service des Chou. »

23. Et c'est pourquoi seuls le souverain éclairé et le général de valeur qui sont en mesure d'utiliser comme agents les personnes les plus intelligents sont assurés d'accomplir de grandes choses. Les opérations secrètes sont essentielles dans la guerre ; c'est sur elles que l'armée se repose pour effectuer chacun de ses mouvements.

Chia Lin : « Une armée sans agents secrets est exactement comme un homme sans yeux ni oreilles. »

9. Un certain nombre de commentateurs s'indignent de voir ces personnages éminents qualifiés par Sun Tzu d' « espions » ou d' « agents » ; pourtant c'est, bien sûr, la vérité.

Appendices

NOTE SUR WU CH'I

Wu Ch'i, dont le nom est toujours associé à celui de Sun Tzu, naquit dans le Wei vers 430 avant J.-C. et fut exécuté dans le Ch'u en 381 avant J.-C. Il fut dans sa jeunesse élève de Tseng Ts'ian, qui conçut pour lui de l'aversion et le bannit de son entourage. S'étant rendu dans l'Etat de Lu, Wu Ch'i étudia l'art militaire, matière dans laquelle il fut bientôt reconnu comme un expert. Lorsque les hostilités éclatèrent entre le Lu et le Ch'i, il brûla de prendre le commandement de l'armée Lu, mais le prince hésita à le lui confier parce que sa femme était originaire du Ch'i. Alors Wu Ch'i assassina sa femme pour prouver son loyalisme et embrassa ce qui devait se révéler une brillante carrière militaire. Ensuite il entra au service de l'Etat de Wei où, pendant quelque temps, il jouit de la faveur du marquis de Wu. Un jour qu'il naviguait sur le Fleuve de l'Ouest, le marquis ayant fait observer la splendeur des défenses naturelles de cette région, Wu Ch'i répondit que, pour un Etat, la valeur de son souverain était une bien meilleure sauvegarde qu'une frontière de falaises inaccessibles. En 387 avant J.-C., tombé en disgrâce et croyant ses jours en danger, il s'enfuit dans le Ch'u, où il devint chancelier. Là il réorganisa l'administration. L'impitoyable sévérité avec laquelle il abolit tous les abus lui valut de nombreux ennemis parmi les familles les plus influentes. Après la mort de son protecteur le roi Tao, il fut tué. Il exerça ses fonctions de général avec vigueur, mais il sut gagner le cœur de ses troupes en prenant part à toutes leurs tribulations. L'œuvre qui lui est attribuée est sans aucun doute une compilation élaborée après sa mort.

CHAPITRE I

Comment on projette des opérations
contre d'autres États

PARTIE I

1. Wu Ch'i, revêtu de la robe des confucianistes, utilisa sa connaissance des affaires militaires pour obtenir une audience auprès du marquis Wen de l'Etat de Wei.

2. Le marquis Wen dit : « Je ne me soucie pas des affaires militaires. »

Wu Ch'i dit : « Je sais m'informer de ce qui est caché et, à l'aide du passé, sonder le cours des événements à venir. Pourquoi vos paroles, Monseigneur, sont-elles si différentes de vos pensées ?

3. « Actuellement, Monseigneur, pendant les quatre saisons, vous faites dépecer des animaux, dont les peaux sont ensuite laquées, peintes en vermillon et en bleu et brillamment ornées de corne de rhinocéros et d'ivoire.

« Si vous portez ces peaux l'hiver, elles ne vous tiennent pas chaud, ni frais l'été. Vous fabriquez des lances de vingt-quatre pieds de long et des hallebardes qui sont plus courtes de moitié. Vous couvrez de cuir les roues et les portes de vos chars ; ceux-ci ne sont pas beaux à regarder, ni légers à utiliser pour la chasse.

« Je ne saisis pas à quel usage, Monseigneur, vous les destinez.

4. « Si ce matériel est tenu prêt pour la guerre offensive et défensive et que vous ne cherchiez pas des hommes capables de s'en servir, il s'agit d'une situation comparable à celle de poulets se battant contre un renard ou de chiots qui attaquent un tigre. Malgré leur combativité, ils périront.

5. « Jadis le Seigneur de la tribu Ch'eng Shang mettait toute son application à cultiver ses vertus et il renonçait aux choses militaires. Il en résulta que son Etat fut exterminé. Il était un seigneur de Yu Hu qui plaçait toute sa confiance

dans le nombre de ses effectifs militaires et dans leur courage, et de cette façon il perdit ses autels de terre et de grain.

« Le souverain éclairé qui tire un avertissement de ces précédents devrait assurément favoriser dans la capitale l'étude et la vertu et, sur le terrain, préparer la défense. C'est pourquoi un souverain qui est incapable d'avancer lorsqu'il affronte l'ennemi ne compte pas parmi les Justes et celui qui, penché sur les cadavres de ceux qui sont tombés dans la bataille, les pleure, ne fait pas le Bien. »

6. A ces mots, le duc Wen étendit lui-même des nattes sur le sol et sa femme présenta respectueusement à Wu Ch'i une coupe de vin. Des sacrifices furent offerts dans le temple des ancêtres et Wu Ch'i fut nommé commandant en chef. Il défendit les fleuves de l'ouest et livra soixante-seize batailles aux seigneurs féodaux, dont il vint à bout entièrement en soixante-quatre affrontements, les autres étant restés indécis. Il ouvrit de nouveaux territoires dans toutes les directions et recula les frontières de mille li. Tels furent tous les hauts faits de Wu Ch'i.

PARTIE II

Wu Tsu a dit :

1. Autrefois, ceux qui formaient des projets contre un autre Etat commençaient à coup sûr à instruire les cent clans, puis ils manifestaient leur attachement au peuple innombrable.

2. Il est quatre points sur lesquels l'entente peu faire défaut. Lorsqu'il y a discorde à l'intérieur du pays, l'armée ne peut pas être mobilisée. Lorsqu'il y a discorde au sein de l'armée, celle-ci ne peut pas partir en campagne. Lorsque l'entente fait défaut sur le champ de bataille, l'armée ne peut pas prendre l'offensive. Lorsque l'entente fait défaut dans le combat, l'armée ne peut pas remporter une victoire décisive. C'est pourquoi les généraux d'un souverain qui suit « la Voie juste », lorsqu'ils sont sur le point d'utiliser le peuple, font d'abord régner la concorde et ensuite se lancent dans des entreprises de grande importance.

3. Un tel souverain n'a pas la prétention de se reposer sur ses plans personnels ; il ne manque pas de discuter lesdits plans dans le Temple des Ancêtres après divination par la

carapace de tortue et réflexion sur la saison appropriée. Si les présages sont favorables, il lance alors l'armée en avant.

4. Lorsque les sujets savent que le souverain tient à leur vie et s'afflige de leur mort au point de faire face à la crise avec eux, les officiers considèrent comme une gloire d'avancer et de mourir et comme une honte de sauver leur vie en battant en retraite.

PARTIE III

Wu Tzu a dit :

1. Or, ce qu'on appelle « la Voie juste », c'est le retour aux principes essentiels ; « la justice », c'est ce qui fait progresser les choses et établit le mérite ; « la planification », c'est ce par quoi le mal est évité et l'avantage obtenu ; « les principes essentiels », ce qui sauvegarde le travail et protège les réalisations. Si la conduite n'est pas conforme à « la Voie juste » et l'action à « la justice », alors même si vous occupez une position importante et honorable, le malheur s'abattra sur vous.

2. Et c'est pourquoi sûrement le sage exerce son autorité sur ses sujets à l'aide des principes les plus élevés et il les gouverne avec la justice. Il les stimule par les rites et les apaise en les traitant humainement. Lorsque ces quatre vertus sont pratiquées, le peuple prospère ; lorsqu'elles sont négligées, le peuple périclite. C'est pourquoi lorsque T'ang le Victorieux attaqua Chieh, le peuple des Hsia se réjouit ; lorsque Wu, de la dynastie des Chou, attaqua Chou Hsin, de la dynastie des Shang, les Yin ne lui opposèrent pas de résistance. Ils agirent conformément à la volonté du Ciel et à celle de l'homme, et ainsi purent mener à bien ces réalisations.

PARTIE IV

Wu Tzu a dit :

1. Généralement, lorsqu'on gouverne un pays et qu'on commande une armée, il est nécessaire d'instruire le peuple en recourant aux rites et de l'encourager par la justice de façon à lui inculquer le sens de l'honneur. Or, si les hommes pos-

sèdent un sens de l'honneur élevé, ils seront capables de faire campagne ; s'il est moindre, ils seront capables d'assurer la défense. Remporter la victoire est facile, en préserver les fruits, difficile. Et c'est pourquoi il est dit que lorsque « tout sous le ciel » est en guerre, celui qui remporte cinq victoires est frappé du malheur, celui qui en remporte quatre est épuisé ; celui qui en remporte trois devient dominateur ; celui qui en remporte deux, roi ; celui qui en remporte une, empereur. Ainsi, celui qui, grâce à d'innombrables victoires, a obtenu l'Empire, est seul, alors que ceux qui ont péri pour cette cause sont nombreux.

PARTIE V

Wu Tzu a dit :

1. Or, il existe cinq motifs qui suscitent des opérations militaires : premièrement, la lutte pour la gloire ; deuxièmement, la lutte pour l'avantage ; troisièmement, l'accumulation d'animosité ; quatrièmement, les désordres internes et, cinquièmement, la famine.

2. Il existe également cinq sortes de guerre : d'abord la guerre juste ; deuxièmement, la guerre d'agression ; troisièmement, la guerre de dépit ; quatrièmement, la guerre pour la guerre et, cinquièmement, la guerre d'insurrection. Les guerres qui ont pour but d'étouffer les violences et de réprimer les désordres sont des guerres justes. Celles qui s'appuient sur la force sont des guerres d'agression. Lorsque des troupes sont levées parce que les souverains sont poussés par la colère, il s'agit d'une guerre de dépit. Celles dans lesquelles, par cupidité, toute considération de rectitude est laissée de côté, sont des guerres pour le plaisir de la guerre. Ceux qui, lorsque l'Etat souffre de désordres intérieurs et que le peuple est épuisé, fomentent des troubles et agitent les foules, provoquent des guerres d'insurrection.

3. Il existe une méthode appropriée pour faire face à chacune de ces guerres : on prévient une guerre juste en ayant le gouvernement qui convient, une guerre d'agression en ravalant sa fierté, une guerre de dépit en recourant au bon sens, une guerre pour le plaisir en usant de ruse et de perfidie et une guerre d'insurrection en faisant régner l'autorité.

4. Le marquis de Wu demanda : « Je souhaite savoir comment m'y prendre pour commander aux troupes, pour jauger l'ennemi et pour renforcer l'Etat. »

Wu Ch'i répondit : « Jadis les rois éclairés veillaient à ce qu'il existât des relations convenables entre princes et ministres, entre supérieurs et subordonnés. Ils rassemblaient en paix les fonctionnaires et le peuple et ils les instruisaient selon la coutume. Ils choisissaient et convoquaient des hommes de mérite et de talent, afin de les préparer à toute éventualité.

5. « Autrefois, Huan, de l'Etat de Ch'i, leva cinquante mille guerriers et devint Dominateur des Etats féodaux. Wen, de l'Etat de Chin, mobilisa quarante mille hommes pour l'avant-garde et réalisa ses ambitions. Mu, de l'Etat de Ch'in, aidé de trente mille valeureux hommes de troupe, soumit les ennemis qu'il comptait parmi les Etats voisins. C'est pourquoi le dirigeant d'un Etat puissant doit savoir jauger ses gens. Ceux qui sont hardis, ardents et forts, il les groupe dans un même corps. Ceux qui exultent d'entrer dans la bataille et se dépensent pour prouver leur loyalisme et leur courage, il les groupe dans un même corps. Ceux qui sont doués pour l'escalade et le saut, qui sont agiles et ont le pied léger, il les groupe dans un même corps. Les princes et les ministres qui ont perdu leur rang et qui souhaitent acquérir du mérite aux yeux de leurs supérieurs, il les groupe dans un même corps. Ceux qui ont abandonné les villes qu'ils défendaient et qui veulent réparer leur comportement honteux, il les groupe dans un même corps. Ces cinq corps formeront une armée bien entraînée et zélée. Si vous disposez de trois mille hommes de cette sorte, ils pourront briser, de l'intérieur, une manœuvre d'encerclement ou, de l'extérieur, massacrer les défenseurs des villes ennemies. »

PARTIE VI

1. Le marquis de Wu demanda : « J'aimerais savoir comment rendre mes formations de combat inébranlables à coup sûr, mes défenses solides et comment, dans la bataille, être certain de la victoire. »

Wu Ch'i répondit : « Ce sont là choses qui se voient du premier coup d'œil. Comment se fait-il que vous souhaitiez en entendre parler ? Si Votre Majesté peut confier aux hommes de valeur les fonctions élevées et à ceux qui sont sans mérite les postes subalternes, alors la disposition des troupes sera déjà ferme. Si la population est en sécurité dans ses fermes et dans ses habitations et en bons termes avec les magistrats, alors vos défenses seront déjà solides. Si les clans approuvent leur souverain et désapprouvent celui des autres, alors les batailles sont déjà gagnées. »

2. Le marquis de Wu délibérait un jour des affaires de l'Etat et aucun des avis donnés par ses ministres ne valait le sien. Il quitta la cour, l'air satisfait. Wu Ch'i, s'avançant, lui dit : « Autrefois, le roi Chuang de Ch'u délibérait des affaires de l'Etat et aucun des avis donnés par ses ministres n'arriva à la hauteur du sien. Il quitta le Conseil l'air soucieux. Le seigneur Shen demanda : " Pourquoi le souverain a-t-il l'air soucieux ? " Le Roi répondit : " Cet homme modeste a entendu dire que le monde ne manque jamais de sages et qu'un pays ne manque jamais d'hommes avisés. Qui réussit à avoir un sage pour maître sera roi, qui réussit à avoir un homme avisé pour ami sera dominateur. Or, voici que je n'ai aucun talent et cependant mes ministres sont encore en dessous de moi. L'Etat de Ch'u est en péril. " Voici ce qui inquiétait le roi Chuang de Ch'u mais qui vous, vous satisfait. Quant à moi, votre serviteur, j'éprouve une secrète appréhension. » A ces mots, le marquis de Wu prit une mine confuse.

CHAPITRE II

Comment jauger l'ennemi

PARTIE I

1. Le marquis de Wu dit à Wu Ch'i : « A présent, le Ch'in me menace à l'ouest, le Ch'u me ceinture au sud, le Chao me tient tête au nord, le Ch'i commande les frontières à l'est, le Yen barre la route à mon arrière-garde et le Han établit ses positions face à moi. Je dois me défendre dans toutes les directions contre les troupes de ces six Etats. Cette situation est des plus incommodes. Comment viendrai-je à bout de ces soucis ? »

Wu Ch'i répondit : « Eh bien ! Le moyen d'assurer la sécurité du pays, c'est d'attacher du prix à la prudence. A présent que vous êtes conscient des dangers, le malheur est tenu à distance.

2. « Qu'il me soit permis de passer en revue ces six pays. Actuellement, l'armée Ch'i est nombreuse, mais sans aucune consistance. L'armée Ch'in est dispersée ; chacun s'y bat pour soi. L'armée Ch'u est bien organisée, mais n'a pas d'endurance. L'armée Yen se défendra, mais ne se mettra pas en campagne. Les armées des trois Chin sont bien commandées, mais mal utilisées. Quant aux hommes du Ch'i, ils sont hardis, leur Etat est riche. Leur souverain et leurs ministres, arrogants et dépensiers, traitent le peuple avec mépris. Le gouvernement est clément, mais les salaires injustes. L'armée est divisée dans ses convictions et son poids est à l'avant-garde, non sur les arrières. Aussi est-elle, quoique nombreuse, sans consistance. Voici comment il faut attaquer l'armée Ch'i. Il faut la diviser en trois parties, puis attaquer sa droite et sa gauche. Ainsi vous la forcerez à se plier à votre volonté et elle pourra être détruite.

« Ce qui caractérise l'Etat de Ch'in, c'est sa force, son relief accidenté, son gouvernement strict. Les récompenses et les châtiments n'y demeurent pas lettre morte. La population est opiniâtre et chacun est décidé à se battre. C'est pourquoi ses formations sont dispersées et chacune se bat pour elle-même. La façon de s'y prendre pour attaquer le Ch'in, c'est de commencer par lui offrir quelque avantage apparent, puis de l'inciter à avancer en se retirant. Les officiers convoiteront l'appât et se laisseront séparer des généraux. Tirez parti de leurs erreurs et pourchassez leurs éléments dispersés. Tendez des embuscades, saisissez les occasions et leurs généraux seront pris.

« Ce qui caractérise l'Etat de Ch'u, c'est sa faiblesse. Son territoire est vaste, son gouvernement hésitant et sa population harassée. Aussi cet Etat est-il, quoique bien organisé, sans endurance. La façon de s'y prendre pour attaquer le Ch'u, c'est de frapper brusquement et de semer la confusion dans son camp. D'abord sapez son moral. Avancez avec des troupes légères, puis retirez-vous à grande allure, épuisant ainsi l'armée ennemie. Sans même vous mesurer avec celle-ci par les armes, vous pourrez ainsi avoir raison d'elle.

« Ce qui caractérise les Yen, c'est leur stupidité et leur honnêteté. Ils sont circonspects. Ils admirent la bravoure et la justice, mais manquent d'astuce et de fourberie. C'est pourquoi ils se défendront, mais ne se mettront pas en campagne.

La façon de s'y prendre pour attaquer le Yen, c'est de les aiguillonner et de les harceler, de marcher sur eux, puis de reculer un peu et ensuite d'attaquer prestement leurs arrières. Alors les supérieurs seront perplexes et les subordonnés apeurés. Ils se prémuniront contre nos chars et notre cavalerie et ils tomberont devant eux. Et ainsi leurs généraux seront faits prisonniers.

« Les trois Chin sont les Royaumes du Centre. Leur population est d'un tempérament pacifique. L'ordre règne au sein de leur gouvernement et le peuple est harassé par les combats. Quoique bien entraînées à la guerre, les troupes méprisent leurs généraux. Les fonctionnaires sont chichement rémunérés. Les officiers n'ont pas la volonté de se battre jusqu'à la mort. Aussi les armées sont-elles, quoique bien commandées, de peu d'utilité. La façon de s'y prendre pour les attaquer est de serrer de près leurs formations et de les talonner, de leur résister lorsqu'elles arrivent et, lorsqu'elles reculent, de les poursuivre. De cette façon vous pourrez les user. Tel est l'aperçu général de la situation.

3. « Naturellement, il ne peut manquer d'exister dans l'armée quelques officiers courageux comme des tigres et assez vigoureux pour soulever sans effort un trépied de bronze ; rapides comme des chevaux sauvages ils s'empareront des étendards de combat et feront prisonniers les généraux. Une armée compte immanquablement quelques hommes de cette trempe. Ceux-ci doivent être sélectionnés, désignés, choyés et honorés, car ils sont l'âme de l'armée. Ces êtres exceptionnels sont d'habiles utilisateurs des cinq armes, doués, vigoureux et agiles, qui ambitionnent de dévorer l'ennemi. Il faut les élever dans la hiérarchie des honneurs ; ils remportent des victoires décisives. Traitez avec libéralité leurs parents, leurs épouses et leurs enfants. Encouragez ces officiers par des récompenses et maintenez-les dans la crainte du châtiment, car ils sont endurants au combat. Si vous êtes en mesure d'estimer soigneusement leurs capacités, ils pourront attaquer des troupes qui leur sont deux fois supérieures en nombre. »

Le marquis de Wu dit : « Excellent. »

1. Wu Ch'i dit : « Or, lorsqu'il s'agit d'estimer la situation de l'ennemi, il existe huit cas où vous pouvez le combattre sans avoir recours à la divination. D'abord pendant les périodes de vent violent et de grand froid, où ses hommes sont réveillés tôt pour lever le camp et brisent la glace afin de passer les fleuves à gué et ne rechignent pas devant l'âpre besogne. Ensuite, dans la chaleur torride du plein été, lorsque, tard levés, ils sont pressés par le temps et doivent effectuer de longues marches en souffrant de la faim et de la soif. Troisièmement, lorsque son armée, campant depuis longtemps déjà, se trouve à court de grain et de nourriture, lorsque son peuple éprouve du ressentiment et de la colère, que les mauvais présages et augures abondent et que les officiers supérieurs sont impuissants à étouffer les bruits qui se répandent. Quatrièmement, lorsque le matériel militaire est usé, que le bois à brûler et le fourrage font défaut et que, par temps de brume et de pluie persistantes, les troupes désirent se livrer au pillage sans en avoir la possibilité. Cinquièmement, lorsque l'armée n'est pas nombreuse, que le terrain et l'approvisionnement sont incommodes, les hommes et les chevaux malades et que les Etats voisins ne prêtent pas secours. Sixièmement, lorsque les routes sont longues, que le soleil est à son couchant, que les officiers et les hommes sont fatigués et plein d'appréhension. Ils sont épuisés et n'ont pas encore mangé, ni ôté leur armure pour se reposer. Septièmement, lorsque le général est nonchalant et que ses seconds sont négligents, les officiers et les hommes dépourvus de détermination, et que l'armée est constamment en alerte, isolée et sans secours. Huitièmement, lorsque l'ennemi n'a pas rangé ses formations en ordre de bataille, qu'il n'a pas terminé ses installations de camp, ou bien encore lorsqu'il progresse dans une région montagneuse ou escalade des parois à pic, que la moitié de ses effectifs est visible et l'autre cachée. Dans tous ces cas, vous pouvez attaquer un ennemi sans hésitation.

2. « Il existe six cas où, sans divination, vous devez éviter d'attaquer l'ennemi. C'est, d'abord, lorsqu'il s'agit d'un pays vaste, à population nombreuse et prospère. Deuxièmement, lorsque, dans ce pays, les supérieurs aiment les inférieurs et que leurs bienfaits fleurissent et se répandent. Troisièmement, lors-

que les récompenses sont assurées, et les châtiments pris en considération avec soin, lorsque ceux dont le mérite est prouvé sont affectés à des postes convenables, que les responsabilités sont confiées aux sages et les emplois aux compétents. Cinquièmement, lorsque l'armée est nombreuse et bien équipée. Sixièmement, lorsque les secours affluent de toutes parts et que l'ennemi est aidé par des Etats puissants. D'une manière générale, lorsque vous êtes, sur ces points, en état d'infériorité par rapport à l'ennemi, vous devez sans aucun doute l'éviter. Ce que je veux dire, c'est que, si l'occasion s'en présente, vous pouvez avancer ; lorsque les choses vous semblent difficiles, retirez-vous. »

PARTIE III

1. Le marquis de Wu demanda : « Je désire, en observant les apparences extérieures, connaître la situation intérieure de l'ennemi, en examinant la façon dont il progresse, savoir quand il s'arrêtera et ainsi prévoir l'issue du conflit. Puis-je entendre de votre bouche comment m'y prendre ? »

Wu Ch'i répondit : « Lorsque l'ennemi approche avec insouciance et sans plan, lorsque ses drapeaux et ses bannières se présentent à la débandade, que les chevaux et les hommes se retournent souvent, on peut attaquer une force ennemie dix fois supérieure en nombre à la sienne et à coup sûr la mettre en déroute.

« Lorsque les forces des seigneurs féodaux n'ont pas encore été rassemblées, que les souverains et les ministres ne sont pas d'accord, que la contruction des fossés et des remparts n'est pas encore terminée, que les interdictions et les ordres ne sont pas encore connus, que l'armée tout entière est en tumulte, lorsque l'ennemi souhaite avancer et ne le peut pas, ou se retirer et ne l'ose pas, alors on peut l'attaquer, même s'il est deux fois supérieur en nombre et, sur cent batailles, aucun désastre n'est à redouter. »

2. Le marquis de Wu demanda : « Dans quelles circonstances un ennemi peut-il être attaqué à coup sûr ? »

Wu Ch'i répondit : « L'emploi des troupes doit être décidé en fonction des points forts et des points faibles décelés chez l'ennemi, après quoi vous attaquez prestement les positions critiques. Lorsque l'adversaire approche, venant de loin, et qu'il n'a pas encore disposé ses formations en ordre de bataille, il peut être attaqué. Lorsque ses troupes viennent de manger et ne se tiennent pas prêtes, vous pouvez attaquer ; lorsqu'il est en fuite, vous pouvez attaquer ; lorsqu'il est épuisé et las, vous pouvez attaquer. Lorsqu'il a laissé passer le moment ou n'a pas saisi une occasion de poursuivre à fond, vous pouvez attaquer. Lorsqu'il arrive de loin et ne s'est pas reposé, vous pouvez attaquer. Lorsque, lors de la traversée d'un fleuve, la moitié seulement de ses troupes se trouve sur l'autre rive, vous pouvez attaquer ; là où la route est accidentée et resserrée, vous pouvez attaquer. Lorsque ses drapeaux et ses bannières se déplacent confusément, vous pouvez attaquer ; lorsque ses formations sont perpétuellement en mouvement, vous pouvez attaquer. Lorsque les généraux ont été séparés des troupes, vous pouvez attaquer ; lorsqu'ils sont effrayés, vous pouvez attaquer. Or, dans tous ces cas, il faut que vous utilisiez des troupes d'élite pour percer les rangs ennemis, puis que vous divisiez vos troupes pour poursuivre sans merci. Attaquez à grande allure et sans hésitation. »

CHAPITRE III

Le commandement des troupes

PARTIE I

1. Le marquis de Wu demanda : « Qu'est-ce qui est le plus important dans l'utilisation de la force armée ? »

Wu Ch'i répondit : « Il faut d'abord avoir une claire notion des quatre qualificatifs suivants : " facile ", " lourd " dans ses deux applications différentes, et " sûr ". »

Le marquis dit : « Comment définissez-vous ces qualificatifs ? Qu'entendez-vous par chacun d'eux ? »

Wu Ch'i répondit : « Le terrain doit être facile pour les chevaux ; les chevaux doivent tirer les chars facilement ; les chars doivent transporter les hommes facilement ; les hommes doivent se lancer dans la bataille avec facilité. Si vous savez distinguer le terrain difficile du terrain facile, le terrain est facile pour les chevaux. Si le fourrage et le grain sont fournis en temps voulu, les chevaux tireront les chars facilement. Si vous disposez en abondance de graisse pour les essieux, les chars pourront transporter les hommes facilement ; si les armes sont acérées et les armures solides, les hommes se battront avec facilité.

« Il existe des récompenses lourdes pour celui qui avance et des châtiments lourds pour celui qui bat en retraite.

« Les récompenses et les châtiments doivent être dispensés à coup sûr.

« Celui qui est capable d'étudier ces questions et de les assimiler pleinement est maître de la victoire. »

3. Le marquis de Wu demanda : « Qu'est-ce qui permet aux troupes de remporter la victoire ? »

Wu Ch'i dit : « C'est une discipline appropriée qui permet aux troupes de remporter les victoires. »

Le marquis demanda alors : « La victoire ne repose-t-elle pas sur la supériorité numérique ? »

Wu Ch'i répondit : « Si les règlements et les ordres manquent de clarté et les sanctions de garantie, les troupes ne s'arrêteront pas au son des cloches, elles n'avanceront pas au roulement du tambour et, même si elles comptent un million d'hommes de cette sorte, de quelle utilité seront-elles ? Ce qu'on appelle discipline, c'est ce qui fait que, dans le camp, le comportement est correct, en route, l'armée inspire la crainte, si bien que, lorsqu'elle avance, rien ne peut s'opposer à elle et, lorsqu'elle recule, elle ne peut pas être poursuivie. Dans un cas comme dans l'autre, elle demeure en ordre, l'aile droite et l'aile gauche répondent toutes deux aux signaux donnés par les bannières. Même si elle est coupée, elle peut se reformer, même dispersée, elle reste en rangs. Que la position soit sûre ou périlleuse, les troupes peuvent être rassemblées et il n'est pas possible de les isoler. Elles peuvent être utilisées et non lassées. Elles peuvent être lancées dans n'importe quelle direction et rien sous le Ciel ne peut s'opposer à elles. Une armée de cette sorte est appelée une "Armée Père-Fils " » (*N.D.T.* : Traduction littérale).

• PARTIE II

1. Wu Ch'i dit : « Or voici comment il faut conduire la marche d'une armée. L'ordre fixé pour l'avance et pour la halte ne doit pas être violé ; il ne faut pas laisser passer les heures appropriées pour le manger et pour le boire. N'épuisez pas les forces des hommes et des animaux. Sur ces trois

points, les troupes doivent pouvoir faire confiance aux ordres de leurs chefs. Ces ordres sont la source d'où découle la discipline. Si l'avance et la halte ne sont pas bien réglementées, si la nourriture et la boisson ne sont pas ce qu'elles doivent être, les chevaux seront épuisés et les hommes fatigués sans pouvoir se détendre et s'abriter. Tels sont les cas où les troupes n'ont pas confiance dans les ordres de leurs supérieurs. Si les ordres des supérieurs sont inopérants, lorsque l'armée campera, ce sera dans le désordre, et lorsqu'elle combattra, elle sera vaincue. »

2. Wu Ch'i dit : « Or le champ de bataille c'est un pays de cadavres debout ; ceux qui sont décidés à mourir vivront ; ceux qui espèrent en sortir vivants mourront.

« Un général qui s'entend au commandement est semblable à un homme assis dans un bateau qui a une voie d'eau ou couché sous un toit qui brûle. Car le sage n'a pas le temps de donner des conseils, ni le brave de s'irriter. Tous doivent lutter corps à corps avec l'ennemi. Et c'est pourquoi il est dit que, de tous les dangers inhérents à l'emploi de la force armée, la timidité est le plus grand et que les malheurs qui frappent une armée naissent de l'hésitation. »

PARTIE III

1. Wu Ch'i dit : « Or les hommes meurent généralement quand ils ne peuvent faire autrement et quand ils sont vaincus par une situation défavorable. C'est pourquoi, lorsqu'on commande une armée, l'instruire et la mettre en garde sont de première importance. Si un homme étudie l'art militaire, il peut, avec succès, en instruire dix ; si dix hommes étudient cet art, ils peuvent avec succès en instruire cent ; cent peuvent avec succès en instruire mille et mille peuvent avec succès en instruire dix mille. Dix mille peuvent instruire l'armée entière.

« Près du champ de bataille attendez un ennemi qui vient de loin, avec des troupes fraîches un ennemi épuisé et avec des troupes bien nourries un ennemi affamé.

« Lors de l'entraînement, exercez vos troupes à se ranger en carré en partant d'un cercle, à s'asseoir et à se lever, à se déplacer et à s'arrêter. Faites-les passer de la gauche à la droite et de l'avant-garde à l'arrière. Divisez-les et concentrez-les ; groupez-les et dispersez-les. Lorsqu'elles sont rompues à tous ces divers mouvements, remettez-leur leurs armes. Ceci passe pour être l'affaire du général. »

2. Wu Ch'i dit : « La réglementation de l'entraînement au combat veut que les hommes de petite taille portent les lances et les hallebardes, les grands les arcs et les arbalètes. Les forts transportent les bannières et les drapeaux, les braves les cloches et les tambours, les faibles font fonction de domestiques et préparent la nourriture. Les prudents établissent les plans.

« Mettez ensemble les hommes venant d'un même village et les sections de dix et les groupes de cinq se protégeront mutuellement.

« A un coup de tambour, tous mettent leurs armes en état. A deux coups, ils font l'exercice. A trois coups, ils se rendent au repas à vive allure. A quatre, ils se préparent à l'action. A cinq, ils se mettent en marche. Après que le tambour a battu et que les ordres ont été écoutés, les bannières sont déployées. »

3. Le marquis de Wu demanda : « Existe-t-il des méthodes pour commander l'armée pendant les marches et pendant les haltes ? »

Wu Ch'i répondit : « Ne vous placez pas en face d'un " Four du Ciel " ou d'une " Tête de Dragon ". Un " Four du Ciel " est l'entrée d'une grande vallée, une " Tête de Dragon " le sommet d'une grande montagne.

« Au-dessus de l'aile gauche flotte la bannière du Dragon vert, au-dessus de l'aile droite celle du Tigre blanc, au-dessus de l'avant-garde celle de l'Oiseau rouge et au-dessus de l'arrière-garde la bannière de la Tortue noire. Au-dessus du commandement en chef flotte la bannière du Grand Ours. Autour d'elle est groupé son état-major. Lorsque vous êtes sur le point de vous battre, examinez soigneusement la direction du vent. Marchez le dos au vent. Lorsque le vent souffle violemment contre vous, attendez qu'il change de direction. »

4. Le marquis de Wu demanda : « Maintenant, pour soigner les chevaux, comment faut-il s'y prendre ? »

Wu Ch'i répondit : « Eh bien ! Les chevaux doivent avoir des endroits tranquilles pour se reposer. Il leur faut une boisson et un fourrage appropriés, il doit faire chaud, en hiver, dans les écuries et, en été, celles-ci doivent être fraîches et ombragées. Leur crinière et leur queue doivent être coupées et leurs quatre sabots doivent être taillés avec soin. Il faut surveiller leurs yeux et leurs oreilles ; ne les laisser pas se débander. Ils doivent être entraînés au galop et à la poursuite. Le mouvement et les temps d'arrêt doivent pour eux s'effectuer sans brutalité. Lorsqu'il existe un attachement réciproque entre le cavalier et son cheval, il est alors possible de les utiliser.

« Le harnais des chevaux de char et de cavalerie comprend une selle, une bride, un mors et des rênes. Ces diverses pièces doivent être solides.

« Or, généralement, les chevaux ne sont pas touchés vers la fin de la marche mais au début. Ils ne sont pas affectés par la sous-alimentation mais à coup sûr par la suralimentation. Vers le coucher du soleil, après une longue marche, les cavaliers doivent fréquemment mettre pied à terre et remonter en selle, car il vaut mieux fatiguer les hommes. Prenez garde de fatiguer les chevaux ! Veillez toujours à ce qu'ils aient des forces en réserve et ainsi soyez prêt contre les attaques en traître de l'ennemi. A celui qui est capable de comprendre ces choses nulle force au monde ne pourra s'opposer. »

CHAPITRE IV

Du commandement

PARTIE I

1. Wu Ch'i dit : « Or le chef suprême d'une armée est un homme chez qui la pénétration des choses civiles s'allie à la pénétration des choses militaires. Réunir la fermeté et le ressort, c'est ce qu'exige la guerre.

« Habituellement, lorsque les gens parlent de généraux, ils ne pensent qu'au courage. Le courage n'est que l'une des nombreuses qualités nécessaires au chef de guerre. Or, un homme courageux ne manquera pas de s'engager à la légère et sans connaître les avantages. Ceci ne fera pas l'affaire.

« Maintenant, il est cinq points sur lesquels le général doit porter une attention rigoureuse. Le premier, c'est le commandement, le second l'état de préparation, le troisième la détermination, le quatrième la prudence et le cinquième l'économie. Le commandement implique qu'il exerce son autorité sur la multitude comme sur le petit nombre. L'état de préparation implique que, lorsqu'il franchit les portes, il agisse comme si l'ennemi était en vue. La résolution implique que, lorsqu'il approche de l'ennemi, il ne se soucie pas de la vie. La prudence implique que, bien qu'ayant réalisé des conquêtes, il agisse comme s'il venait d'engager le combat. L'économie implique qu'il n'abuse pas des règlements et des ordres, de façon que ceux-ci ne soient pas vexatoires.

« Recevoir les ordres qu'on lui donne sans les rejeter, ne parler de retour qu'une fois l'ennemi défait, tel est le comportement qui convient à un commandant en chef. C'est pourquoi, le jour où l'armée se met en route, il songe à une mort glorieuse et non à une vie dans le déshonneur. »

2. Wu Ch'i dit :« A présent, lorsqu'on a recours à la force armée, il existe quatre virtualités. La première se rapporte au moral, la seconde au terrain, la troisième à la situation, la quatrième à la puissance. Or, en ce qui concerne la multitude que représentent les effectifs des trois armées, soit un million d'hommes, ce qui importe, c'est la responsabilité d'un seul homme. C'est ce qu'on appelle la virtualité relative au moral. Là où les routes sont resserrées et dangereuses, là où se trouvent des montagnes connues et de grands goulots et où, lorsque dix hommes assurent la défense, mille ne peuvent passer, il s'agit d'une virtualité relative au terrain. Soyez habile dans l'emploi des espions et des agents. Faites manœuvrer les troupes légères afin de diviser l'armée ennemie. Dressez les uns contre les autres, chez l'adversaire, souverain et ministres, et faites en sorte que les supérieurs et les subordonnés se fassent mutuellement des reproches. C'est ce qu'on appelle la virtualité relative à la situation. Lorsque les essieux des chars et leurs chevilles sont solides, que les avirons et les gouvernails des bateaux fonctionnent, que les troupes sont entraînées aux formations de combat et les chevaux à la poursuite rapide, ceci s'appelle la virtualité relative à la puissance. Celui qui comprend à fond ces quatre points peut être fait général. Cependant, il lui faut en outre une prestance, une vertu, une humanité et un courage suffisants pour diriger ceux qui sont placés sous ses ordres et pour donner la paix aux foules. Il craint l'ennemi et le plonge dans la perplexité. Lorsqu'il donne des ordres personne n'ose désobéir et partout où il se trouve aucun rebelle n'ose s'opposer à lui. Si l'on se procure un général de cette trempe, on a un pays fort. Si on le destitue, le pays tombe en ruine. Ceci c'est ce qu'on appelle " le général parfait ". »

1. Wu Ch'i : « Or, les tambours hippoportés, les tambours ordinaires, les cloches avec et sans battant sont utilisés pour frapper les oreilles, et les drapeaux, bannières, flammes et banderoles, pour frapper les yeux. Les interdictions et la punition des crimes frappent les esprits. Lorsque les oreilles sont frappées par les sons, elles ne peuvent s'empêcher de comprendre ; lorsque les yeux sont frappés par les couleurs, ils sont obligés de les percevoir ; lorsque les esprits sont frappés par le châtiment, ils ne peuvent s'empêcher de se soumettre à une autorité sévère.

« Or, lorsque sur ces trois points, la situation est flottante, tout pays est assuré d'être vaincu par ses ennemis. Et c'est pourquoi il est dit que, là où se trouvent les bannières du général, il n'est personne qui ne suive ; dans la direction qu'indique le général, il n'est personne qui ne veuille avancer face à la mort. »

2. Wu Ch'i dit : « Généralement, il est de la plus haute importance, dans la guerre, de s'informer au sujet des généraux ennemis et d'examiner à fond leur aptitude à agir selon les circonstances. Ensuite, sans fatigue de votre part, vos affaires peuvent suivre leur cours.

« Si le général ennemi est stupide et confiant, vous pouvez le tromper et l'attirer dans des pièges. S'il est cupide et se moque de sa réputation, vous pouvez l'acheter.

« S'il est susceptible de changer d'avis facilement et s'il manque de plans, vous pouvez le briser et l'user.

« Si les supérieurs sont riches et arrogants et les inférieurs pauvres et dépités, vous pouvez les diviser et les séparer.

« Si le général hésite à avancer ou à se retirer, son armée n'aura aucune confiance en lui et elle pourra être mise en déroute et en fuite.

« Si les officiers le méprisent et ont envie de regagner leurs foyers, bloquez les routes faciles et ouvrez-leur celles qui sont difficiles. Vous pourrez alors leur barrer le chemin et les capturer.

« Lorsque là route par laquelle il avance est facile et celle qu'il pourrait emprunter pour se retirer difficile, vous pouvez l'amener jusqu'à votre ligne de front. Lorsque la route par laquelle il avance est dangereuse et celle qu'il pourrait emprunter pour se retirer facile, vous pouvez approcher et l'attaquer.

« S'il campe sur un terrain humide situé en contrebas, d'où l'eau s'évacue mal et où la pluie tombe en abondance, vous pouvez l'inonder et le noyer. S'il campe dans un marais désolé ou dans un lieu balayé par des vents violents, vous pouvez allumer des incendies pour le brûler.

« S'il reste longtemps au même endroit sans se déplacer, les généraux et les officiers deviennent nonchalants et négligents et son armée ne sera pas prête ; vous pourrez donc vous approcher secrètement et le frapper. »

PARTIE III

1. Le marquis de Wu demanda : « Lorsque les armées en présence s'affrontent et que l'on ne sait rien du général ennemi, si je désire déterminer les qualités de celui-ci, quels sont les moyens qui conviennent ? »

Wu Ch'i répondit : « Commandez à des spadassins, à la tête de quelques éléments d'élite, de le mettre à l'épreuve. Leur seul objectif, c'est de fuir, non de gagner quoi que ce soit, mais d'observer la façon dont l'ennemi réagit. Si celui-ci agit de façon coordonnée et disciplinée, si, alors qu'il poursuit il fait semblant de se laisser distancer, si, lorsqu'il voit un avantage, il feint de ne pas en avoir conscience, alors le général est avisé et il ne faut pas l'attaquer.

« Mais si l'armée ennemie retentit de clameurs et de vociférations, si elle porte ses drapeaux et ses bannières à la débandade, si les troupes courent et s'arrêtent sans instructions, tenant leurs armes tantôt dans un sens, tantôt dans un autre, si, poursuivant les fuyards, elles ne sont pas capables de les rattraper et que, voyant un avantage, elles ne peuvent le saisir, alors le général est stupide et vous pouvez le capturer. »

CHAPITRE V

Comment réagir aux changements de circonstances

1. Le marquis de Wu demanda : « Lorsque les chars sont bien construits et les chevaux rapides, les généraux vaillants et les troupes fortes, et qu'en affrontant inopinément l'ennemi vos forces sont désorganisées et vos lignes rompues, que faut-il faire ? »

Wu Ch'i répondit : « Eh bien ! Ce qui permet de régler la disposition des troupes au combat c'est, le jour, l'utilisation des bannières, drapeaux, banderoles et flammes et, la nuit, le jeu des cloches, tambours, flûtes de roseau et pipeaux. Lorsque les flammes indiquent " gauche ", les troupes se déplacent vers la gauche ; lorsqu'elles indiquent " droite ", elles se déplacent vers la droite. Au roulement des tambours, les troupes avancent ; au tintement des cloches, elles s'arrêtent. Au premier coup de pipeau, elles forment les rangs. Au second, elles se rassemblent. Ceux qui n'obéissent pas aux ordres sont punis.

2. « Si l'armée tout entière est soumise à l'autorité et que les officiers et les hommes donnent le meilleur d'eux-mêmes, au combat, il n'est pas d'ennemi assez fort pour vous résister ni, lorsque vous attaquez, de formation assez solide pour vous tenir tête. »

1. Le marquis de Wu demanda : « Si des forces ennemies largement supérieures attaquent les miennes qui se trouvent en état d'infériorité, comment remédier à cette situation ? »

Wu Ch'i répondit : « En terrain facile, évitez l'ennemi ; dans un défilé, affrontez-le. Car il est dit que, si l'on attaque à un contre dix, il n'est pas de meilleur endroit qu'un défilé ; pour attaquer à dix contre cent, rien ne vaut un col. Maintenant, si vous disposez d'une force peu importante et que vous attaquiez brusquement l'ennemi sur une route étroite en faisant résonner les gongs et rouler les tambours, son armée, bien que nombreuse, sera effrayée.

« Et c'est pourquoi il est dit que celui qui dispose d'effectifs nombreux recherche un terrain facile ; celui qui dispose d'effectifs réduits, un terrain resserré. »

PARTIE III

1. Le marquis de Wu demanda : « Supposez une armée nombreuse, au moral élevé, et qui soit en même temps valeureuse. Derrière elle se trouvent des passages étranglés, à sa droite des montagnes, à sa gauche un fleuve. Elle est bien protégée par des fossés profonds et de hauts remparts que défendent de vigoureux arbalétriers. Lorsqu'elle recule, elle ressemble à une montagne en marche, lorsqu'elle avance, à une tempête de vent violent et glacial. Il est difficile d'arrêter une telle armée. Que faut-il faire en pareil cas ? »

Wu Ch'i répondit : « Quelle question ! En de telles circonstances, le résultat ne dépend pas de la puissance des chars ou de la cavalerie, mais des plans conçus par un sage. Vous devez préparer mille chars et dix mille cavaliers, en même temps que des fantassins, et les répartir en cinq colonnes. Donnez à chaque colonne un itinéraire distinct. Ainsi, vos cinq colonnes se trouvant sur cinq routes différentes, l'ennemi ne peut manquer d'être perplexe et il ne saura à laquelle s'en prendre.

« Si l'ennemi s'est installé solidement sur la défensive afin de renforcer la position de ses troupes, envoyez rapidement des agents provocateurs et des espions pour percer ses plans. S'il écoute leurs propositions, peut-être se désengagera-t-il et battra-t-il en retraite. S'il ne le fait pas il mettra à mort les envoyés et brûlera nos lettres.

« Alors nos cinq armées attaquent simultanément. Si nous sommes victorieux, nous ne poursuivons pas ; dans le cas contraire, nous nous retirons rapidement en simulant la fuite. Nous ne cessons pas de progresser, tout en restant prêts à combattre à tout moment. L'une des colonnes immobilise l'avant-garde de l'ennemi tandis qu'une autre barre la route à ses arrières. Ensuite deux colonnes lancent soudain, sans bruit, une attaque éclair contre un point vulnérable. Tantôt sur sa gauche, tantôt sur sa droite. Si les cinq colonnes coordonnent leurs attaques, cette opération nous sera sans aucun doute profitable. Voilà comment on attaque un ennemi puissant. »

PARTIE IV

1. Le marquis de Wu demanda : « Si l'ennemi, tout proche, me talonne et que je souhaite battre en retraite, mais qu'il n'y ait pas de route et que mon armée soit dans l'affolement, comment me tirer de ce pas ? »

Wu Ch'i répondit : « La tactique à utiliser dans ces circonstances est la suivante : Si nous sommes nombreux et l'ennemi peu nombreux, nous divisons nos forces et nous chargeons. Si l'ennemi est nombreux et nous peu nombreux, il faut trouver un moyen de le harceler. Grâce à un harcèlement continu, son armée, si importante qu'elle soit, peut être vaincue. »

PARTIE V

1. Le marquis de Wu demanda : « Si nous nous trouvons inopinément face à l'ennemi dans une gorge ou une vallée aux parois abruptes et qu'il soit de loin supérieur en nombre, que faut-il faire ? »

Wu Ch'i répondit : « Dans tous les cas vous devez progresser rapidement pour vous écarter des endroits tels que montagnes, forêts, vallées et marécages. Vous ne pouvez pas avancer par petites étapes. Lorsqu'en haute montagne ou dans des vallées profondes vous vous trouvez inopinément face à l'ennemi, vous devez faire battre les tambours, pousser des cris et saisir l'occasion de tirer à l'arc et à l'arbalète, faisant ainsi des blessés et des prisonniers. Observez avec soin la disposition de ses lignes et, si celles-ci se désorganisent, frappez sans hésitation. »

PARTIE VI

1. Le marquis de Wu demanda : « Lorsque à ma droite et à ma gauche s'élèvent de hautes montagnes enserrant un étranglement de terrain, que je me trouve inopinément face à

l'ennemi et que, n'osant pas l'attaquer, je souhaite battre en retraite sans en avoir la possibilité, que puis-je faire ? »

Wu Ch'i répondit : « Ceci, c'est ce qu'on appelle le " combat de vallée ".

« Dans ce cas, la supériorité numérique ne sert à rien. Vous rassemblez les plus doués des officiers pour affronter l'ennemi et, pour avancer, l'avant-garde comprenant des troupes légères bien armées. Répartissez les chars et la cavalerie en un certain nombre de groupes, qui se dissimuleront de tous côtés, à une distance de plusieurs li les uns des autres, de façon que l'ennemi ne puisse les voir. L'ennemi se retranchera sûrement et ne se hasardera ni à avancer ni à reculer. A ce moment, levez vos bannières et vos étendards, quittez la région montagneuse et dressez le camp. L'ennemi sera certainement saisi de crainte. Provoquez-le à l'aide de vos chars et ne lui laissez aucun répit. Voici comment il faut se battre dans les vallées. »

PARTIE VII

1. Le marquis de Wu demanda : « Supposez que je me trouve soudain face à l'ennemi dans un marais inondé. Les roues des chars s'enlisent dans la fange et les brancards disparaissent sous l'eau, qui recouvre à la fois les véhicules et les cavaliers. Nous ne disposons pas d'embarcations à rames et nous ne pouvons ni avancer ni reculer. Que faire alors ? »

Wu Ch'i répondit : « Ceci, c'est ce qu'on appelle le " combat dans l'eau ". Les chars et la cavalerie ne sont d'aucune utilité. Il faut les maintenir à l'écart. Montez sur une hauteur et scrutez l'horizon dans les quatre directions. Vous pouvez alors certainement déterminer l'étendue des eaux et leur profondeur. Ensuite vous pourrez imaginer quelque plan insolite pour vaincre l'ennemi.

« Lorsque l'ennemi traverse un fleuve, attendez que la moitié de ses forces soit arrivée sur l'autre rive et ensuite attaquez-le. »

PARTIE VIII

1. Le marquis demanda : « Lorsqu'il pleut sans interruption, que les chevaux s'enlisent dans la boue, que les véhicules sont embourbés, que l'ennemi attaque de toutes parts

et que mes troupes sont affolées et apeurées, que puis-je faire ? »

Wu Ch'i répondit : « En règle générale, les chars ne sont pas utilisés par temps gris et humide, mais ils peuvent être envoyés au combat lorsqu'il fait clair et sec. Les terrains élevés doivent être préférés, les terres basses évitées. Avancez rapidement avec vos meilleurs chars. Pour les marches comme pour les haltes, vous devez suivre les mêmes itinéraires. Si l'ennemi entre en mouvement, vous devez le poursuivre jusqu'au bout. »

PARTIE IX

1. Le marquis de Wu demanda : « Supposons que de farouches rebelles viennent piller la campagne et ravissent les animaux domestiques, que peut-on faire ? »

Wu Ch'i répondit : « A l'approche de farouches bandits, vous devez vous prémunir contre eux. Le mieux est de se tenir sur la défensive et de les éviter. Lorsque au crépuscule ils sont sur le point de partir, chargés et encombrés de leur butin, ils ne peuvent manquer d'être apeurés, car pour eux le chemin du retour est long et ils doivent se déplacer à vive allure. A coup sûr il y en aura quelques-uns qui traîneront derrière. Suivez-les, frappez, et vous pourrez les mettre en déroute. »

PARTIE X

1. Wu Ch'i dit : « En règle générale, la méthode pour attaquer et assiéger les villes ennemies est la suivante. Après avoir forcé l'entrée des cités et des villes fortifiées, pénétrez dans tous les camps de l'ennemi, emparez-vous de ses richesses et de son administration, de ses outils et de ses animaux.

« Là où vous dressez le camp, il ne faut pas abattre les arbres, ni détruire les logements, ni prendre les récoltes, ni tuer les animaux domestiques, ni brûler les greniers.

« Ainsi vous prouvez à la population que vous n'avez nul désir de l'opprimer. Ceux qui le souhaitent doivent avoir la possibilité de se rendre et de vivre en paix. »

CHAPITRE VI

Encouragement des officiers

PARTIE I

1. Le marquis de Wu demanda : « Les châtiments sévères et les récompenses accordés à bon escient suffisent-ils à assurer la victoire ? »

Wu Ch'i répondit : « En ce qui concerne la sévérité des châtiments et le discernement dans l'attribution des récompenses, je ne suis pas en mesure d'en saisir toute la portée. Quoi qu'il en soit, on ne peut s'en remettre exclusivement à ces sanctions. Or, publier des ordres et faire connaître des directives que les troupes se réjouiront de suivre, lever l'armée et mobiliser la population de façon que les hommes soient heureux de se battre et, lorsqu'ils croisent le fer, d'affronter la mort, c'est sur cette triple action que se repose le souverain. »

2. Le marquis de Wu demanda : « Comment y parvient-on ? »

Wu Ch'i répondit : « Lorsque le souverain élève et reçoit les hommes de valeur et encourage ceux qui manquent de mérite. »

3. Là-dessus le marquis de Wu fit préparer un banquet dans les salles du palais et prit les dispositions nécessaires pour faire asseoir ses hôtes sur trois rangs, et il offrit un banquet aux nobles et aux officiers. Les plus méritants s'assirent au premier rang. Des viandes succulentes furent placées devant eux et du bœuf leur fut présenté dans la vaisselle la plus fine.

Ceux qui venaient ensuite par ordre de mérite s'assirent au rang intermédiaire. Des mets délicats leur furent servis dans une vaisselle moins fine.

Ceux qui étaient dépourvus de mérite s'assirent au dernier rang et il leur fut servi des mets délicats dans de petits plats.

Après le banquet et le départ des invités, des dons furent distribués aux pères, mères, épouses et enfants des méritants devant les portes du palais, selon la même gradation que précédemment. Des émissaires furent envoyés chaque année aux parents de ceux qui avaient péri dans les combats pour leur remettre des dons en signe de reconnaissance et en témoignage de la pérennité des honneurs rendus à la mémoire des disparus.

Cette politique était appliquée depuis trois ans lorsque les Ch'in se mirent en route avec leur armée et s'approchèrent de la rive gauche du fleuve. Quand les officiers du Wei en eurent vent, ceux qui n'attendirent pas les ordres officiels pour endosser l'armure et attaquer violemment les Ch'in se comptèrent par dizaines de milliers.

4. Le marquis de Wu convoqua Wu Ch'i et lui dit : « Vous constatez à présent le résultat de vos enseignements. »

Wu Ch'i répondit : « J'ai appris que certains hommes sont plus doués que d'autres et que le moral passe par des hauts et des bas. Eh bien ! si vous voulez tenter l'expérience de lancer contre l'ennemi cinq mille hommes dépourvus de mérite, je sollicite la faveur de les conduire à l'affrontement. Supposons que je ne sois pas vainqueur, je serai la risée des seigneurs féodaux et nous perdrons toute notre autorité sur l'empire. Maintenant, supposons qu'un bandit aux abois se cache dans la campagne et que mille hommes se mettent à sa poursuite. Si tous le recherchent comme un loup, c'est que chacun craint de le voir surgir pour lui faire du mal. C'est pourquoi un seul homme prêt à sacrifier sa vie suffit pour en terrifier mille.

« Maintenant, si j'utilise une armée de cinquante mille hommes, tous semblables à ce bandit aux abois, et que je les mène à l'attaque des Ch'in, ceux-ci à coup sûr ne seront pas de taille. »

5. Là-dessus, le marquis de Wu suivit le conseil de Wu Ch'i et, avec cinq cents chars et trois mille cavaliers, défit le demi-million d'hommes que comptait l'armée des Ch'in. Ceci montre combien il est efficace d'encourager les officiers.

6. La veille d'une bataille, Wu Ch'i donna à l'armée les ordres suivants : « Tous les hommes et officiers doivent traquer et capturer les chars, la cavalerie et les fantassins de l'armée ennemie. Si les chars ne capturent pas les chars, les cavaliers la cavalerie et les fantassins l'infanterie, même si l'armée ennemie est détruite, nul n'acquerra aucun mérite. » C'est pourquoi, le jour de la bataille, ses ordres ne furent pas outrageusement nombreux, mais son prestige ébranla l'empire.

INFLUENCE DE SUN TZU
SUR LA PENSÉE MILITAIRE JAPONAISE

La tradition japonaise veut que les « Treize Chapitres » de Sun Tzu aient été introduits pour la première fois dans l'archipel par Kibi-No-Makibi [1], qui séjourna en Chine deux fois (de 716 à 735 puis de 752 à 754 après J.-C.) et qui, rentrant dans son pays au bout de 19 ans d'absence, rapporta un certain nombre de textes classiques. Le *Shoku Nihongi* (Supplément aux *Annales* du Japon) [2] contient des citations de documents politiques et historiques chinois, parmi lesquels se trouvent plusieurs extraits de *L'Art de la Guerre*. Selon cette source, Kibi-No-Makibi utilisait Sun Tzu comme manuel d'instruction des guerriers japonais antérieurement à l'année 760 après J.-C.

Cependant, comme les Japonais avaient une connaissance très vaste de la littérature chinoise classique à une époque beaucoup plus reculée, nous pouvons supposer qu'ils étaient également familiarisés avec les ouvrages concernant l'art militaire. Le livre XVII du *Nihongi*, consacré au règne de l'empereur Keitai relate qu'un savant chinois connaissant les Cinq Classiques arriva au Japon venant de Corée, en 516 après J.-C. Dès cette date, il existait des contacts culturels réguliers entre le Japon et le royaume coréen de Paechke, déjà complètement sinisé. En fait, Sansom affirme que les relations avec la Chine étaient « bien établies durant le premier siècle de notre ère », c'est-à-dire à l'époque des Han postérieurs. Plusieurs missions diplomatiques partirent du Japon vers le viceroi chinois de Corée entre 238 et 247 après J.-C. Ces nom-

---

1. 693-775 ap. J.-C.
2. Complication datant vraisemblablement de l'an 747 ap. J.-C.

breuses missions avaient toutes pour objectif commun d'acquérir une connaissance de la civilisation et des techniques chinoises. Les Japonais étaient aussi curieux alors qu'aujourd'hui. Les premiers voyageurs rapportèrent donc, à leur retour, non seulement des manuscrits, mais encore des objets de valeur utilitaire et artistique.

En 525 après J.-C., l'empereur Keitai investit son généralissime, le prince Arakabi, en des termes empruntés de toute évidence à Sun Tzu : « Le grand général tient entre ses mains la vie du peuple et l'existence de l'Etat [3]... » Après plus ample exhortation, l'Empereur remit au prince la hache de combat symbolique et le chargea de dispenser récompenses et châtiments dans la région placée sous son autorité. « Ne prends pas la peine, ajouta-t-il, d'en référer à nous fréquemment [4]. » Ces sentiments peuvent, certes, avoir été mis ultérieurement dans la bouche de l'Empereur par un chroniqueur. Il peut également s'agir de propos rapportés fidèlement.

En 608 après J.-C., une mission diplomatique arriva de Chine. Malheureusement, nous ne possédons pas d'inventaire des présents offerts au monarque japonais, mais ceux-ci comprenaient certainement des manuscrits. Vingt-deux ans plus tard, deux « Grands Dignitaires » parvinrent à la cour des T'ang ; ils rentrèrent peu après, accompagnés d'une délégation chinoise. Une importante délégation fut envoyée en Chine en 650 après J.-C. Ses membres, qui demeurèrent cinq mois dans ce pays, en rapportèrent un grand nombre de livres et d'objets précieux [5].

Nous avons donc tout lieu de croire que les classiques militaires anciens étaient connus des Japonais (tout au moins de quelques-uns d'entre eux) plusieurs siècles avant que Kibi-No-Makibi ne revînt dans son pays en 735 après J.-C.

En 891 après J.-C., Fujiwara-No-Sukeyo fit une compilation du *Nihon Genzaisho Mokoroku* (Catalogue des livres existant au Japon), dans lequel figurent six éditions différentes de *L'Art de la Guerre* de Sun Tzu. Un peu plus d'un siècle et demi plus tard, Minamoto-No-Yoshi'ie (1041-1103) dut son renom à son habileté dans l'art de mettre en application certains des préceptes de Sun Tzu.

Au XII⁰ siècle :

— la stratégie et la tactique furent étudiées par les clans

3. Aston, II, p. 16.
4. *Ibid.*
5. Aston, II, p. 247.

Minamoto et Taira dans les classiques de la littérature militaire chinoise, dont le plus connu est le traité de Sun Tzu... On peut presque dire que, de même que l'épée a évincé la plume, ce traité a pris la place des ouvrages traditionnels comme manuel de la classe dirigeante. Il est intéressant de constater, non sans une pointe de mélancolie certes, que si les Japonais se détachèrent de l'éthique de leurs maîtres et se développèrent selon leur ligne propre, ce fut sous des pressions militaristes [6].

Minamoto Yoshitsune est le plus célèbre de ces guerriers. A l'âge de onze ans, il fit le vœu de rendre à son clan la position élevée qu'il avait autrefois occupée. « Jeune homme distrait, élève peu prometteur », telle fut l'appréciation des moines chargés de son éducation, lorsqu'ils essayèrent de l'initier au Soutra [7]. Le moine supérieur s'aperçut que « le seul moyen de l'assagir c'était de lui lire Sun Tzu, le grand classique militaire chinois ainsi que d'autres auteurs du même genre. Il était alors tout ouïe [8] ».

L'historien Murdoch compare à Napoléon cet homme, qui devait devenir un grand général. Il fait ressortir « la prescience infaillible qui lui faisait évaluer les qualités, compétences ou lacunes mentales et morales des chefs auxquels il avait à se mesurer [8] ». Ce don se combinait chez lui à une tactique hardie et rusée et à une maîtrise des techniques tant terrestres que navales. A l'âge de vingt-quatre ans, il s'était imposé comme digne émule du vieux Maître.

Gunki Monogatari (Contes guerriers), composé au cours des XIIIe et XIVe siècles, montre à quel point « l'épée avait évincé la plume ». Ces récits épiques, d'abord récités ou chantés, ne furent pas consignés par écrit avant la fin du XIVe siècle. L'un d'eux, le *Taiheiki* (Chronique de la pacification du royaume), relate des événements qui se produisirent pendant la première moitié de ce siècle. Il regorge d'allusions à la littérature historique chinoise et aux exploits d'illustres généraux chinois de l'Antiquité, et prouve clairement que les Samouraïs étaient parfaitement instruits du contenu des ouvrages classiques concernant l'art militaire, bien qu'il n'y en eût qu'assez peu d'exemplaires en circulation.

Les classiques chinois, y compris les maîtres de la tradition guerrière, étaient à cette époque enseignés par des Maîtres

6. San, II, p. 269.
7. Murdoch, I, p. 362.
8. *Ibid.*, p. 356.

qui avaient la chance d'en posséder un exemplaire. Ces exemplaires étaient extrêmement rares et leur contenu jalousement gardé comme une arme secrète. Seuls des initiés qualifiés avaient accès à ce savoir ésotérique qui assurait la victoire dans le combat. L'un des récits raconte qu'une bande de conspirateurs se réunirent secrètement pour décider ensemble « de la façon dont ils pourraient terrasser les barbares de l'Est » :

Alors ces conspirateurs se dirent : « Est-ce que nous ne risquons pas d'attirer l'attention en nous réunissant constamment sans motif ? » C'est pourquoi ils sollicitèrent le savant appelé « Génie du signe de la loi », réputé pour son savoir surpassant celui de tous ses contemporains, et le prièrent de les entretenir du Recueil d'ouvrages du Ch'ang Li, afin que leurs réunions pussent passer pour des discussions littéraires. Même en songe, ce « Signe de la loi » n'avait pas eu vent de leur projet de révolte, mais, chaque jour de réunion, il se présenta à ses auditeurs pour exposer des mystères et révéler des principes.

Ce recueil d'ouvrages contenait un long passage intitulé « Le Ch'ang Li s'en va en exil dans le Ch'ao Chou ». Lorsqu'ils tombèrent sur ce passage, ceux qui écoutaient se dirent entre eux : « Tout ce qui est écrit dans ce livre est malencontreux. Wu Tzu, Sun Tzu, Liu T'ao et San Lueh, voilà les auteurs qui répondent à nos besoins actuels ! »

Ayant ainsi parlé, ils abandonnèrent les discussions sur les ouvrages du Ch'ang Li [9].

L'un des héros de cette période, le prince Morinaga, chef de la secte Tendai et « prince de la Grande Pagode », « renonça à ses pratiques d'austérité et à ses études sacrées, afin de pouvoir matin et soir se consacrer à des réalisations militaires [9] ». Cet étrange « moine supérieur » acquit la faculté de franchir des barrières de sept pieds « et il ne manqua pas de lire intégralement jusqu'au plus court des traités militaires secrets ».

Le stratège Kusunoki Masashige était un homme capable de « mettre au point un plan propre à défaire un ennemi situé à mille lieues de la tente où il se trouvait ». Ses conseils étaient subtils :

« ... pour nous rendre maîtres du royaume, il nous faut non seulement des hommes de guerre, mais aussi des idées astucieuses. Ce n'est pas en opposant la force à la force que nous

9. *Ibid.*, p. 30.

triompherons... mais si nous combattons suivant un plan, nous n'aurons rien à craindre [10]... »

Un homme vraiment courageux, disait-il, est celui qui se montre prudent en face des difficultés, qui délibère avant d'agir. Kusunoki était un maître en matière de ruse. Sa tactique préférée était de harceler, lasser, embrouiller et égarer l'ennemi : « Lorsque vous vous trouvez en présence d'un ennemi de taille, rusez avec lui [11]. » Et il avait pleinement conscience de l'importance du moral : « L'issue du combat ne dépend nullement du nombre, mais de la façon dont les combattants font bloc. »

Souvent les batailles sanguinaires décrites avec une délectation si évidente par les anciens chroniqueurs demeurèrent indécises : c'est que, de part et d'autre, « on connaissait la stratégie des mille charges de Sun Tzu et également la tactique des huit positions de Wu Tzu [12] ». Notons, entre parenthèses, que Sun Tzu ne parle nulle part d'une « stratégie des mille charges » ni Wu Tzu d'une « tactique des huit positions ». (Un essai portant ce titre est attribué à Chu Ko Liang, l'illustre stratège des Trois Royaumes.) Mais ces exemples tirés au hasard des récits épiques illustrent l'influence exercée au Moyen Age par les diverses écoles chinoises de stratégie sur la caste des guerriers japonais.

En 1467, la guerre d'Onin, qui traîna en longueur pendant dix ans, amena une période de chaos, qui devait durer jusqu'à ce que fût solidement établi le shogounat de Tokugawa.

« Le pays se trouva pris alors dans un interminable tourbillon de guerre. Toutefois, il faut ici mettre sous le mot " guerre " beaucoup plus qu'un simple ordonnancement de campagnes et qu'un déplacement de troupes sur le champ de bataille. Il s'agissait d'une " guerre " menée suivant les principes exposés dans des manuels chinois tels que celui de Sun Tzu. Ces livres étaient alors entre les mains de la presque totalité des rares individus capables de les lire. Le soir, un professeur, qui parfois était chinois, était convié à les lire à haute voix aux samouraïs rassemblés pour l'entendre dans la grande salle du château. Chez ces homologues chinois de Jomini et de Clausewitz, ce qui était surtout exposé, ce n'étaient pas tant les principes de la guerre que les finasseries de la politique sous sa forme la plus vile, avec ses insondables abîmes

10. *Ibid.*, p. 69.
11. Murdoch, I, p. 57.
12. *Ibid.*, p. 223.

de duplicité. Même les pires passages, les plus sinistres, du fameux XVIII° chapitre du « Prince », pâlissent à côté de la perversité crue et corsée des récits d'espionnage de la vieille tradition chinoise. Le passage de Sun Tzu concernant les espions est véritablement abominable et révoltant ; cependant, il doit être étudié attentivement par quiconque souhaite comprendre la façon dont la guerre se faisait au Japon à cette époque. Sous bien des rapports, la moralité était peut-être inférieure à celle de l'Italie de ce temps-là. La seule différence qui pût nettement être retenue en faveur du Japon était la relative rareté, sinon l'absence totale, des cas d'empoisonnement [13]. »

Si elle ne l'était pour d'autres raisons, l'histoire du Japon au XVI° siècle serait remarquable à cause des quatre illustres guerriers dont les noms reviennent si fréquemment dans ces pages. Ces généraux — Oda Nobunaga, Toyotomi Hideyoshi, Tokugawa Yeyasu et Takeda Shingen — étaient des hommes doués d'un caractère exceptionnel et de dons extraordinaires, dont l'histoire et la légende japonaises ont célébré les réalisations. Le détail de leurs exploits guerriers ne nous intéresse pas ici, mais bien le fait que tous quatre durent leur réussite, dans une mesure non négligeable, à leur connaissance magistrale des classiques militaires. Tokugawa Yeyasu, dont les descendants directs furent les shogouns qui se sont succédé pendant deux cent soixante-trois ans après sa mort, survenue en 1616, eut connaissance de ces livres lorsque, jeune homme, il fut instruit dans un temple zen par le moine guerrier Sessai. Avant l'âge de vingt ans, il était général ; quelques années plus tard, Oda Nobunaga parlait de lui comme du « plus grand édificateur de la porte de la valeur guerrière [14] ».

Après la mort de son maître Hideyoshi en 1598, Tokugawa Yeyasu, étant le maître incontesté du Japon, put se laisser aller à son penchant pour la littérature chinoise antique. Il était convaincu que le chemin du savoir passait par les livres et que la publication de ceux-ci était « le principe premier d'un bon gouvernement [15] ». Peu après son accession au pouvoir, il fit éditer les classiques chinois, y compris les ouvrages consacrés à la stratégie. Ces livres comptèrent toujours parmi ses lectures préférées ; juste avant sa mort, survenue à l'âge de soixante-quinze ans, il se disposait à faire

13. *Ibid.*, pp. 630-631.
14. Cité Sad. p. 80.
15. *Ibid.*, p. 311.

publier une édition entièrement nouvelle. Ce shogoun de talent, décrit comme un homme dont « le militarisme était d'ordre diplomatique et la diplomatie d'ordre militariste [16] », avait appris par expérience que les arts de la guerre et ceux de la paix sont l'avers et le revers de la médaille de la politique.

L'un des principaux antagonistes de Yeyasu fut pendant des années Takeda Arunobu (mort en 1573), probablement le général le plus féroce de cette période sanglante. A l'âge de trente ans, Arunobu se rasa la tête, se fit moine zen et reçut le titre de « Grand Maître Shingen ». Savant laborieux et méditatif, Shingen fut maître en matière de ruse et un remarquable chef d'armée. Il ne laissa à la morale qu'un rôle peu important à jouer dans sa lutte pour le pouvoir ; dans son esprit, l'assassinat était un procédé parfaitement légitime pour se défaire d'un rival. En 1570, il envoya quelqu'un de sa suite pour éliminer Togukawa Yeyasu, mais le futur shogoun réussit à se sauver.

Ce grand maître spirituel d'un genre unique, dont l'équipement de campagne incluait trois grands chaudrons, où il faisait bouillir les criminels, fit broder sur ses étendards de guerre des citations de Sun Tzu telles que « rapide comme le vent », « dévastateur comme le feu », « avec la tranquille majesté de la forêt », « inébranlable comme les montagnes ». Son contemporain et fréquent antagoniste, Uyesugi Kenshin (mort en 1578), était également un adepte de la secte Zen, qui avait été nourri des classiques militaires chinois dès son jeune âge. Paraphrasant Sun Tzu, il lançait à ses adeptes, l'avertissement suivant :

« Ceux qui s'accrochent à la vie meurent et ceux qui défient la mort vivent... Ceux qui hésitent à sacrifier leur vie et à aller au-devant de la mort ne sont pas de vrais guerriers. »

Hayashi Razan (1583-1657) fut, à notre connaissance, le premier Japonais à écrire un commentaire critique des « Treize Chapitres ». Son *Sonshi Genkai* [17] (Explications des Maximes de Sun Tzu) parut vers 1626. (En 1606 *Les Sept Classiques militaires* avaient été imprimés sans commentaires dans l'édition dite de Keicho) [18]. Razan, néo-confucianiste, le

---

16. *Ibid.*, p. 50.

17. 孫子諺解

18. 慶長

plus grand savant et peut-être l'écrivain le plus fécond de son temps, avait parfaitement assimilé la poésie des T'ang et des Sung à l'âge de treize ans et, à vingt et un ans, il donnait des conférences sur Confucius.

Il insistait sur l'importance essentielle d'atteindre à la double maîtrise des arts de la paix et de la guerre. « Posséder les arts de la paix, mais non ceux de la guerre, c'est un manque de courage. Posséder les arts de la guerre, mais non ceux de la paix, c'est un manque de sagesse [19]. »

Ainsi, bien que nullement guerrier lui-même, il affirmait absolument sa conviction que les hauts dignitaires de l'Etat ne pouvaient pas se permettre de négliger les études militaires. Cet homme, qu'on appelle « Monju-No-Kishin » (Incarnation du Dieu de la Sagesse), avait pris à cœur, de toute évidence, le vers d'introduction de l'ouvrage de Sun Tzu. Ses descendants héritèrent de ses dons intellectuels.

En 1691, son petit-fils Hayashi Nobuatsu (Hoko) fut nommé directeur, ou chancelier, de l'Université d'Etat, avec le titre de Daigaku-No-Kami (Seigneur du Savoir) et les chefs successifs de cette remarquable famille continuèrent d'exercer la fonction de conseiller classique auprès des Shogouns jusqu'à la Restauration de l'époque Meiji.

Yamaga Soko (1622-1685), « brillant élève de Hayashi Razan [20] », acquit dès sa jeunesse une réputation de maître en matière d'art militaire. C'est lui qui, le premier, formula, dans plusieurs essais, le code qui devait par la suite être désigné sous le nom de Bushido. Ces essais, *Code d'honneur du guerrier* (bukyo) et *La Voie du samouraï* (shido), ainsi que sa réputation de maître de la théorie militaire, attirèrent à lui « de nombreux samouraïs avides d'utiliser leurs loisirs à leur perfectionnement personnel [20]. Yamaga Soko possédait :

« un vif intérêt pour la science militaire ; il se consacra à l'étude de la stratégie, de la tactique et des armes, ainsi qu'à la mise sur pied d'un service de renseignement militaire, matières à l'égard desquelles le confucianiste chinois moyen aurait professé un profond dédain [21]. »

Son *Sonshi Genji* [22] (Principes des Maximes de Sun Tzu)

19. SJT, p. 356.
20. *Ibid.*, p. 394.
21. *Ibid.*, p. 396.
22. 孫子諺義

est considéré par les Japonais comme une remarquable glose de *L'Art de la Guerre*.

Deux commentateurs illustres des classiques chinois entrèrent en scène peu après la mort de Yamaga Soko. Ce sont Arai Hakuseki, nommé en 1709 conseiller en matière de confucianisme auprès du shogoun, et Ogyu Sorai (1666-1728). Le *Sonshi Heiho Shaku*[23] d'Arai (Interprétation de *L'Art de la Guerre* de Sun Tzu), a fait autorité pendant deux siècles et demi. Le *Sonshi Kokujikai*[24] d'Ogyu Sorai (Exposé de Sun Tzu en japonais) est cependant considéré comme lui étant supérieur. Sorai, l'un des plus grands érudits que le Japon ait produits, avait une connaissance si approfondie des classiques chinois que, pour un peu, il se serait identifié avec les auteurs de l'Antiquité, et que son commentaire de *L'Art de la Guerre* est, aujourd'hui encore, tenu en très haute estime. Pendant un siècle après sa mort, aucun érudit digne de ce nom n'osa essayer de faire mieux.

Yoshida Torajiro (1830-1859), plus communément connu sous le nom de Yoshida Shoin, fils adoptif d'un samouraï qui dirigeait une petite école militaire privée, devint, dès sa prime jeunesse, un fervent disciple de Yamaga Soko :

« dont les vues sur le code du combattant... étaient enseignées dans l'école familiale. Il se familiarisa aussi intimement avec les principes de la science militaire, tels qu'ils sont exposés dans *L'Art de la Guerre* de Sun Tzu[25] ce classique de la Chine antique. »

Shoin fut un enfant précoce. A l'âge de dix ans, il étonna une assemblée de docteurs spécialisés dans l'art militaire en citant à propos les ouvrages chinois anciens. Quatre ans plus tard, il donnait des conférences régulières sur Sun Tzu. Il advint un jour que son exposé impressionna si fort l'un de ses nobles auditeurs que celui-ci offrit en présent à son juvénile précepteur un exemplaire des *Sept Classiques militaires*.

Shoin exprima sa conception de la philosophie propre du combattant en des termes qui rappellent Sun Tzu :

« Si un général et ses hommes craignent la mort et redoutent une éventuelle défaite, ils subiront inéluctablement la défaite et la mort. Mais si, du général au fantassin, tous décident de

23. 孫子兵法繹
24. 孫子國字解
25. SJT, p. 696.

ne pas penser à vivre, mais seulement à rester debout inébranlablement et à affronter la mort ensemble, alors, même s'ils n'ont d'autre pensée que d'aller au-devant de la mort, ils se maintiendront en vie et remporteront la victoire[26]. »

C'est cette philosophie, formulée pour la première fois tant de siècles auparavant, qui inspira aux soldats, marins et aviateurs japonais de tous grades de sacrifier leur vie dans le Pacifique lors de la Seconde Guerre mondiale. Mais, bien que Shoin n'ait cessé de prêcher les concepts du Bukyo et du Shido énoncés par Yamaga Soko, il serait extrêmement injuste de faire peser sur l'un ou sur l'autre de ces érudits la responsabilité d'une application pervertie de ce code qui, trop fréquemment, caractérisa la conduite de l'armée japonaise tant en Chine que dans le Pacifique.

Ses études amenèrent Shoin, comme avant lui plusieurs de ses éminents prédécesseurs, à la conclusion qu'un guerrier accompli doit, en même temps, être versé dans la littérature classique. Il écrivit :

« Il est indispensable, pour ceux qui étudient la science de la guerre, de connaître à fond les classiques du confucianisme. En effet, les armes sont des instruments dangereux et représentent une puissance qui ne concourt pas nécessairement au bien. A qui pourraient-elles être confiées en toute sécurité, sinon à celui qui, instruit des préceptes classiques, est capable de s'en servir pour faire régner l'humanité et la justice. Par contre, prendre les armes pour une lutte égoïste en vue de conquérir des terres, des biens, des gens et du matériel de guerre, n'est-ce pas le pire de tous les maux, le plus odieux de tous les crimes ? Bien plus, si l'étude de la guerre offensive et défensive, ainsi que des moyens infaillibles qui mènent à la victoire dans tout choc armé, n'est pas basée sur les principes mêmes qui doivent en régler l'usage, qui saurait assurer qu'une telle entreprise n'aboutira pas à une égale calamité ? C'est pourquoi je déclare que ceux qui étudient la science de la guerre doivent à tout prix avoir une connaissance parfaite des classiques[27]. »

Shoin, néo-confucianiste, n'était nullement traditionaliste. Il se rendit compte qu'il était avant tout nécessaire pour son pays d'acquérir les techniques occidentales et il chercha à plu-

26. *Ibid.*, p. 621 (donné pour une citation de Zenshu, I, p. 101).
27. SJT, p. 620 (donné pour une citation de Zenshu, II, p. 145).

sieurs reprises à s'embarquer sur l'un des navires du commodore Perry dans l'espoir de pouvoir se rendre en Amérique. Sa dernière tentative, lors de laquelle, une fois admis à bord, il se vit refuser le passage, lui coûta un an de prison.

Xénophobe ultra-nationaliste, Shoin se voua à la destruction du shogounat, à la restauration du pouvoir impérial et à l'expansion au delà des mers conduite conformément à ses théories de l'humanité et de la justice. Dans ses enseignements, nous trouvons le point de départ de la politique extérieure impérialiste à laquelle le Japon se consacra moins de cinquante ans après sa mort et dont le sommet fut marqué par la chute de l'Etat Meiji.

En 1859, à peine âgé de vingt-neuf ans, Yashida Shoin fut exécuté pour complot visant à l'assassinat du shogoun, mais les hommes qu'il avait si fortement influencés survécurent pour devenir les principaux instigateurs de la restauration de l'époque Meiji. Parmi eux se trouvaient Kido Koin, « personnage clef du démantèlement de la féodalité, Ito Hirobumi, père de la constitution Meiji, et Yamagata Aritomo, fondateur de l'armée japonaise moderne [28] ».

Le plus célèbre commentateur moderne de Sun Tzu, Komiyama Yasusuki (1829-1896), fut durant de nombreuses années professeur de classiques chinois à l'Université impériale, où un certain nombre d'hommes qui devaient ensuite accéder à des fonctions élevées au sein du gouvernement, subirent son influence. Parmi ceux-ci, citons le général Nogi, et l'amiral Togo, vainqueur de Tsushima. Les conférences de Komiyama sur Sun Tzu ont été réimprimées dans le *Shina Bungaku Zenshu* [29].

Plus de cent éditions différentes de Sun Tzu sont parues au Japon, dont une consacrée à l'application de ses principes de guerre au commerce [30] ! Par ailleurs, de nombreuses études spéciales ont été effectuées. L'une de celles-ci a été rédigée par le général Muto Akira (jugé et exécuté comme criminel de guerre), alors qu'il était étudiant et instructeur à l'Ecole impériale d'Etat-Major, avant la guerre du Pacifique. Intitulé *Etude Comparée de Sun Tzu et de Clausewitz*, cet essai fut

---

28. *Ibid.*, p. 617.

29. 支那文學全集

30. Correspondance personnelle, colonel Nishiura Susumu, chef du Bureau d'histoire militaire, ministère japonais de la Défense (*N.D.T.*).

abondamment diffusé dans les échelons supérieurs de la hiérarchie militaire. Les enseignements du Maître de l'Antiquité furent donc, au Japon, considérés comme applicables à la guerre moderne, tout comme ils le furent en Chine.

Les Japonais commirent de nombreuses fautes de stratégie en Chine ; l'analyse la plus pénétrante de leurs lacunes militaires a été faite par Mao Tse Tung en 1938 :

« ... par suite d'une sous-estimation de la force de la Chine, et par suite des conflits internes existant entre les militaristes japonais, le commandement militaire ennemi a commis plusieurs erreurs, telles qu'un renforcement trop progressif, un manque de coordination sur le plan stratégique, une dispersion de ses forces principales à certains moments, une incapacité à tirer parti de certaines circonstances favorables à une action militaire et à anéantir les forces qu'il avait encerclées, etc. [31]. »

Mao a fait remarquer aussi le manque de souplesse caractéristique du commandement japonais lorsque ses plans échouaient. Cette particularité s'est souvent manifestée par un entêtement dans l'échec et par un acharnement aveugle à défendre le moindre pouce de terrain occupé. Ces défauts, jamais corrigés, devaient plus tard, lorsque l'Armée impériale affronta les Forces alliées, lui coûter cher.

Si les Américains s'étaient souvenus que les Japonais frappent d'abord et déclarent la guerre ensuite, Pearl Harbor, le meilleur exemple de surprise stratégique totale que fournisse l'histoire récente, n'aurait peut-être jamais eu lieu. Les Japonais estimèrent que les Américains, généralement réfractaires aux enseignements de l'expérience historique, seraient inattentifs, sans méfiance et pris au dépourvu. Ainsi en fut-il effectivement.

Mais Pearl Harbor n'apporta qu'un avantage momentané ; ce fut, en fait, une victoire plus tactique que stratégique, qui pesa très lourd dans la balance, car elle cristallisa spontanément la volonté du peuple américain de défaire les Japonais à tout prix. Une action aussi téméraire, entreprise sans égard aux conséquences probables, indique que les Japonais n'avaient pas médité aussi profondément qu'ils l'auraient pu les restrictions de Sun Tzu se rapportant à l'importance essentielle du moral en cas de guerre.

Du point de vue tactique, la campagne de Malaisie fournit un excellent exemple de l'application des principes de Sun

---

31. *Problèmes stratégiques de la guerre de guérilla anti-japonaise*, p. 14.

Tzu. Dans cette circonstance (de même qu'à Pearl Harbor), les Japonais eurent le bénéfice de l'effet de surprise initial et ensuite ils empêchèrent les Britanniques de recouvrer leur équilibre. Des opérations rapides furent caractérisées par un harcèlement latéral et des mouvements d'encerclement ; les défenseurs de la péninsule furent chassés de leurs positions, l'un après l'autre, souvent par quelques coups de feu tirés par colère. En Malaisie, l'utilisation astucieuse du terrain, la ruse, la diversion et la mobilité furent combinées de façon magistrale. Les Japonais avaient fait preuve de ces qualités lors de leurs campagnes en Chine du Nord en 1937-1938, campagnes auxquelles les experts occidentaux avaient prêté bien trop peu d'attention et dont l'étude révèle les mêmes qualités d'imagination et d'exécution rapide qui devaient, plus tard, décontenancer le commandement britannique de Malaisie.

Mais les Américains et leurs Alliés britanniques tirèrent d'importantes leçons de ces premières défaites et mirent au point des méthodes efficaces pour combattre la tactique japonaise. Cette souplesse apparut clairement dans le Pacifique du Sud et du Sud-Ouest, dans l'Arakan, dans les monts Naga, lors de la campagne de Stilwell en Birmanie et dans la marche en avant qu'effectuèrent les Britanniques de Chindwin à Rangoon. Pendant ces opérations, les Japonais se révélèrent des combattants obstinés, mais débordés par les méthodes peu orthodoxes qu'utilisaient maintenant contre eux leurs adversaires.

Il semble donc que, malgré toutes les études que les Japonais ont consacrées à Sun Tzu, leur compréhension de celui-ci soit restée superficielle. Au sens le plus profond, ils ne connaissaient ni leurs ennemis ni eux-mêmes ; les supputations des conseils de guerre ne tenaient pas compte des réalités. Et ils avaient oublié en outre les sages paroles de Mencius :

« Ainsi il est un fait certain : un petit pays ne peut lutter contre un grand, ni quelques-uns contre une multitude, pas plus que le faible contre le fort [32]. »

---

32. CC (2ᵉ édition révisée), I, p. 146.

Appendice III

SUN TZU
DANS LES LANGUES OCCIDENTALES

En 1772 fut éditée à Paris, « Chez Didot l'aîné », la première traduction de *L'Art de la Guerre* dans une langue
occidentale. Le frontispice de cette édition rare était libellé
comme suit :

ART MILITAIRE DES CHINOIS

ou
Recueil d'anciens traités sur la guerre
Composés avant l'ère chrétienne
par différents généraux chinois.
Ouvrages sur lesquels les aspirants aux grades militaires
sont obligés de subir les examens.

On y a joint :
Dix préceptes adressés aux troupes
par l'empereur Yong-Tcheng,
père de l'empereur régnant
Et les planches gravées pour l'intelligence des exercices,
des évolutions, des habillements, des armées et
des instruments militaires des Chinois.
Traduit en français par le P. Amiot, missionnaire à Pékin
Revu et publié par Monsieur Deguignes

Le Père J.-J.-M. Amiot, jésuite originaire de Toulon, passa
de nombreuses années à Pékin et il y mourut en 1794. On est
en droit de se demander ce qui put bien pousser un missionnaire à entreprendre une tâche si étrangère à sa vocation.
Amiot explique lui-même qu'il se lança dans la traduction
d'ouvrages chinois sur l'ordre d'un certain M. Bertin, alors

ministre d'Etat sous Louis XVI [1]. Ayant reçu des instructions dans ce sens, l'homme de Dieu commença à rassembler tous les matériaux disponibles. Dans sa préface, il nous informe qu'un ami (un Chinois converti peut-être) s'était procuré, à une vente publique de biens ayant appartenu à plusieurs dignitaires tartares destitués et disgraciés, un exemplaire manuscrit des *Sept Classiques militaires* en langue « tartare-mandchoue ». Apparemment Amiot apprit cette langue sans trop de peine et se mit ainsi en mesure, dit-il, de comparer les deux versions chinoise et mandchoue, ce qui représentait pour ses propres travaux un remarquable avantage. A propos de ses traductions, il a écrit :

« J'entrepris alors, non pas de faire une traduction littérale, mais de donner une idée de la façon dont les meilleurs auteurs chinois parlent de la guerre. En expliquant leurs principes militaires je me suis efforcé de garder leur style autant qu'il était possible sans déformer notre propre langue et de jeter quelque lumière sur leurs idées embuées de métaphores, d'ambiguïtés, d'énigmes et d'obscurités. Je me suis aidé dans cette tâche non seulement du manuscrit en langue tartare déjà mentionné. mais encore des commentateurs chinois des temps anciens et modernes [2]. »

Cet ouvrage attira immédiatement l'attention et fit l'objet de critiques élogieuses dans les journaux littéraires de l'époque [3]. Un critique anonyme — et étonné — alla jusqu'à déclarer qu'il avait découvert dans Sun Tzu « tous les éléments du grand art qui avait occupé la plume de Xénophon, de Polybius et de De Saxe » et qu'à son avis ce serait rendre service à la Monarchie que de placer cet « excellent traité » dans « les mains de ceux qui aspirent à commander aux armées d'une part et, d'autre part, des simples officiers ». Par-dessus tout, il souhaitait que « les jeunes nobles lisent attentivement l'ouvrage de cet authentique général », qu'il comparait à Turenne et au Grand Condé. Certains critiques, dans *L'Esprit des Jour-*

1. Ceci donnerait à penser que les soupçons que les Chinois et les Japonais ont fait peser sur les jésuites ne seraient pas aussi dénués de fondement que les Occidentaux ont été portés à le croire.

2. Amiot, *Discours du traducteur.*

3. *Esprit des Journaux* (1772), pp. 48 et 59 ; *Année littéraire* (1772), IV, pp. 289-317 ; *Mémoires de Trévoux* (avril 1772), pp. 144-172 ; *Journal encyclopédique* (1772), III, pp. 342-355 ; IV, pp. 27-40.

naux de juillet 1772 et dans les *Mémoires de Trévoux (Journal des Scavans)* se bornèrent à compiler des extraits du livre, tout en déplorant néanmoins — dans le cas de la dernière publication citée — des répétitions et un arrangement défectueux du texte.

En 1782, les interprétations d'Amiot furent rééditées sous la forme du volume VII de la série *Mémoires concernant l'histoire, les sciences, les arts, les mœurs, les usages, etc., des Chinois, par les missionnaires de Pékin*, édité « chez Nyon l'aîné, avec approbation, et Privilèges du Roi ».

Avant d'émettre un jugement sur la tentative de ce digne Père, il convient peut-être de noter qu'aucune autre traduction en français de ces classiques militaires n'a jamais vu le jour. Les ouvrages qui devaient par la suite traiter de la pensée militaire de l'ancienne Chine se sont basés entièrement sur Amiot. Ce fait est regrettable, car Amiot s'écartait souvent des normes qu'on est en droit d'attendre d'un traducteur. Il mêlait si inextricablement les propos des commentateurs à ceux de Sun Tzu que séparer les uns des autres représente un labeur gigantesque. Pour ajouter encore à la confusion, ce saint prêtre insérait dans le texte, de-ci de-là, des idées qui lui étaient personnelles. Le résultat ne peut s'appeler ni traduction, ni interprétation tout à fait fidèle. Cependant il ne mérite pas non plus d'être flétri comme ne valant « guère mieux qu'une imposture [4] ».

Au XIX° siècle, la pensée et la civilisation chinoises n'éveillaient plus autant d'intérêt qu'au XVIII°. Je n'ai pas découvert une seule référence à Sun Tzu depuis la fin de la Révolution jusqu'en 1900. En août de cette année-là, M. de Cotenson, ex-attaché militaire français à Pékin, insista, dans la *Nouvelle Revue*, sur la nécessité de reprendre l'étude des auteurs militaires chinois anciens : « Aujourd'hui comme jadis, c'est dans l'étude des auteurs classiques qu'il faut chercher à découvrir ce que sera la stratégie des mandarins chinois [5]. » M. de Cotenson revient à plusieurs reprises sur « le trait caractéristique de l'art militaire chinois », c'est-à-dire, dit-il, « la duplicité des généraux, qui cherchent par tous les moyens possibles à abuser l'ennemi [6] ». Il laisse entendre qu'il est « de la plus haute importance » pour les chefs d'armée français de « ne pas se laisser abuser par les... promesses solennelles des

---

4. Giles Préface, p. VII.
5. *La Nouvelle Revue* (août 1900), p. 556.
6. *Ibid.*, p. 563.

généraux chinois ». M. de Cotenson ne suggéra pas toutefois que de nouvelles traductions des classiques militaires pourraient se révéler de quelque utilité.

Plusieurs décennies s'écoulèrent avant qu'une nouvelle tentative ne fût faite pour attirer sur les classiques militaires chinois l'attention des grands capitaines français. En 1922, le lieutenant-colonel E. Cholet donna une édition critique d'Amiot sous le titre *L'Art militaire dans l'Antiquité chinoise. Une doctrine de guerre bi-millénaire. Tiré de la traduction du Père Amiot (1772)* [7]. Cholet fit précéder d'une introduction enthousiaste son ouvrage, dans lequel il groupa les maximes de Sun Tzu, Wu Ch'i et de SSu Ma Jang Chu par centres d'intérêt, procédé peu satisfaisant. Sous des têtes de chapitre telles que « de la Guerre », « de l'Armée », « du Nombre », « du Moral », « du Général », c'est encore le Père Amiot qui était offert à notre lecture. En 1948, L. Nachin fit éditer une version annotée des interprétations d'Amiot, qui vaut par la pénétration de son introduction et de son avant-propos.

En 1956, Amiot fut de nouveau exhumé et résumé dans des « Preuves » présentées par le général de brigade Roger Gaillois sous le titre *Lois de la guerre en Chine*. Cet essai confus vise à soutenir que les écrivains militaires anciens se préoccupaient avant tout des aspects moral et humanitaire de la guerre, assertion tout à fait inexacte et découlant des interprétations erronées d'Amiot qui, nous l'avons dit, reflètent souvent les sentiments du Révérend Père avec beaucoup plus de fidélité que ceux de Sun Tzu.

Fait curieux, les sinologues français modernes n'ont témoigné aucun intérêt pour la littérature militaire chinoise. Dans *La Chine antique,* Maspéro parle dédaigneusement de l'ouvrage classique de Sun Tzu comme d' « un petit opuscule sur l'art de la guerre ». Ce jugement dénote soit du parti pris, soit une connaissance superficielle de cette importante partie de la littérature chinoise qui traite de la guerre [8]. Aucun des sinologues français les plus éminents n'a manifesté de l'intérêt pour les classiques militaires chinois. Pourtant, s'ils leur avaient consacré ne serait-ce qu'une parcelle des études assidues qu'ils ont vouées à d'autres aspects de la culture chinoise, peut-être quelques-unes des débâcles que l'armée française a eu à subir

7. Paris, Lavauzelle, 1922.
8. Maspéro déclare (CA, p. 328 et note 1) qu'il faudrait faire remonter au IIIe siècle av. J.-C. « ce petit ouvrage » et que celui-ci n'est dû ni à Sun Pin ni à son « légendaire ancêtre ».

au cours des deux dernières décennies auraient-elles pu être évitées.

En 1905, le capitaine E. F. Calthrop, de la R.A.F., puis étudiant en langues de l'Armée britannique au Japon, traduisit « Les Treize Chapitres » en anglais. Ce livre fut d'abord publié à Tokyo sous le titre *Sonshi*. Calthrop utilisait un texte japonais, corrompu semble-t-il ; en 1908 parut une édition révisée [9]. La présentation de Calthrop fut attaquée par L. Giles, alors conservateur adjoint de la section « Livres et Manuscrits orientaux » du British Museum, qui était l'un des sinologues les plus distingués de son temps.

La traduction de Sun Tzu par Giles parut à Londres en 1910. Elle est gâtée d'un bout à l'autre par des critiques malvenues contre le travail du capitaine Calthrop, qualifié d' « extrêmement mauvais ». Si Giles entreprit une nouvelle traduction, c'est que, selon lui, « Sun Tzu méritait un meilleur sort que celui qui lui était échu ». Avec une modestie caractéristique il ajoutait : « Je sais bien que, de toute façon, je ne pouvais guère manquer d'améliorer le travail de mes prédécesseurs [10]. » La traduction de Giles marque incontestablement un progrès par rapport à celle de Calthrop. Mais, si cet éminent orientaliste avait concentré sur son propre ouvrage l'énergie qu'il gaspilla à dénigrer celui du capitaine Calthrop, on peut supposer que le résultat aurait été notablement supérieur.

Trois traductions en langue anglaise de *L'Art de la Guerre* ont paru depuis 1910, toutes pendant la Deuxième Guerre mondiale. Nous les devons à E. Machell-Cox, au professeur A. L. Sadler, de l'Université de Sydney, et à Cheng Lin. Aucune d'entre elles n'a bénéficié d'une large diffusion ni ne donne entière satisfaction. Les deux premières ont été réalisées dans des conditions difficiles. Le professeur Sadler, spécialiste de la culture classique japonaise, alors en Australie, donna une traduction hâtive, tandis que Machell-Cox transposa un grand nombre de passages pour les adapter, les uns à de nouveaux contextes et les autres à un chapitre spécial sorti de sa propre imagination. Quant à Cheng Lin, il avait de l'anglais une connaissance si rudimentaire que sa version n'offre guère de valeur.

En 1910, Bruno Navarra traduisit « Les Treize Chapitres » de Sun Tzu en allemand sous le titre *Das Buch vom Kriege* —

9. John Murray, Londres.
10. Giles, Préface, p. VIII. Giles ne cesse d'exhaler sa bile dans la critique qu'il fait de Calthrop.

der Militärklassiker der Chinesen. Je ne suis pas en mesure d'apprécier la qualité de cet ouvrage, mais la stratégie et la tactique allemandes mises en application lors de « la guerre du Kaiser » n'indiquent pas que les membres de l'Etat-Major général de l'Empire aient jamais entendu parler des théories de Sun Tzu [11]. En 1937, le Japonais Mizoyo Ashiya fit éditer un essai sur Sun Tzu dans le périodique *Wissen und Wehr.* Heureusement pour les Alliés occidentaux, ni Hitler ni les membres de l'O.K.W. ou de l'O.K.H. ne semblent avoir eu connaissance de cette publication. S'ils l'avaient lue, le déroulement de la guerre hitlérienne en aurait peut-être été modifié.

Sun Tzu fut traduit en russe dès 1860 par un sinologue du nom de Sreznevski sous le titre *Instructions du général chinois Sun Tzu aux généraux placés sous son autorité* [12]. En 1889, le professeur Putyata contribua à la rédaction du *Manuel de géographie, topographie et statistique concernant l'Asie* [13] en écrivant, pour sa part, « Les Problèmes de l'art de la guerre tels qu'ils apparaissent dans les commentaires des généraux chinois de l'Antiquité ».

Peu après la Seconde Guerre mondiale, un sinologue soviétique éminent, N. Konrad, se donna pour tâche d'effectuer une traduction critique, qu'il accompagna d'un commentaire complet et d'abondantes notes. Une traduction ultérieure, de J. I. Sidorenko, précédée d'un avant-propos du général de brigade J. A. Rasin, théoricien soviétique bien connu, a été retraduite en allemand par le ministère est-allemand de la Défense et elle a été inscrite au programme des écoles militaires de ce pays satellite.

L'Art de la Guerre de Sun Tzu dans la version de L. Giles n'est pas absolument inconnu aux Etats-Unis. En 1944 il a été inclus dans *Racines de la Stratégie*, recueil de divers ouvrages de théorie militaire compilés par Thomas R. Phillips. L'ouvrage moderne *Les Pères de la stratégie moderne*, qui fait autorité, ne mentionne pas Sun Tzu, bien qu'au moment de sa parution les forces américaines fussent en train d'entrer en conflit armé avec les Japonais qui, depuis des siècles, étaient ses disciples les plus fervents.

11. Ouvrage actuellement épuisé et impossible à trouver dans aucune des nombreuses bibliothèques universitaires allemandes auxquelles je me suis adressé.

12. *Voënnyi Sbornik* (1860), vol. XIII.

13. *Sbornik geografitcheskikh, topograficheskikh i statisticheskikh matéryalov po Azii* (1889), vol. XXXIX.

Appendice IV

BRÈVES BIOGRAPHIES
DES COMMENTATEURS

Ts'ao Ts'ao (155-220 après J.-C.) fut fait roi de Wei par Hsien, empereur des Han, en 216 après J.-C. Il mourut en l'an 220 de notre ère et fut sacré « Roi de la guerre » en 237. Après l'accession de son fils au trône impérial, ce titre devint celui d'Empereur de la guerre et s'accompagna de l'épithète de T'ai Tzu, c'est-à-dire « Eminent Fondateur » (de la dynastie des Wei), accordée par le Temple.

Sa biographie, telle qu'elle figure dans l'Histoire de la Dynastie des Wei (Wei Shu), est citée dans la *Chronique des Trois Royaumes* :

« T'ai Tsu, à partir du moment où il gouverna l'empire tout entier, faucha de nombreuses canailles. Dans ses opérations militaires, il appliqua la tactique exposée dans le Sun Tzu et dans le Wu Tzu. S'adaptant à des situations diverses, il mit en œuvre d'extraordinaires stratagèmes ; en abusant l'ennemi il remporta la victoire ; il sut varier sa tactique de façon démoniaque. Il écrivit lui-même, sur la guerre, un livre de cent mille et quelques dizaines de milliers de caractères et, chaque fois que ses généraux se mettaient en campagne, ils suivaient tous ce nouveau livre. Qui plus est, en toute occasion, il leur donnait ses directives personnelles ; ceux qui s'y conformaient étaient victorieux et les autres vaincus. Face à l'ennemi sur le champ de bataille, il demeurait impassible, comme s'il n'avait nulle intention de se battre ; mais, saisissant l'occasion, il frappait un coup décisif, avec une fougue extrême. C'est pourquoi il remporta toujours la victoire, chaque fois qu'il se battit, sans qu'un seul de ses succès pût être imputé à la chance pure. Il connaissait les hommes et était habile à les juger ; il était difficile de l'éblouir par l'étalage d'apparences trompeuses. Il fit sortir du rang Yu Chin et Yueh Chin et, parmi les forces qui s'étaient rendues à lui, il choisit Chang Liao et Hsu Huang ; tous devinrent ses partisans et firent preuve de mérite, devenant d'illustres généraux. En outre, ceux qu'il arracha à des postes médiocres et sans envergure et qui, par la suite, s'élevèrent aux fonctions de préfets et de gouverneurs de province ne se comptent pas. C'est ainsi qu'il posa les fondements d'une grande œuvre. Il cultiva à la fois les arts de la paix et ceux de la guerre ; pendant les quelque trente ans qu'il resta à la tête des troupes, les livres ne le quittèrent jamais. Le jour il vaquait aux affaires militaires ; la nuit il appliquait son intelligence aux classiques et à leur commentaire. Lorsqu'il gravissait une hauteur, il composait toujours des vers. Lorsqu'il rédigeait de nouveaux poèmes il les mettait en musique et, chaque fois, il en résultait un chant remarquable. Nul n'arrivait à la hauteur de ses talents et de sa force ; de ses propres mains il était capable de tirer des oiseaux au vol et de capturer vivantes des bêtes féroces. Il lui advint d'abattre soixante-trois faisans en une seule journée à Nan P'i. Lorsque les palais étaient construits et les machines réparées, il établissait toujours des règlements dont les effets se révélaient des plus satisfaisants. Par nature il était modéré et sobre, nullement enclin à la pompe et à la parure. Les dames de son harem ne portaient pas de vêtements brodés ; les gens de sa suite ne possédaient qu'une paire de chaussures. Lorsque ses rideaux et ses paravents de couleur étaient abîmés, il les faisait rapiécer ; il avait une literie propre uniquement à lui tenir chaud, dépourvue de liserés décoratifs. Tous les objets beaux et élégants fournis en butin par des cités et des villes qu'il avait prises, il les distribuait à ceux qui avaient fait preuve de mérite. Pour reconnaître les services rendus, il n'était pas homme à considérer mille pièces d'or comme une récompense trop élevée ; mais à ceux qui, sans mérite, cherchaient à profiter de ses largesses, il n'octroyait pas la moindre somme. Les présents qui lui venaient des quatre points de l'horizon, il les partageait avec ses subordonnés. Il estimait qu'à son époque les funérailles s'entouraient de fastes inutiles, poussés à l'excès par le vulgaire ; aussi stipula-t-il, quant à ses propres obsèques, qu'il ne faudrait pas enterrer avec lui plus de quatre paniers de vêtements. »

Ailleurs il est présenté sous un jour moins favorable :

«... Mais, pour ce qui est de faire respecter les lois, il était dur et exigeant. Si l'un quelconque des généraux placés sous ses ordres était meilleur conseiller que lui en matière de guerre, il trouvait une occasion de le faire mettre à mort sous le couvert d'une loi ou d'une autre ; et aucun des anciens compagnons et amis contre lesquels il avait conçu de l'animosité n'eut la vie sauve. Lorsqu'il faisait exécuter quelqu'un, il le regardait, en pleurant et en se lamentant sur lui, mais il ne graciait jamais » *(Chronique des Trois Royaumes, vol. I, pp. 1, 15, 16 et 17).*

Tu Yu (735-812 après J.-C.), né à Wan Nien dans le Shensi, s'éleva au rang de ministre des Travaux publics et de Grand Gardien. Ses travaux de compilation aboutirent à la rédaction du *T'ung Tien*, ouvrage encyclopédique divisé en huit parties : Economie politique, Examens et diplômes, Services gouvernementaux, Rites, Musique, Discipline militaire, Géographie et Défense nationale. Il fut anobli et reçut le titre de duc de Ch'i Kuo et il fut, après sa mort, déclaré digne de vénération.

Li Ch'uan, qui vivait sous la dynastie des T'ang, est l'auteur d'ouvrages militaires, dont les principaux, le *T'ai Pai Yin Ching* et le *Chiang Lueh*, sont tous deux parvenus jusqu'à nous.

Tu Mu (803-852 après J.-C.), né à Wan Nien, obtint un diplôme de Chin Shih vers l'an 830. Il s'éleva aux fonctions de secrétaire du Grand Conseil. Il brilla dans le domaine de la poésie et il est souvent appelé Tu le Jeune pour le distinguer de Tu Fu. Sa biographie est jointe en annexe à celle de son grand-père dans la *Nouvelle Histoire de la dynastie des T'ang*, chapitre 166.

Mei Yao Ch'en (1002-1060 après J.-C.), né à Wan Ling dans le Anhui, poète célèbre de l'époque des Sung, fut, en 1056, nommé à l'Académie impériale et s'éleva au poste de secrétaire de seconde classe (traduction littérale, *N.D.T.*). En considération de ses travaux sur la dynastie des T'ang, il devint membre de la commission chargée d'élaborer la nouvelle histoire de cette période, mais il mourut avant que cet ouvrage ne fût achevé. Outre son commentaire de Sun Tzu, il écrivit plusieurs ouvrages destinés à faciliter la compréhension du *Livre des Odes*. Après sa mort, Ouyang Hsiu, critique littéraire éminent, composa pour lui une Epitaphe, ou Apologie. Sa biographie figure dans l'*Histoire de la dynastie des Sung*, chapitre 443.

Wang Hsi, né à T'ai Yuan, qui se trouve à présent dans la province du Shansi, érudit Han Lin, occupa un poste de fonctionnaire. En littérature, il s'intéressa surtout aux *Annales* de la période Printemps et Automne, sur lesquelles il rédigea plusieurs mémoires critiques.

Chang Yu, historien et critique, vécut vers la fin de la dynastie des Sung. Son œuvre principale est le *Pai Chiang Chuan,* les biographies de cent généraux. C'est tout ce que l'on sait de lui.

Nous ne savons rien de la carrière des commentateurs très anciens identifiés simplement sous les noms de « Monsieur » Meng, Ch'en Hao, Chia Lin et Ho Yen Hsi.

Bibliographie

I

LIVRES EN ANGLAIS

Aston, W. G., « The Nihongi », *Transactions and Proceedings of the Japan Society*, Supplement I, London, 1896, Kegan Paul.

De Bary, William T., and others, *Sources of Chinese Tradition*, New York, 1960, Columbia University Press.

Baynes, Cary F., *The I Ching, or Book of Changes*, The Richard Wilhelm Translation, London, 1951, Routledge & Kegan Paul.

Calthrop, Captain E. F., *The Book of War*, London, 1908, John Murray.

Carlson, Evans F., *Twin Stars of China,* New York, 1940, Dodd, Mead & C°.

Cheng Lin, *The Art of War*, Shanghai, China, 1946, The World Book Company Ltd.

Dubs, professor Homer H. (trans.), *History of the Former Han Dynasty* (3 vol.), Baltimore, M.D., 1946, 1955, The Waverly Press. — *Hsün Tze, The Moulder of Ancient Confucianism*, London, 1927, Arthur Probsthain. — *The Works of Hsün Tze*, London, 1928, Arthur Probsthain.

Duyvendak, J. J. L., « Tao Te Ching », *The Book of the Way and Its Virtue*, London, 1954, John Murray. — *The Book of Lord Shang*, London, 1928, Arthur Probsthain.

Fitzgerald, C. P., *China, A Short Cultural History* (rev. ed.), London, 1950, The Cresset Press Ltd.

Fung, Yu-Lan, *A History of Chinese Philosophy* (trans. Bodde), Princeton, 1952, Princeton University Press.

247

Gale, Esson M. (trans.), *Discourses on Salt and Iron*, Sinica Leidensia, vol. II, Leiden, 1931, E. J. Brill Ltd.

Giles, Lionel (trans.), *Sun Tzu on the Art of War*, London, 1910. Luzac & C°.

Granet, Marcel, *Chinese Civilization*, London, 1957, Routledge & Kegan Paul Ltd.

Legge, James, *The Chinese Classics*, London, 1861. Trubner & C°.

Liang, Ch'i-Ch'ao, *Chinese Political Thought*, London, 1930, Kegan Paul ; Trench, Trubner & C° Ltd.

Liao, W. K. (trans.), *The Complete Works of Han Fei-tzu* (2 vol.), London, 1939 (vol. I), 1959 (vol. II), Arthur Probsthain.

McCullogh, Helen Craig (trans.), *The Taiheiki. A Chronicle of Medieval Japan*, New York, 1959, Columbia University Press.

Machell-Cox, E., *Principles of War by Sun Tzu*, Colombo, Ceylan, A Royal Air Force Welfare Publication.

Mao Tse Tung, *Selected Works*, London, 1955, Lawrence & Wishart. — *Strategic Problems in the Anti-Japanese Guerrilla War*, Peking, 1954, Foreign Language Press.

Mei, Y. P., *Motse, the Neglected Rival of Confucius*, London, 1934, Arthur Probsthain. — *The Ethical and Political Works of Motse*, London, 1929, Arthur Probsthain.

Muller, Max F. (éd.), « The Sacred Books of the East » (vol. XV) : *The Yi King* (trans. Legge), Oxford, 1882, The Clarendon Press.

Murdoch, James, *A History of Japan* (3rd impression), London, 1949. Routledge & Kegan Paul Ltd.

Payne, Robert, *Mao Tse-tung, Ruler of Red China*, London, 1951, Secker & Warburg.

Ryusaka, Tsunuda, De Bery, and Keene, *Sources of the Japanese Tradition*, New York, 1958, Columbia University Press.

Sadler, professor A. L., *The Makers of Modern Japan*, London, 1937, George Allen & Unwin Ltd. — *Three Military Classics of China*, Sydney, Australia, 1944, Australasian Medical Publishing C° Ltd.

Sansom, George B., *A History of Japan to 1334* (San II), London, 1958, The Cresset Press. — *Japan, A Short Cultural History* (2nd impression, revised) (San I), London, 1952, The Cresset Press Ltd.

Schartz, Benjamin I., *Chinese Communism and The Rise of Mao* (3rd printing), Cambridge, Mass., 1958, Harvard University Press.

Snow, Edgar, *Red Star over China* (Lft Book Club Edition), London, 1937, Victor Gollancz Ltd.

Tjan Tjoe Som (Tseng Chu-sen), *The Comprehensive Discussions in The White Tiger Hall*, Leiden, 1952, E. J. Brill.

Waley, Arthur, *The Analects of Confucius*, London, 1938, George Allen & Unwin Ltd.

Walker, Richard L., *The Multi-State System of Ancient China*, Hamden, Conn., 1953, The Shoe String Press.

Watson, Burton, *Ssu-ma Ch'ien, Grand Historian of China*, New York, 1958, Columbia University Press.

II

MONOGRAPHIES ET ARTICLES EN ANGLAIS

Bodde, Dirk, *Statesman, Patriot and General in Ancient China*, New Haven, Conn., 1943, A Publication of the American Oriental Society.

Chang, Ch'i-Yun, *China's Ancient Military Geography*, Chinese Culture, VII, n° 3, Taipeh, December 1959.

Extracts from China Mainland Magazines. « Fragmentary Notes on the Way Comrade Mao Tse Tung Pursued his Studies in his Early Days », American Consulate General, Hong Kong, 191, 7 December 1959.

Lanciotti, Lionello, *Sword Casting and Related Legends in China*, I, II, East and West, Year VI, N. 2, N. 4, Rome, 1955, 1956.

Needham, J., *The Development of Iron and Steel Technology in China*, London, 1958, The Newcomen Society.

North, Robert C., « The Rise of Mao Tse Tung », *The Far Eastern Quarterly*, vol. XI, n° 2, February 1952.

Rowley, Harold H., *The Chinese Philosopher Mo Ti* (reprint from Bulletin of the John Rylands Library, vol. XXXI, n° 2, November 1948), Manchester, 1948, The Manchester University Press.

Selections from China Mainland Magazines, « Comrade Lin Piao in the Period of Liberation War in the Northeast », American Consulate General, Hong Kong, 217, 11 July 1960.

Teng, Ssu-Yü, *New Light on the History of the T'aip'ing Rebellion*, Cambridge, Mass., 1950, Harvard University Press.

Van Straelen, H., *Yoshida Shoin*, Monographies du T'oung Pao, vol. II, Leiden, 1952, E. J. Brill.

III

LIVRES, MONOGRAPHIES ET ARTICLES PUBLIÉS DANS LES LANGUES OCCIDENTALES (AUTRES QUE L'ANGLAIS)

Amiot, J.-J.-M., *Mémoires concernant l'histoire, les sciences, les arts, les mœurs, les usages, etc., des Chinois*, chez Nyon l'aîné, Paris, 1782.

Ashiya, Mizuyo, *Der Chinesische Kriegsphilosoph der Vorchristlichen Zeit*, Wissen und Wehr, 1939, pp. 416-427.

Chavannes, Edouard, *Les Mémoires historiques de Se-ma Ts'ien*, Paris, Ernest Leroux.

Cholet, E., *L'Art militaire dans l'Antiquité chinoise*, Paris, 1922, Charles-Lavauzelle.

Cotenson, G., « De l'Art militaire des Chinois, d'après leurs classiques », *La Nouvelle Revue*, Paris, août 1900.

Gaillois, Brig.-Gen. R., « Lois de la guerre en Chine », *Preuves*, 1956.

Konrad, N. I., *Wu Tzu*, Traktat o Vaennom Isskusstve, Moscou, 1958, Publishing House of Eastern Literature. — *Sun Tzu*, Traktat o Voennom Iskusstve, Moscou, 1950, Publishing House of the Academy of Science USSR.

Maspéro, Henri, *La Chine antique* (Nouvelle éd.), Paris, 1955, Imprimerie nationale.

Nachin, L. (ed), *Sun Tse et les anciens Chinois Ou Tse et Se Ma Fa*, Paris, 1948, Editions Berger-Levrault.

Sidorenko, J. I., *Ssun-ds' Traktat über Die Kriegskunst*, Berlin, 1957, Ministerium Für Nationale Verteidigung.

IV

OUVRAGES EN CHINOIS

Chan Kuo Shih (戰 國 史)

« Histoire des Royaumes Combattants », Yang K'un, Presses populaires, Shanghaï, 1956.

Chao Chu Sun Tzu Shih San P'ien (趙 註 孫 子 十 三 篇)

« Commentaires sur les Treize Chapitres de Sun Tzu par Chao », Chao Pen Hsueh, Presses de l'Ecole militaire de Peiyang, Pékin, 1905.

Chin I Hsin P'ien Sun Tzu Ping Fa (今 譯 新 編 孫 子 兵 法)

« Une traduction moderne de *L'Art de la Guerre* de Sun Tzu avec une nouvelle disposition des chapitres », Kuo Hua Jo, Presses populaires, Pékin, 1957.

Ch'in Ting Ku Ching T'u Shu Chi Ch'eng (欽 定 古 今 圖 書

集 成)

Titre abrégé : *T'u Shu*. « Reproduction photographique de l'Edition du Palais de 1731 ». Chapitre 83 « Règles de l'Art militaire ». Chung Hua Shu Chu, Shanghaï, 1934.

Chung Kuo Ping Ch'i Shih Kao (中國兵器史稿)

« Esquisse historique sur les armes chinoises », Chou Wei, San Lien Shu Tien, Pékin, 1957.

Ku Chin Wei Shu K'ao Pu Cheng (古今僞書考補証)

« Complément de recherches sur les livres apocryphes tant anciens que modernes », Huang Yun Mei, Presses populaires du Shantung, 1959.

Pei T'ang Shu Ch'ao (北堂書鈔)

« Morceaux choisis transcrits dans la grande salle du nord », Yu Shih Nan (558-638).

Shih Chi Hsuan (史記選)

« Morceaux choisis des *Annales* », Wang Po Hsiang, Presses littéraires populaires, Pékin, 1958.

Ssu Ma Fa (司馬法)

« *L'Art de la Guerre* de Ssu Ma Jang Chiu », éditions Ssu Pu Pei Yao, Chung Hua Shu Chu, Shanghaï.

Sun Tzu Shih San P'ien Chiao Chien Chi Yao (孫子十三 篇校箋舉要)

« Notes comparatives concernant les Treize Chapitres de Sun Tzu », Yang P'ing An, *Journal des Humanités de l'Université de Pékin*, n° I, 1958.

Sun Tzu Chi Chiao (孫子集校)

« Etudes critiques comparatives śur Sun Tzu », Yang P'ing An, Chung Hua Shu Chu, Shanghaï, 1959.

Sun Tzu (孫子)

Sun Tzu commenté, Sung Hsin Yen, édition Ssu Pu Pei Yao, Chung Hua Shu Chu, Shanghaï, 1931.

Sun Wu Ping Fa (孫 吳 兵 法)

« Les Arts de la Guerres de Sun (Tzu) et de Wu (Ch'i) »,
Ta Chung Shu Chu, Shanghaï, 1931.

T'ai P'ing Yu Lan (太 平 御 覽)

Li Fang, 3ᵉ série, Ssu Pu Tsung K'an, chap. 270-359,
Presses Commerciales, Shanghaï, 1935.

T'ung Chih (通 志)

Cheng Ch'iao, Fac-similé de l'Edition du Palais de 1859,
chap. 68.

T'ung Tien (通 典)

Tu Yu, Fac-similé de l'Edition du Palais de 1859,
chap. 148-162.

Wei Shu T'ung K'ao (僞 書 通 考)

« Etude complète de livres apocryphes » (Edition révisée),
Chang Hsin Cheng, Presses Commerciales, Shanghaï, 1957.

Wu Ch'i Ping Fa (吳 起 兵 法)

« *L'Art de la Guerre* de Wu Ch'i », Editions de Ssu Pu Pei
Yao, Chung Hua Shu Chu, Shanghaï, 1931.

Wu Ching Tsung Yao (武 経 總 要)

« L'essentiel des classiques militaires », Tseng Kung Liang,
Edition Ssu K'u Ch'uan Shu.

Table des matières

*Achevé d'imprimer en octobre 2002
sur les presses de l'imprimerie Maury Eurolivres
45300 Manchecourt*

N° d'éditeur : FH105821.
Dépôt légal : 4e trimestre 1978.
N° d'impression : 02/10/97776.

Imprimé en France